国家出版基金项目
NATIONAL PUBLICATION FOUNDATION

"十三五"国家重点图书出版物出版规划项目

面向未来的交通出版工程·政策与规划系列

从理念到行动

——新时期城市交通规划设计实践

林　群　张晓春　李　锋　宋家骅　著

同濟大學出版社
TONGJI UNIVERSITY PRESS

图书在版编目(CIP)数据

从理念到行动:新时期城市交通规划设计实践/林群等著.--上海:同济大学出版社,2016.4
(面向未来的交通出版工程·政策与规划系列/汪光焘主编)
"十三五"国家重点图书出版物出版规划项目
ISBN 978-7-5608-6264-4

Ⅰ.①从… Ⅱ.①林… Ⅲ.①城市交通—交通运输规划—设计 Ⅳ.①U491.1

中国版本图书馆 CIP 数据核字(2016)第 058170 号

面向未来的交通出版工程·政策与规划系列

从理念到行动——新时期城市交通规划设计实践

林　群　张晓春　李　锋　宋家骅　著

出 品 人:华春荣
策　　划:高晓辉　陆克丽霞
责任编辑:陆克丽霞
责任校对:徐春莲
装帧设计:陈益平

出版发行　同济大学出版社　www.tongjipress.com.cn
(上海市四平路 1239 号　邮编:200092　电话:021-65985622)
经　　销　全国各地新华书店、建筑书店、网络书店
排版制作　南京新翰博图文制作有限公司
印　　刷　上海安兴汇东纸业有限公司
开　　本　787mm×1092mm　1/16
印　　张　12.25
字　　数　306 000
版　　次　2016 年 4 月第 1 版　2016 年 4 月第 1 次印刷
书　　号　ISBN 978-7-5608-6264-4
定　　价　88.00 元

《面向未来的交通出版工程·政策与规划系列》编委会

本书编委会

作者

林　群　张晓春　李　锋　宋家骅

参与撰写人员

邵　源　江　捷　罗丽梅　聂丹伟　孙　超　黄启翔
李宝鹏　李文斌　陈　蔚　刘永平　杨应科　李　阳
龙俊仁　陈建凯　范恒瑞　谭国威　张　俊　陈振武
杨宇星　徐正全　纪铮翔　田　锋　孙正安　陆　洋
张云龙　李伴儒　史　卿　张　宁　李鹏凯　毛应萍
郭宏亮　王　珣　刘光辉　王文修　王远回　肖　亮
徐惠农　蒋金勇　覃　矞　吴超华　李　林　段仲渊
赵再先　刘　恒　吕国林　苏　芳

总 序

PREFACE

伴随城镇化和机动化进程，交通的发展目标、关注问题和对策方法等也在发生着巨大的变化。未来的交通运输工程将是工程科学、人文科学等交叉学科融合发展又具有独立特色的领域，在这一领域中相关理论与技术正处于挑战、探索和机遇并存的重要发展阶段。

中国快速城镇化、机动化所带来的前所未有的压力，由于受到资源和环境的制约，已经不可能单纯依靠交通基础设施建设来加以化解，需要构建适合中国国情的战略—政策—规划—建设有机融合的城市交通一体化对策理论体系；城市交通进入建设与管理并重的转型发展阶段，将社会管理与交通技术系统建设有机融合，通过理性供给和动态调控，引导城市交通模式进入可持续发展的轨道，是理论研究者、管理者和工程技术人员苦苦思考与探索的问题。

近年来相关技术领域的快速发展，促使交通领域中的许多技术概念正在发生巨大的变化。信息技术与控制技术的融合，促成了车联网的孕育与发展；对交通安全的社会关注，促进了车辆与交通技术设施两方面的主被动安全技术的应用；“互联网＋服务”、“互联网＋交通”催生了共享单车、分时租赁、网约车等新型交通服务模式；新型有轨电车、个人城市交通(PRT)等交通方式正在逐渐走进我们的生活；交通信息系统建设以及大数据理论的发展，为针对具有复杂适应特征的城市交通系统监测和战略调控创造了条件。

在此背景下，无论是交通工程研究者、工程技术人员还是行业管理者，都深感原有知识和经验面临挑战，需要重新认识我们所面对的问题，适应需求和技术环境变化进行理论创新与技术变革。

《面向未来的交通出版工程》这套丛书正是为了适应这种需求而编纂。面对一个快速变化和发展的领域，采用滚动组织编写的方式，力求更快地反映出相关理论研究成果和实践经验。

在本丛书的出版选题中，强调如下三个基本原则。

(1) 适应发展阶段需求的理论针对性。

我国交通进入转型发展的新阶段：对生态环境和城市人居环境的关注，要求在可持续发展理念指导下，研究绿色交通和新能源车辆推广的对策问题；在城市规划进入用地总量控制内涵式发展的背景下，需要正确处理土地再开发引发建成区交通需求增长与交通基础设施难以大规模扩展的矛盾；城镇化进入城市群发展阶段，要求从城市群视野整合综合交通体系，调整中心城交通模式以适应功能布局的演化。

(2) 符合国际交通理论发展趋势的科学技术原创性。

在交通网络流分析和交通行为分析等传统领域的研究日益深化；大数据和复杂性理论的交融对交通理论变革产生了重要的推动作用；城市规划理论关注点从“位空间”转向“流空间”、地理学的关系转型和对空间中行为研究等方面所提供的成果借鉴。整个学科体系正在出现变革的趋势。

(3) 适合中国国情特点的实践探索性。

城市交通战略、政策和规划并非单纯的技术问题，而是一种科学发展观和公共政策的体现。正因为如此，在特定管理制度架构下的实践探索，具有理论和技术研究所不可替代的作用。

中国交通的快速发展急切需要与之适应的理论与技术支持，中国交通的实践又为相关理论与技术的变革提供了成长的“土壤”。面对发展与变革，不必苛求体系的完美，研究和实践中的百花齐放，必然带来中国交通科学与技术领域的万紫千红。

2016 年 4 月

前言

FOREWORD

十八大以来，中国进入全面深化改革时期，强调市场在资源配置中的决定作用，着力推动产业转型和升级，推进新型城镇化，重视生态环境保护，突出从社会管理到社会治理的转变，弘扬“自由、平等、公平和法治”的社会主义核心价值观，促进社会的公平和正义。

新常态下，我国城市面临全面转型发展要求。城市交通规划作为城市最重要的公共政策之一，是指导城市交通发展转型的重要依据。以交通引领城市转型发展，要求城市交通规划在趋势评估判断、空间尺度规划、资源配置政策、规划实施路径等方面率先主动转型。

近年来，深圳市城市交通规划设计研究中心承担了深圳及全国多个城市的重大交通政策与规划项目，对交通规划技术方法转型进行了系统思考。通过城市交通白皮书、综合交通规划、交通专项规划、重大交通设施详细规划以及大数据交通分析等工作，践行了交通规划从理念到行动的全过程。本书以讨论交通规划的转型为起点，围绕“规划转型、计划转型、设计转型、管理转型”四个方面，系统探索以综合交通系统功能组织为核心的交通发展战略和政策，多层次衔接的交通与土地使用协同规划，多元交通方式协同的交通专项规划，指导规划“实施”的精细化交通设计，促进规划实施的协同工作机制和多角度交通评价技术，涵盖交通规划从新理念到实施的各个环节。

本书精选了众多相关交通规划设计案例，它不仅是深圳市城市交通规划设计研究中心20年来工作实践的总结，也凝聚了相关城市交通规划管理者以及整个城市交通规划行业的集体智慧。希望本书能为关注城市与交通发展的各界人士提供有益借鉴。

深圳市城市交通规划设计研究中心

2016年3月

目 录

CONTENTS

1 城市交通规划的“转型升级”

新常态下，我国城市交通发展面临全面转型升级。城市交通规划作为指导城市交通发展的重要公共政策，如何率先主动转型升级，将新时期的发展理念落实到具体的行动计划中，是当前城市交通发展的首要工作。城市交通规划应按照新时期价值取向研判发展趋势，优化发展目标，系统调整规划设计理论、方法和技术体系，将政策和制度设计作为决定性控制环节，推动具体行动计划的实施。

1.1 新时期规划转型的背景

1.1.1 经济发展和城镇化转型

改革开放30余年来，中国的发展取得了巨大成就，创造了世界经济和城镇化发展史上的奇迹。1978—2014年，中国的GDP由3 645亿元增至64万亿元，年均增长15.5%，如图1-1所示。同时，城镇化率也由17.9%增至54.8%，增长了2倍，如图1-2所示。

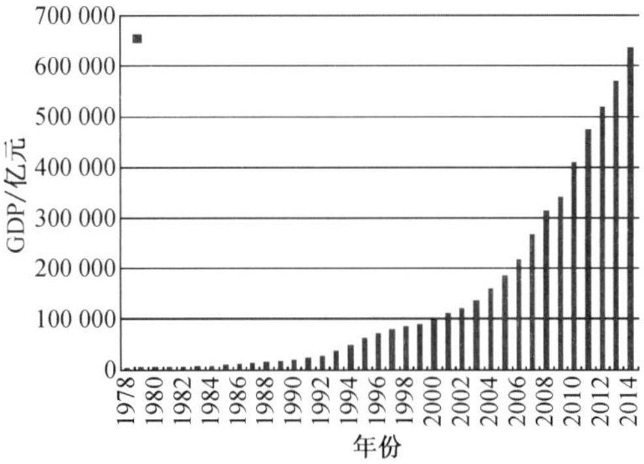

图1-1 中国历年GDP变化情况

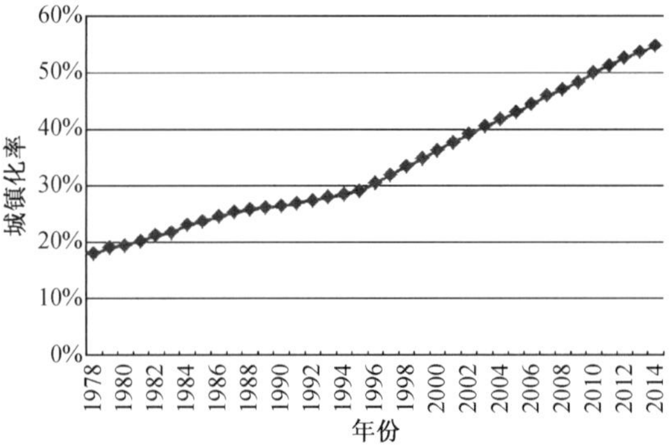

图1-2 中国历年城镇化率变化情况

经过30多年的快速增长后，中国正面临转变社会经济发展方式与可持续增长的严峻挑战。以要素和投资驱动为主的经济和城镇化发展，随着人口结构变化和劳动力成本上升，将面临后续发展动力不足的问题。高投入、高消耗和高污染的发展模式，造成资源、环境、生态约束日趋增强，可持续发展同样面临挑战。城镇化率虽然超过50%，但大量农业转移人口难以融入城市社会，市民化进程滞后。“城市病”问题日益突出，城市管理服务水平亟须提高。面对上述挑战，国家审时度势，提出了经济体制改革和新型城镇化发展战略，要求不断优化升级经济结构，以创新驱动引领经济发展，走以人为本的可持续城镇化道路。

2015年12月召开的中央城镇工作会议，明确提出我国城市发展已进入新时期，需做到“一个尊重”和“五个统筹”，走出一条中国特色城市发展道路。“一个尊重”是指尊重城市发展规律。“五个统筹”即统筹空间、规模和产业三大结构，提高城市工作全局性；统筹规划、建设和管理三大环节，提高城市工作的系统性；统筹改革、科技和文化三大动力，提高城市发展持续性；统筹生产、生活和生态三大布局，提高城市发展的宜居性；统筹政府、社会和市民三大主体，提高各方推动城市发展的积极性。城市工作会议时隔37年后再次召开，标志着城市工作再次成为中央战略的重要部署，城市交通规划应充分理解新时期的转型需求，领会中央城镇工作会议和若干纲领性文件精神，切实转变发展理念，优化发展格局，完善发展机制，创新发展模式，为产业转型和城市发展提供新动力。

1.1.2 城市交通发展的新形势

当前经济和城市发展遇到的诸多挑战，在城市交通发展中都有具体体现，主要包括交通服务面临多维度发展诉求、传统交通发展模式难以为继、交通发展与环境冲突日益严重、交通政策对人本诉求关注不够、体制机制对交通发展的制约五个方面。

1. 城市交通进入更复合、更多元的发展阶段，面临多维度发展的新诉求

经济全球化和区域经济一体化是当代世界经济发展最重要的特征之一，城市之间竞争与合作的空间范围不断扩大，就城市而论则是要求转变城市交通的思维模式，从多维度的空间视野来审视城市交通面临的机遇和挑战。

(1) 经济全球化，要求城市置身于全球贸易和社会分工的宏大背景下，高度重视重大交通基础设施的配置和布局，提升交通区位优势，为更好地执行“一带一路”等国家战略、参与全球经济活动奠定坚实基础。

(2) 城市区域化，要求突破行政边界约束，统筹与协调更大空间范围的资源配置。

(3) 功能差别化，要求综合交通系统功能组织具有差别化的政策导向和更精准的策略安排，适应不同类型城市、城市不同片区发展背景、现状和目标的差异性。

2. 以设施扩容为导向的传统客运模式难以为继，交通结构面临深刻调整

进入21世纪，伴随经济和城镇化的发展，城市机动化水平迅速提升。北京、上海、广州和深圳等城市的机动车保有量先后越过百万级，全国民用汽车保有量从1 609万辆增至15 447万辆，净增13 838万辆，年均增长16.3%。机动化交通需求的增长速度远远超出交通设施供给的增长速度，单纯以交通供给来满足交通需求的发展模式难以为继，城市交通发展模式面临转型变构的深刻调整。

(1) 要求更集约的交通设施供应。在经济和城镇化水平继续保持增长的总体发展趋势下，机动化发展仍将处于快速增长阶段，关键地区、关键走廊和关键节点的交通将面临更为巨大的压力，而形成高度集约的交通设施布局是唯一出路。

(2) 要求更有效的交通需求管理。需要综合利用各类交通需求管理政策，从源头上降低不必要的中长距离出行，引导小汽车交通向公交、步行和自行车等绿色交通方式转移。

(3) 要求更紧密的交通要素整合。以服务目标为导向，基于交通系统的功能组织，构建多模式一体化的综合交通体系，不仅使各类交通系统充分发挥自身优势，而且相互之间有机衔接形成一体化的网络和服务，全面提升综合交通系统的运输效率，促进社会经济活动的高效开展。

3. 城市交通受外部环境多要素约束，综合协同成为破局的重要抓手

高速增长时期的经济和城镇化发展模式，导致土地和资源利用不集约、环境污染等问题，建立更为集约、节能、生态的发展模式，是实现新型城镇化的必由之路。相应地，要求城市交通全面协调与产业、土地和环境之间的关系，构建可持续城市和交通发展的生态圈，实现城市的精明增长。

(1) 交通发展要紧密契合产业发展要求。产业转型升级必然带来交通运输需求的变化，如随着第三产业发展和互联网经济的繁荣，传统大型货物运输逐渐转移到城市外围，电商物流业运输成为城市内部主要货运需求，因此需要在交通设施配置上充分考虑这部分交通需求。

(2) 交通与土地需要更深入的互动发展。秉承“TOD”发展理念，从宏观、中观和微观不同层面整合交通设施和土地利用，对优化城市空间结构和功能布局，合理减少交通需求，建设更高效紧凑的城市意义重大。

(3) 交通发展要有效降低环境方面的负面影响。积极倡导绿色交通出行，鼓励集约和节能环保交通工具的使用，打造高品质的交通出行环境，提升城市宜居水平。此外，交通发展要充分吸收最先进的科学研究成果，广泛应用大数据分析、云计算、移动互联和物联网等先进技术，促进交通与产业、土地和环境的融合。

4. 交通政策关乎民生服务，更应体现公平、人本的价值取向

以人为本的新型城镇化，要求重视居民对交通“软环境”建设的诉求，更多关注交通中的公平、健康和安全。交通关乎民生幸福，制定交通政策应充分考虑多元利益主体的不同诉求，体现公平、公正的社会主义核心价值观和以人为本的价值取向。

(1) 保障居民基本的出行权利。城市交通应为全体市民提供基本的公交和步行服务，保障各类乘客拥有平等参与社会活动的出行条件。

(2) 建设人性化的交通出行环境。通过精细化、人性化的交通设计，包括无障碍交通设计，最大限度地方便各类乘客出行。

(3) 制定包容性的交通管理政策。交通管理政策应进行全面、系统的成本-收益分析，通过互相配合的组合政策和综合化的治理手段，充分协调利益冲突，实现全体参与者的合作共赢。

5. 体制机制仍是制约交通发展的重要因素

现有体制机制对交通发展的制约主要体现在三个方面：①政府内部“条块分割”，难以发挥合力的作用；②市场在交通发展中的支配作用尚未完全体现；③政府的施政目标日益广泛，需要建立与之匹配的社会管理模式。推进交通领域的体制机制改革，需理清政府部门之间、政府与企业之间及政府与市民之间的关系，做好相关制度设计，建立现代交通治理体系。

(1) 建立政府部门间的协同工作机制。建立多部门联动的协同工作机制，为不同部门统一工作思路、协调工作内容和履行工作职责提供平台，保障交通规划和政策的执行

和落地[1]。

(2) 建立政企分开的交通运营管理机制。要区分交通运营管理的公益性和市场性部分,公益性部分主要由政府提供建设和必要的服务支持,针对市场性部分,政府应该简政放权,充分调动企业的积极性,发挥市场在资源配置中的决定性作用。

(3) 建立政府与市民“共治”的交通治理模式。变“管治”为“共治”,以“社会共治”的思想,创新城市交通规划、建设、管理机制和方法,注重透明、责任、回应和参与的原则,充分运用社会力量解决交通问题,实现社会利益最大化。

1.2 城市交通规划“转型”核心理念

面对新常态下加快推进结构性改革的新要求,必须牢固树立和贯彻落实创新、协调、绿色、开放、共享的发展理念,更加注重交通与城市的协调发展,更加注重补齐交通发展短板,更加注重交通发展模式的可持续性,更加注重提升运输服务品质,更加注重提升交通管理水平。通过城市交通的转型和升级,引导和支撑新型城镇化发展,走出一条可持续发展的道路。基于新时期发展特征和诉求,从规划、计划、设计和管理等各个环节落实转型升级要求,提出相应的转型理念和思路。

1.2.1 规划转型

1. 市域与区域:更具远见地把握规划空间尺度

经济全球化与区域经济一体化是当代世界经济发展最根本的特征,通过区域合作,以城镇群或都市圈的形式参与全球范围内的城市竞争,是纽约、东京等当今世界级大都市的共同选择。目前,我国各地城市群发展迅速,不仅东部地区的京津冀、长三角和珠三角城市群迅猛发展,中部乃至西部的武汉、中原和成渝等数十个城市群也在逐渐形成和发展。新时期交通规划的制定必须突破市域规划空间尺度约束,从都市圈的视野研究城市交通发展战略,谋划更具远见的城市与交通发展格局。

2. 空间与政策:面向不同子系统发展阶段进行差别化资源配置

经过多年发展建设,我国城市交通基础设施得到了不同程度的发展,通过大规模建设,城市交通基础设施相对成熟,各类交通子系统表现出不同的发展阶段特点。新时期要求紧密结合城市和交通发展阶段特征,面向不同交通子系统所处不同阶段总结出差别化资源配置方法,形成一套横向调节各种交通方式的综合调控政策[2]。此外,营造社会经济可持续发展的“交通软环境”是这一阶段交通规划的重要任务之一,即通过一系列公共政策对个体或集体的行为进行引导和规范。这一时期交通政策制定的重点,在于关注不同收入、不同地域人群需求,通过政策调节空间关系。全方位通过法规、条例、规划、计划、方案和措施等政策工具和政策手段,解决交通发展中的公共问题,以达成公共目标和实现公共利益。

3. 专一与多元：从“物质”规划转向“综合”规划

多年以来，我国城市交通发展建设中的投资导向明显。在投资导向阶段，城市交通规划重点是构建完善的基础设施，此时的一个重要特征是通过专业化来提高城市交通建设效率，交通规划的“条条化”和“部门化”特征非常显著。以往的交通规划强调设施建设，规划工作以技术性的物质规划为主。新时期，交通规划将从传统的物质型规划转变为软硬件结合的综合型规划，保障空间规划与土地利用规划、发展规划的充分衔接。这表现在两个方面：一是在规划的内容上，从过去对物质规划的片面强调转变到对城市经济、社会、生态环境和政治等的全面重视，注重交通政策工具的合理使用；二是在参与规划专业人员构成上，也相应地由交通工程师为主体到城市规划、景观设计、经济学、社会学、法律、生态环境和管理学等多学科的专家共同参与。

1.2.2 计划转型

1. 从感知到评估：决策支持由感性认知向量化评估转变

利用数字交通规划平台进行整体评估，系统提出下年度各类战略性重大基建项目规划研究与建设安排，实现全局统筹。定期组织的交通整体评估工作包括两个方面：一是对交通需求、设施供给、客运结构、系统运行状况的综合评估，分析交通系统现状存在的问题，找出交通需改善的方向；二是对已实施或者拟实施的重大交通设施项目进行影响评估，综合评价重大项目的实施效果以及它们之间的相互影响，提出重大项目实施时序的优化调整建议和实施的相关保障措施。基于以上评估结果，综合确定下年度需要开展立项、启动前期工作或者开工建设的战略性基建项目，并提出需要开展的重要规划研究项目，提前做好相关项目储备工作。

2. 从蓝图到行动：制定跨越条块分隔的年度实施计划

年度实施计划评估是促成协同实施的关键工作机制，是实现对计划阶段规划管理的重要抓手。以建立综合项目库和开展交通综合评估为技术支撑，每年开展年度实施计划评估。通过系统梳理和汇总各类规划和计划，评估遴选出年度优先实施项目。之后，根据项目的重要度和建设条件，确定项目优先级别，并综合考虑相关项目间的协同实施要求，调整项目排序，形成协同实施计划。每年利用数字交通规划平台，对交通运行和计划实施情况进行综合评估。基于综合项目库，结合交通评估结果，提出下年度项目前期工作安排、项目建设安排等工作建议，从而实现对计划阶段的规划管理。目前，深圳市基于年度实施计划评估结果，编制和发布年度交通白皮书，已逐步形成了打破条块分隔、自上而下统筹各部门工作的协同实施机制。

3. 从独立到协同：构建面向全过程管理的协同实施机制

城市交通是一个复杂系统工程，涉及众多的子系统，各个子系统相互关联、相互制约。为充分发挥交通系统的整体效率，各个子系统之间需要综合统筹，从规划、建设、运行、管理、服务等各阶段制定协同实施计划，以促进城市交通系统的协同发展[3]。

以深圳为代表的中国大中城市正处在交通系统大规模集中建设阶段，由于现有体制中存在的条块分割、多元建设主体问题，交通工作中的综合协调难度很大，协同实施困难，亟须改进交通规划编制与管理的工作机制。协同实施即通过检验来跟踪城市发展的新动向，调整规划焦距，促进规划的实施，从而保证规划对建设的指导作用。规划编制过程中，通过加强交通与区域和城市发展战略目标之间，交通与土地利用之间，城市各类交通系统之间以及交通系统内部的多层次和深度协调，形成与区域、城市和经济社会发展协同的发展规划；在计划编制中，通过对建设项目进行系统内部和不同系统之间项目重要度、相关关系分析，确定项目优先排序，并提出相关项目之间在时间和空间上的衔接以及建设机制方面的协同实施要求，推动建设计划的有效落实。

1.2.3 设计转型

1. 整体下的细节：聚焦功能的交通详细规划设计

通过精细化的重大工程交通详细规划设计，一方面打通衔接规划与实施的关键环节，为建设阶段的管理工作提供直接依据；另一方面落实规划意图，发挥设施整体功能，促进与其他相关设施的协同使用和管理。因此，交通详细规划整体落实设施功能与布局，指导下阶段工程设计，为相关项目审批、方案审查提供依据，起到“承上启下”的作用。近年来，交通详细规划设计逐步成为深圳交通规划设计体系中的关键步骤、规划实施过程管理中的重要控制工具。

2. 回归人本价值观：把人的需求作为交通规划设计的首要因素

由“关注小汽车使用者”向“关注全体用户”转变，兼顾步行者、自行车出行者、公交乘客、小汽车乘客等多元交通诉求。由“小汽车主导”向“公交主导”转变，以高品质多元公交服务提升城市竞争力，提高交通组织效率，兼顾本地发展公平性。由“关注可达性”向“关注使用者体验”转变，提供多样化特色交通服务，满足多元需求。

1.2.4 管理转型

1. 从计划到市场：形成更合理的交通资源配置方式

在公交服务方面，要面向新时期多样化需求建立多层次公交服务，就必须灵活运用政府与市场“两只手”。在小汽车使用管理方面，在城市道路面积增加有限的情况下，要让稀缺的资源得以合理配置，必须抓住市场经济规律，合理利用价格机制，通过经济杠杆引导小汽车合理使用，从而实现资源配置方式的转变。

2. 从被动到主动：工作模式由被动治理向主动管理转变

区别于传统的以解决问题为导向的被动式交通管理工作，主动管理是一种以跟踪、定量化评估交通运行状况为基础，以定量化评估交通系统为手段，强调提前预防、主动响应的管理策略。一方面通过跟踪开展定量化评估，及时识别现在的交通瓶颈和未来潜在的交通问题；另一方面强调构建科学的响应机制作为交通管理的关键环节，更具

“主动性”地选择交通管理响应的对象、时机及对策，以实现对当前问题的及时响应与处理，以及对潜在问题的预防性改善。

3. 从管治到共治：运用社会力量解决社会问题

城市交通建设既是基础设施布局结构完善的过程，也是交通功能和品质提升的过程。新时期，居民对交通“软环境”建设诉求明显提高，开始更多关注交通中的公平、健康和安全，要求构建宜居、低碳、以人为本的交通环境。与此同时，政府的施政目标日益广泛，如交通文化塑造、交通文明建设等。“社会共治”强调运用社会力量来解决社会问题，把管治的思想转变为共治的思想，注重透明、责任、回应和参与的原则。交通“软环境”的提升，不仅需要政府行政手段推动，更是社会多元主体共同参与的结果。以“社会共治”的思想，创新城市交通规划、建设、管理机制和方法，是新时期交通发展思路的重要转变，也是提升交通治理水平的重要实施路径。

参考文献

[1] 林群，张晓春. 面向协同实施的城市交通规划——深圳探索与实践[M]. 上海：同济大学出版社，2011.

[2] 林群，李锋. 深圳城市交通规划设计技术体系及工作指引[M]. 上海：同济大学出版社，2006.

[3] 林群，宋家骅，徐惠农. 面向协同实施的深圳交通规划[C]//中国城市交通规划 2009 年年会暨第 23 次学术研讨会论文集：人性化城市综合交通体系规划与实践，2009.

2 转型期城市交通发展战略与政策

近年来,我国经济社会进入全面转型发展阶段,城镇群一体化发展加速要求构建开放合作新格局,城市产业转型带来人口和岗位结构性调整,城市交通发展进入"转型""变构"的关键时期[1]。与此同时,北京、上海及深圳等中国大城市交通系统经过多年快速发展,基本建设初具规模,进入体系协调、结构调整阶段。因此,把握经济社会转型与城市综合交通发展的结构性演变需求,成为新时期城市交通发展的首要战略任务,重点围绕"调结构"核心思路,转变发展模式,调整发展策略与政策,协调综合交通系统功能组织。

2.1 城镇群发展背景下的交通发展策略

城镇群一体化发展是新时期我国城市发展的显著特征,产业经济、空间组织以及交通需求发展均面临"转型变构",跨区域商务、生活往来日趋频繁,城市交通在更大范围的都市圈内分布。区域一体化背景下的城市交通发展聚焦利用区域交通走廊引导空间布局优化,构建多层次、一体化的轨道交通体系,推动区域客运组织公交化、一体化发展。

2.1.1 区域一体化背景下的城市交通发展特征

区域一体化背景下,生产和生活在区域范围内分离衍生出大量区域商务、通勤出行,出现部分人群周期性、常态化跨城市出行,产业和功能分工突破城市边界在更广的区域范围配置,城市交通出行跨界向区域延伸。

1. 区域客运城市化,呈现多中心、网络化特征

我国东部沿海城镇群发展进入相对成熟时期,区域间生产协作、生活往来联系日益密切,带动区域客运快速增长。次级中心逐渐强大并形成新的发展圈层,出现多个生长点、生长轴。新兴战略发展地区突破以往仅与中心城区单极联系格局,与中心城区、相邻区县及其他城镇群城市建立网络化交通联系[2]。依托新区建设、轨道枢纽地区开发,次级客运中心快速成长,打破既有单中心、强中心区域客运格局。

2. 城市交通区域化,城市交通圈突破行政范围向毗邻区域延伸

受中心城市功能过度集聚、中心土地成本高涨等影响,都市功能外溢,城市交通在"区域"尺度展开,商务往来及通勤通学、休闲出行跨越行政边界向毗邻街镇扩散,城市客运呈现长距离、多层次的特征[3]。城市交通区域化要求通过多种速度层级的轨道交通服务,确保日常通勤圈、中心城市间、商务活动圈等各层级交通出行时间处于合理范围。

2.1.2 区域一体化背景下的城市交通发展策略

以城市为主体组织的传统对外交通模式难以适应区域客运发展,要求转向打破行

政城市格局的开放体系。轨道交通带来的时空关系变化重构区域格局，交通体系对空间格局的引导作用更为突出，依托多层级交通服务体系高效组织城市群、都市区等区域范围内的生产生活是国际各大都市圈的共同选择。

1. 区域交通走廊引导空间布局优化

根据都市圈的“圈层+轴带”结构，人口和岗位主要在都市圈放射性发展轴线上的各级中心集聚，沿发展轴线形成的交通走廊将承担大量交通需求，需要提供大运量快速轨道交通，加强轴线交通需求供给。亟须强化区域交通走廊引导空间布局优化作用，以具有区域功能的交通走廊为主线，以交通组织分区为资源配置基本单元，引领区域空间布局优化。在外围轨道枢纽地区，借助交通区位优势突破城市区域范围，培育区域次级中心。

区域轨道建设使区域服务职能、资源要素进一步向中心城市集中，在中心城区布设密集的轨道交通网络，提供快速、大运量和可靠的交通服务，为保证中心城区的经济繁荣和持续发展提供必需的基础设施条件。

2. 构建多层次、一体化的轨道交通体系

从区域一体化发展需要，以多层次、大规模轨道交通作为公共交通的主体，满足城镇群不同圈层出行服务要求。应对不同速度目标值、不同出行特征的客流需求，按照功能和需求进行层次划分、线网和枢纽布局，实现区域轨道系统一体化规划建设。提供高速客运服务，满足区域直达需求，构建城际快速客运交通体系，建设都市区快速轨道引导空间拓展，覆盖都市区主要客流走廊，并串联多个功能中心。

3. 推动区域客运组织公交化、一体化[4]

建立省市多级联合的管理机构，统筹线网层次，明确责任分工，实现多级协商，确定市域范围内的跨区域城际轨道系统等跨界交通设施线位走向和通道选择。建立统筹交通投资机制，构建政府间共同参与的都市区交通系统的管理和运营平台，完善运营补贴补偿机制，实施灵活票制票价政策，引进综合客运枢纽区域票制，满足区域客运公交化组织要求。

2.2 城市综合交通系统功能组织

结合城市发展演化，研判城市交通发展阶段及其主要需求特征，明确交通模式的构成，特别是主导交通方式的功能定位，提出各交通子系统规划建设和运营管理的原则及协调要求，为重大交通政策制定、设施规划建设、运营服务管理提供决策依据。

2.2.1 城市与交通发展阶段

《雅典宪章》指出，城市活动可以分为居住、工作、游憩和交通四类，交通实现人和物的移动，对于其他三项活动起到支撑作用。城市交通系统演化是城市发展重要组成部分，与城市产业经济、空间拓展和资源环境等存在紧密互动关系。

1. 从工业城市到后工业化城市

城市交通发展向产业经济追本溯源。工业化初期，城市交通系统主要承担大宗散货运输需求，人均出行强度较低、平均出行距离较短。工业化中后期，经济增长对原材料依赖减小，客运需求随着居民生活水平提高而稳步增加。城市进入后工业化阶段，产业结构以高技术产业和服务业为主，人员快速流动成为促进资金流动和贸易活动的关键，高机动化出行需求激增，同时更加注重出行体验，强调交通安全性、舒适性和便利性。

2. 从城市化到大都市区化

大都市区突破既有的城市行政边界，以劳动力市场为城市边界的评判标准，是城市与周边地区功能整合、互利共生的高级城市化阶段。交通系统作为资源空间配置的重要载体，相应地城市交通体系也转向都市区层面布局，需同步建设区域快速交通体系，支撑都市区层面人员与物资快速流通的需求。

3. 交通发展受到资源紧约束

资源约束下的城市交通可持续发展已成为21世纪全球城市发展的共同命题，第21届联合国气候变化大会签订《巴黎协定》，将城市交通节能减排提到新的高度。在资源环境的条件约束之下，不断创新优化城市交通发展模式，加快落实公交优先战略，推进诸如小客车调控等需求管理政策，确保城市交通由粗放式发展向环境友好式发展的转变。

2.2.2 城市交通发展模式选择

1. 以小汽车交通为标志

有学者提出，根据小汽车的发展，城市交通发展可以分为前汽车时代、汽车时代和现代综合交通三个阶段，与城市发展阶段的对应关系如表2-1所示[5]。

表2-1　城市交通与城市发展阶段的对应关系

<table>
<tr><th colspan="2">西　方</th><th colspan="2">中　国</th></tr>
<tr><th>城市发展阶段</th><th>城市交通发展阶段</th><th>城市发展阶段</th><th>城市交通发展阶段</th></tr>
<tr><td>前工业社会</td><td>前汽车时代</td><td>1949年以前</td><td>前汽车时代</td></tr>
<tr><td>工业社会</td><td>汽车时代</td><td>计划经济时期</td><td rowspan="2">准汽车时代</td></tr>
<tr><td>后工业社会</td><td rowspan="2">现代综合交通</td><td rowspan="2">改革开放以后</td></tr>
<tr><td>信息社会</td><td>现代综合交通</td></tr>
</table>

2. 以公共交通为标志

另外，根据公共交通的发展，城市交通发展亦可以划分为三个阶段[6]。

阶段1：社会经济处于较低的发展阶段，主要通过发展地面常规公交系统满足不断增长的交通需求。同时,由于能够对常规公共交通形成有效的补充,公共中小巴等辅助性客运系统逐步兴起。

阶段 2:随着社会经济的快速发展,交通需求迅速增长,原有单一的常规地面公交难以满足交通需求,开始投资兴建轨道交通,并开始整合轨道交通与常规公交系统,同时限制辅助客运系统,以提高客运交通系统的效率。

阶段 3:社会经济发展到较高水平,通过多模式客运交通方式的全面整合,形成综合、协调和高效的客运交通体系。

据此,香港、新加坡和深圳的交通发展阶段划分如图 2-1 所示。

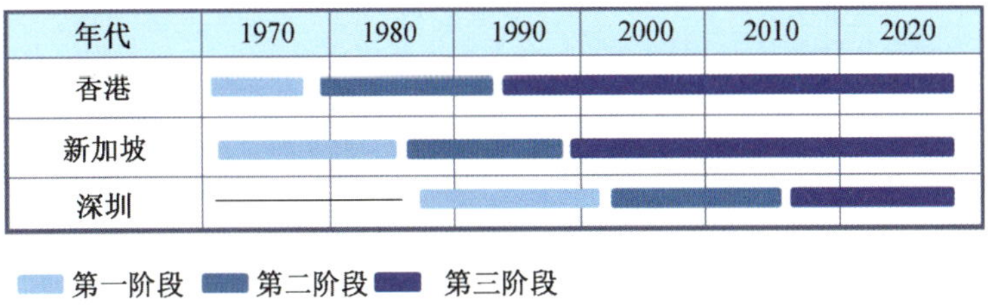

图 2-1　香港、新加坡和深圳交通发展的三个阶段

2.2.3　大城市交通体系协调要点

遵循"分区、分类"的差别化、一体化的原则,提出不同城市、不同地区各类交通模式的功能定位、优先顺序、组织方式、资源配置要求,协调交通与土地利用,推动重大交通政策、发展策略与行动计划的有序实施。

1. 以公共交通提升空间组织效能

完善由区域城际铁路、城市轨道、中运量公交等多种模式构成的公共交通系统,推进 TOD 发展模式。充分发挥公共交通复合廊道对城镇体系的支撑和引导作用,强化公共交通枢纽对核心城市、重要地区的集聚带动作用,突出以轨道交通站点为核心的土地复合利用,推进城市功能整合和优化布局。

2. 多枢纽引导多中心空间格局

区域一体化前景下,经济、人口的承载不应过度依赖核心的特大城市,着重通过区域多中心结构建设,围绕多枢纽体系的交通区位优势,引导多中心空间格局构建,推动区域相对均衡发展,实现整体承载力的提升。通过国家铁路、城际轨道枢纽引入外围中心,提升外围节点面向区域交通区位优势,同时实现外围中心与中心区的快速联系,保障城市中心体系间的区位优势,促进城市空间围绕多中心体系格局进行资源与功能配置。

3. 分区差别化交通政策

城市发展阶段和需求分化加大,促使区域交通体系的构建要强化分区、分层的理念,引导空间格局优化。应遵循"分区"的差别化、一体化的原则,结合城市分区功能组织要求、交通供需关系，提出差别化的交通供给策略，包括重大战略设施、交通需求调控策略等。针对不同城市规模、不同区域、不同走廊的城市活动和交通需求特征，制定不同交通方式的协调策略和布局原则，以大城市客运交通系统协调为例，具体协调要点如表 2-2 所示。

表 2-2　大城市及以上规模城市客运交通系统协调要点一览表

交通方式 交通分区	公共交通	步行和自行车交通	个体机动化交通
一类区	承担客运主体功能，优先保障公交路权： 大中运量公交为骨架，多层次常规公交为基础，非集约型公交为辅助； 客流集中的高需求走廊可建设复合公交通道、公交专用路； 公交乘降设施、公交场站的布局设置应满足高强度集聚客流的需求； 优先保障轨道站点周边公交接驳场站用地，围绕轨道站点形成城市综合客运枢纽	主要承担中短距离出行、公交接驳换乘功能： 优先保障路权，除机动车专用路外，各等级道路均应设置安全、连续的步行道； 在各片区内和交通走廊上，应结合道路条件、交通需求设置安全、连续的自行车道； 步行和自行车设施与轨道和快速公交站点、周边建筑紧密衔接，可设置电梯、自动步道、风雨连廊等步行辅助设施； 人流密集的商业办公区，可围绕轨道站点、周边建筑设置多层次立体步行系统； 商业、旅游地区可设置行人优先的步行街区	严格控制高峰时段小汽车通勤交通： 机动车道可适当压缩宽度，居住区、人流密集的商业办公区可采取稳静化措施； 停车设施应适度满足基本车位、严格控制出行车位，商业办公建筑停车配建采取低下限、控制上限，控制商业办公区路内停车位规模
二类区	鼓励公交优先，保障公交路权： 在客流走廊布设大中运量公交、常规公交干线，其他地区布设常规普线、支线，非集约型公交为辅助	主要承担中短距离出行、公交接驳换乘功能： 构建安全、连续的步行和自行车网络； 在轨道和快速公交站点周边设置接驳设施	适度控制小汽车出行： 在保障公交路权的前提下设置机动车道； 停车设施应适度满足基本车位、控制出行车位
三类区	根据需求布设常规公交支线、灵活的非集约型公交	步行和自行车基本网络； 休闲、健身的慢行通道、绿道	较宽松小汽车控制：机动车道宽度相对宽松，允许较宽松停车供应

2.3 城市交通发展政策

随着城市交通系统和相关影响因素日趋复杂，交通政策逐渐成为落实发展理念、推动规划建设、协调运营管理和改善交通服务的重要途径。近年来，我国也逐渐开始重视交通政策的研究制定，很多城市陆续出台交通白皮书等重大交通政策文件，以达成交通总体发展目标，实现公共利益的最优化。交通政策的制定要求树立公平公正、以人为本和可持续发展等理念，清晰界定市场与政府的职能，合理推动公共参与，协调各类相关政策。

2.3.1 当前城市交通发展阶段的政策需求

规划工作是一项政治、法律、经济及文化的综合活动，是科学技术工程、政府治理行为和市民民众参与三方高度统一的社会实践。随着国内外大城市交通发展逐渐由建设为主向建管并重转变，交通规划也从传统的物质型规划转变为软硬件结合的综合型规划。发达国家或地区的城市高度重视战略政策对交通发展的指导作用，较早地建立了交通战略政策研究的工作机制，滚动定期研究城市交通问题，形成重大交通公共政策与近期行动计划，并以交通战略、交通白皮书等形式在政府部门、社会公众之间发布。应对城市交通问题日益复杂化，以北上广深为代表的国内城市也逐渐开展交通白皮书研究并以政府名义发布，作为大城市交通建设管理的纲领性文件。

城市交通白皮书是指导城市交通发展的综合性文件。首先，它代表政府的意志，系统阐述政府对于城市交通发展所提出的目标、战略，以及实现交通发展目标的交通管理政策；其次，白皮书还是政府对市民的承诺，为市民提供一个能够满足出行期望的城市交通系统，保持城市的可持续发展。此外，白皮书还是政府取得市民支持的保障，可以让市民充分了解各项交通政策，从而有效推动城市发展及交通发展目标的实现。交通发展白皮书的性质如图 2-2 所示。

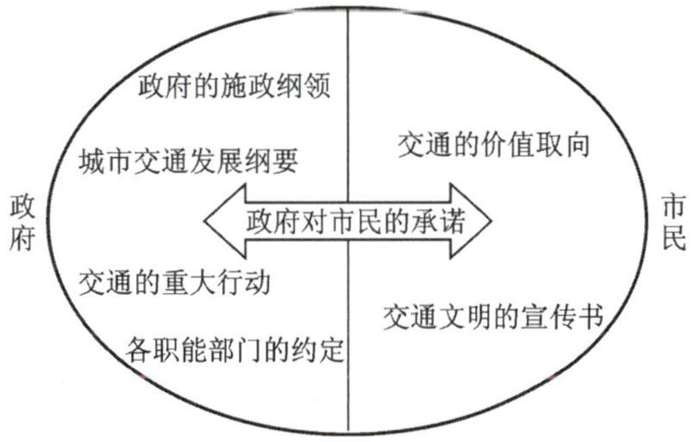

图 2-2 交通发展白皮书的性质示意图

从规划体系来看，城市交通白皮书作为城市政府的交通战略和交通政策的表现形式，一般介于上位法规、规范与中位综合规划、技术性专业规划之间。交通白皮书代表政府的立场和权利，应该与国家、地方、城市等各层面的法律、法规或上位政策在思路和内容上保持一致，它具有权威性。其他规划，如城市总规、城市社会经济发展规划、城市综合交通规划等，是城市交通白皮书的技术支撑，为其提供决策依据。城市交通白皮书的编制与决策过程也是重要的政府会商与协调平台，由交通相关的所有部门，针对各交通专项规划中的设施方案、政策措施等进行充分统筹协调，并达成共识，形成更具有操作性、科学性的行动方案。交通战略政策及交通白皮书的定位如图 2-3 所示。

2.3.2 城市交通发展政策的制定要点

区别于面向设施的物质规划，城市交通公共政策研究工作有两项基本要求：一是要坚持科学理性，以公共利益最大化为出发点；二是要融入决策全程，提供科学的工程技术支持和规范的制度安排，为政府科学决策、社会各界认同做好支撑。

1. 树立公平公正的法治理念

依法行政是依法治国的重要组成部分，也是法治政府的本质要求。新时期小汽车

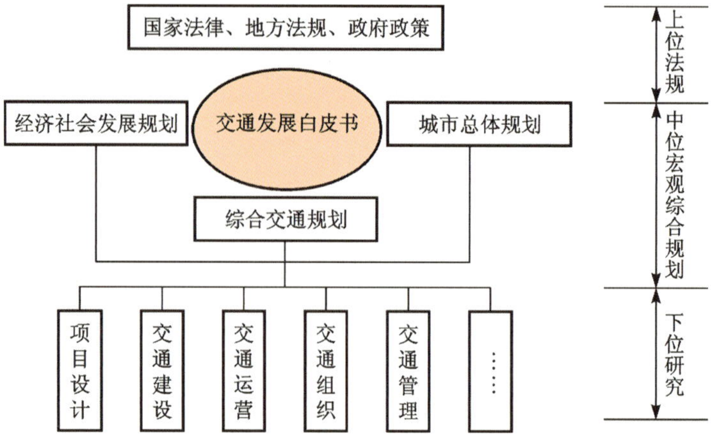

图 2-3　交通战略政策、交通白皮书定位示意图

调控及专车管理等热点问题出现，交通政策制定和实施面临法理争议、依据不足和程序合法性存疑等问题逐步凸显，如何规制交通政策并使其科学化、合法化，成为当今中国城市交通规划管理面临的重大课题。

我国的交通法规体系则存在立法不完备、配套不完善等弊端，一是还有不少的法律空白，二是对已有的法律或法律已规定的事项缺乏相应的配套法规。有些政策的实施虽然有配套法规，但配套法规自身不完备，需要不断补充和完善。

在遵循上层法律基础的框架下，构建完善推进交通战略政策实施的地方性法规环境。例如，小汽车需求管理政策一般在车辆的生产登记、使用和淘汰等环节发挥作用，在这些环节进一步完善相关法制保障，是我国城市交通需求管理策略有效实施的根本保证[7]。

2. 引导发挥市场决定性作用

国家《关于全面深化改革若干重大问题的决定》指出："经济体制改革是全面深化改革的重点，核心问题是处理好政府和市场的关系，使市场在资源配置中起决定性作用，同时更好发挥政府作用。"

为兼顾交通的市场化与公益性，在公共资源分配中，政府应发挥主导作用，充分保障公共利益。在服务提供方面，政府应制定相关政策、法律法规，积极引入市场机制，鼓励由企业作为提供交通服务的主体。其中，定价（收费）、补贴与投融资是政府推进交通市场化的核心抓手：一是通过合理的定价与收费制度，使价格能够反映各种交通方式的所有社会成本；二是通过建立针对性的补贴机制，兼顾低收入等特殊人群的支付能力，保障其基本社会福利；三是建立多元主体参与的交通建设投融资制度，形成财务可持续、风险可控的健康模式。

按照平衡多方利益、兼顾公平效率的要求，在交通建设、管理等政策中以市场化为导向，发挥市场在资源配置中的决定性作用。近年来，尤其是十八大以后，以上海、深圳为代表的国内城市越来越重视市场化交通公共政策，采取了地铁上盖物业 TOD 开发、停车收费等一系列经济手段，起到了高效配置交通资源、经济杠杆调节交通需求的良好效果。

3. 完善公共政策的公众参与

交通战略政策的制定和实施过程须以广泛的公众参与为前提。一项交通公共政策的有效推进实施，不仅仅要有对政策本身的科学设计，同等重要的是针对公众参与实施过程的制度性程序安排。

公众参与需要规范化、技术化的公共政策宣传[7]。例如，限制车辆拥有或使用的交通需求管理政策（如增加停车收费等），由于影响公众切身利益而容易引发争议。有必要灵活通过海报、广告以及讲座、论坛等多种方式，通过政府官员、业内专家、支持市民等多类人群充分解释和表达观点，不断消除政策的信息壁垒或误会，引导公众理解和支持该项政策。在操作层面，需要有规范的发言人制度、专业的政策宣传团队，制定和实行统一的宣传策划方案。

公众参与需要公开透明的意见征询与听证程序。针对交通战略政策的意见征询与听证程序，应形成制度化的程序安排，细化参与方式、参与对象和参与内容。如在战略政策编制、实施、评估等不同阶段，通过遴选市民代表、专家学者等为参与对象，鼓励充分表达意见和观点，实现收集意见信息、推进政策实施的目的。

公众参与需要创新社会自治的运作模式。交通领域的社会自治更多适用于与市民生活息息相关，符合现实民主参政能力的交通公共事务。通过赋予公众有实权的参与机会，让公众发挥基层自我管理的主观能动性，在政府的引导与支持下，承担政策制定、意见征询、组织实施等实际工作环节。这种模式既减轻了政府压力，又提高了相关决策的科学性、公正性和可实施性。

4. 重视政策间的协同性

城市交通系统与土地、经济、环境、社会等诸多因素相关。一项交通政策的研究制定与推广实施，应在城市交通与其他领域协同的前提下，以系统最经济性为制定目标，确保彼此政策间互不冲突，互为补充。

城市交通的关联性要求重视不同政策、法规间的协同机制。以小汽车增量调控政策为例，增量调控政策制定的目标在于缓解城市道路交通拥挤，降低机动车使用引起的城市环境污染，在政策制定过程中，需充分考虑与环境保护法、物权法和动产法等上位政策法规的协同，同时又需重视与二手车流通、车管业务和停车收费等相关政策之间的协同性，以保障交通政策的可实施性。

城市交通的系统性要求梳理上下位政策、法规的逻辑及业务关系，从系统角度，建立多交通政策间互为补充、互惠互利的协同模式，确保交通政策的实施达到预期效果。

2.4 规划案例

2.4.1 珠三角一体化综合交通体系的规划建设

在国际环境不断变化、国内经济进入新常态的宏观背景下，珠三角经济社会发展正处在转型升级的巨大变革期。本轮珠三角全域规划以城市群“全域协同”为主题，“转型升级”为主线，制定省市共同推动珠三角优化发展的行动纲领。

1. 规划内容与主要结论

1）珠三角区域客运交通发展特征

（1）区域客运呈现融合发展、高频化、快速化发展趋势。客运需求增长不再以人口规模增长为驱动，而是随着区域一体化融合，由于区域间生产协作、生活往来联系日益密切，带动区域客运快速增长。

（2）区域客运走廊多层级、网络化，且走廊功能趋向多样化。城镇空间上进入多级快速增长，生产组织区域化，区域客运交通向多点联系、更均衡的网络化趋势发展。

（3）城际客运结构性矛盾凸显，公路主导模式难以满足客运发展要求。既有城际间公共运输方式基础薄弱，随着区域出行需求增长，小汽车主导的城际交通模式难以为继。

2）发展目标

围绕建设世界级城市群的战略目标，完善与世界级城镇群相适应的枢纽功能，优化国际国内双向开放运输格局；以交通引导城镇群空间结构，塑造均衡便捷的区域运输格局；推进交通可持续发展，构建绿色高效的运输体系；促进交通一体化发展，组织协调开放的运输服务。

3）发展对策

（1）健全对外运输系统，提升国际枢纽和国家门户功能。积极落实国家“一带一路”战略部署，推动21世纪海上丝绸之路海、陆、空综合运输大通道建设，提升面向亚太地区生产组织中心的功能。

（2）完善区域交通布局，引导区域空间优化。构建以广州、深圳为国家级枢纽，内圈层强化，湾区枢纽建设和功能转型同步推进，珠江西岸和外圈层功能提升，促进区域相对均衡发展。

（3）转变城际交通组织模式，促进区域一体化发展。构建“多点组织、分区成网”的区域交通组织模式，基于需求特征构建区域一体化的交通系统建设标准和省市统筹的建设运营机制，推进都市区交通设施共建共享和跨境对接。

（4）优化区域交通结构，推动多种运输方式协调发展。加强区域铁路、轨道系统建设，确立在区域客运联系中的骨干地位；实现城际“轨道交通公交化”，提升轨道服务水平；大力发展“多式联运”和“空铁联运”，优化多方式衔接。

（5）建立协同发展机制，实现交通资源公平、合理配置。组建跨行政区港口协调组织机构，专门协调珠三角各港口群发展；推动南珠三角终端管制区改革；成立区域轨道公司，建立多方式融资机制和渠道。

2. 转型规划/设计要点

（1）关注枢纽内涵和支撑体系。提升竞争力，支撑世界级城市群职能和发展目标。围绕建设世界级城市群的目标导向，梳理珠三角作为枢纽节点，在世界城市体系、全球产业链和国家运输网络中的职能以及相适应的交通支撑体系。

（2）关注交通格局和组织模式。珠三角地区进一步集聚发展的前景下，对经济和人口的承载，不应过度依赖核心的特大城市。通过区域多中心结构的构建，推动区域相对均衡发展，实现整体承载力的提升。

（3）关注协调机制和实施策略。建立协同发展的体制机制，本质上是通过区域和行业统筹，实现资源配置的优化，落实区域交通发展的战略导向，是体现公平性原则的有效途径，也是投资效益和运行效率提升的重要保障。

2.4.2 深圳市城市交通白皮书

改革开放30年来，深圳大力推动交通发展，支撑和引领了经济社会的跨越式发展。在新的历史时期，国家赋予了深圳“一区四市”的新定位，市委市政府提出建设现代化国际化先进城市的总体目标和创造“深圳质量”的新要求。面对城市定位提升、区域合作加快、小汽车持续增长以及交通环境问题突出等新形势，亟须制定具有前瞻性、系统性的交通发展政策，指导城市交通发展，促进经济社会转型。为此，深圳市决定编制《深圳市城市交通白皮书》（以下简称《白皮书》）。

1. 规划内容与主要结论

1）发展形势

《白皮书》从经济发展方式、城市空间结构、人口结构、居住及就业的空间分布、交通需求特征等入手，提出新时期深圳城市交通将面临以下五方面形势：

（1）国家赋予深圳全国经济中心城市、国际化城市等新的城市发展定位，要求深圳充分利用地缘优势，积极参与全球化经济竞争，强化对区域及周边地区经济发展的带动作用。

（2）随着经济和人口结构的变化，现代服务业等高端产业从业人口比例进一步增加，常住人口比例提高，将带来交通需求持续大幅增长。

（3）区域融合、一体发展，珠江东岸地区将形成以港深为中心的“双核双通勤圈”大都市圈格局（图2-4），城市交通需求将在更大范围内形成中心集聚、圈域分散的分布形态，关键地区、关键走廊和关键节点在高峰时段通勤交通将大幅增长。

（4）近年来深圳市机动车保有量高速增长，如果不采取综合措施缓和小汽车过快增长，尽快提升公交服务水平，中心城区城市道路交通将陷入严重拥堵困境。

(5) 随着居民生活水平提高,市民交通出行需求呈现多样化、高标准特点,提升城市交通系统服务水平和出行环境,将是交通发展面临的一项重要任务。

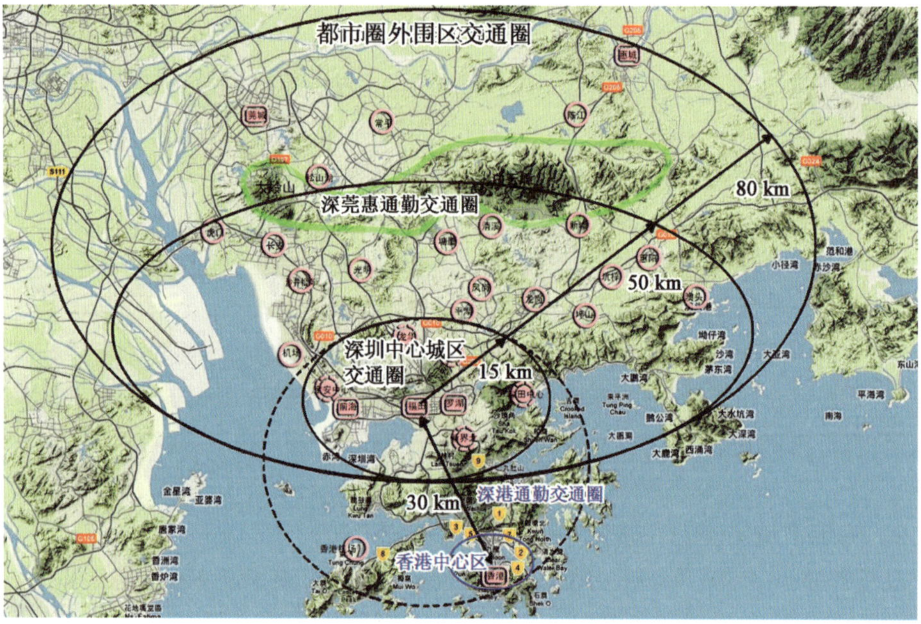

图 2-4　港深莞惠都市圈分区示意图

2) 发展目标和发展指标

《白皮书》提出深圳市交通发展的目标是建设全球性物流枢纽城市、打造国际水准公交都市、构建国际化现代化一体化综合交通运输体系。提出开放、畅达、可靠、公平、安全和低碳六类交通发展指标。

3) 发展策略与行动措施

为实现上述交通发展目标,《白皮书》提出枢纽城市、公交都市、需求调控和品质提升四大核心交通战略,以及十项交通发展策略和相关行动措施:

(1) 强化枢纽地位。加强深港合作,以深港共建国际航运中心、深港机场合作、高铁通道、深中通道建设为重点,提升对外交通辐射力和影响力,强化在区域乃至更大范围内的枢纽城市地位。加强大型对外客运交通枢纽与城市交通系统的一体化布局和高效衔接,锚固城市公共交通网络。

(2) 推进区域一体。以深港跨境铁路、深莞惠城际轨道为支撑,全力推动以深港为核心、港深莞惠都市圈一体化交通体系建设。从设施完善与政策优化两个方面推进深港跨界交通发展,提供更快速和更方便的深港跨界交通服务。根据深莞惠都市圈空间结构和交通需求发展态势,系统推进都市圈综合交通体系建设,以一体化发展共识统筹三地综合交通发展。

(3) 融合交通土地。深化落实交通建设引领城市可持续发展政策，建立多层次互动、高效耦合的交通与土地利用协调机制，推动全市土地利用与交通建设的协调发展。着力加强轨道交通对优化城市空间结构、促进土地利用开发的作用，建立以公共交通为导向的城市发展模式。协调交通建设与新城开发、城市更新的时序，实施交通影响评价制度。

(4) 持续轨道建设。提升已建轨道交通效能，持续推进轨道交通建设，建立覆盖全市主要功能片区的轨道交通网络。以运营管理和都市圈发展要求为指导，大力加强城市发展轴线和中心城区的轨道交通建设，充分考虑重要交通走廊预留建设轨道交通复线的空间。积极探索轨道交通用地开发与投融资建设新模式，形成轨道投融资、建设、运营和资源开发的良性循环，保障轨道交通可持续发展。

(5) 升级公交服务。以公交提速为工作重点，积极推进快速公交建设，在城市关键走廊构建“轨道＋快速公交”复合公交通道，丰富常规公交线网服务层次和品种，提供多元化公交服务，积极探索创新公交服务体制，全面提升公交服务品质。

(6) 延伸慢行网络。以轨道二期工程建成运营为重要契机，提高对慢行交通发展的重视程度，大力构建连续通达的步行、自行车交通网络。加强慢行交通与轨道和公交线网的便捷接驳，与绿道网充分衔接，努力营造安全、舒适的出行环境，提高城市步行和自行车交通的活力和吸引力。

(7) 优化道路功能。加强道路功能优化，引导道路路权分配向公交、慢行倾斜，建设重点向原特区外、新功能区倾斜。在关键交通走廊，优先安排充足的公交专用道、车站设施。新城道路网建设应与土地利用开发协调，在公交走廊同步建设公交专用道等公交设施。结合城市更新和片区交通综合治理工作，完善街区支路网建设，改善微循环交通。

(8) 引导车辆使用。以调整停车收费为主要抓手，通过设施供给、经济杠杆、行政管理和宣传倡导等综合手段，加大交通需求管理实施力度，引导机动车合理使用，促进城市交通方式结构优化，维持道路交通状况在可接受的水平。

(9) 提升管理水平。坚持建设与管理并重，在持续交通基建的同时，优化完善设施功能，加强系统整合与统筹管理，最大限度挖掘既有设施潜力。推广智能科技应用，提高交通运行管理和调度组织水平，为市民提供交通出行信息服务。

(10) 营造低碳环境。以推广新能源车辆为重点工作，加强交通节能减排，建立健全交通安全管理长效机制，加大对交通安全违法行为的执法力度，深入开展绿色出行和交通安全宣传，营造更环保低碳、更安全可靠的交通出行环境。

2. 转型规划及设计要点

(1) 在国内交通领域第一次真正意义上实现了将规划从研究空间布局转向公共政策，通过政策调节空间关系，并推进实施。通过法规、条例、规划、计划、方案、措施等政策工具解决交通发展中的公共问题，以达成公共目标、实现公共利益。

(2) 紧密结合城市和交通发展阶段要求，形成一套横向调节各种交通方式的综合调控政策和一套纵向协调“规划—计划—建设—管理”全过程的协同实施体系，总结出面向不同交通子系统所处不同阶段的差别化资源配置方法。

(3) 交通规划逻辑起点向经济社会和城市空间结构追本溯源，研究对象从市域扩大到都市圈，创新性地提出大都市圈交通圈层理论，并制定“双核双通勤圈”交通发展战略。

(4) 首次明确提出未来深圳轨道交通发展“强轴、加密”战略思路，提出建设“轨道＋公交”复合走廊、“重大枢纽锚固城市综合交通网络”等关键战略。

(5) 从计划到市场，推动形成更合理的交通资源配置方式。明确提出要转变以小汽车为主导的交通发展模式，旗帜鲜明地制定了通过经济杠杆引导小汽车合理使用的一系列重大政策。

(6) 更加注重提升交通的内涵和品质，强化环境因素的核心地位。首次系统提出“交通软环境”构建思路，将慢行系统建设提到深圳交通发展史上的新高度，建设资源向公共交通和慢行交通倾斜的发展策略，建设普惠共享的公交都市。

2.4.3 深圳市综合交通“十二五”规划

1. 规划背景

当前深圳面临经济社会进入全面转型发展阶段、区域化合作发展进程加快、深圳特征的城市化进程提速、机动化出行需求继续高速增长等新形势。在新的历史时期，按照建设现代化国际化先进城市的总体目标，加快转变交通发展方式，提升交通发展质量，构建高标准一体化的综合交通体系，强化全国性综合交通枢纽城市地位，成为深圳交通发展的战略任务。

2. 规划内容与主要结论

1) 综合交通发展环境

深圳迫切需要全面提升对外交通竞争力，进一步强化中心城市功能，增强服务区域、服务全国的能力。深圳经济特区范围已扩大到全市，加快完善原特区外交通设施，推进城市交通一体化发展。交通需求持续增长，迫切需要构建各种交通运输方式协调发展的一体化交通体系。交通拥堵区域有所扩大，高峰期公交“乘车难”问题依然突出，整体交通管理水平有待进一步提升。构建资源节约型和环境友好型社会，迫切需要加大低碳绿色交通发展力度。

2) 发展目标

构建高标准一体化的综合交通体系，初步建成全国性综合交通枢纽城市、具有国际水准的公交都市、全球性物流枢纽城市。

3) “十二五”重点行动与措施

打造服务全球的海空枢纽。建设综合效益最优的航运中心。加快深水泊位建设，完善港口集疏运体系，着力提高港口管理和服务水平，提高港口综合效益。建设综合服务最优的航空枢纽。推进设施建设，提升机场枢纽功能，深化与香港机场合作，拓展通用航空业务，加快大空港地区规划建设。

构建辐射全国的公铁枢纽。建设高标准现代化铁路枢纽。加快国家干线铁路建设，大力发展多式联运，加强铁路枢纽与城市交通系统的衔接。建设集约型现代化的公路主枢纽。加快重大工程建设，深入开展深中通道等战略性通道项目前期研究工作，全面对接全国综合运输大通道。完成客货枢纽，推进机场、铁路口岸前期研究。

促进区域交通一体化发展。构建更加紧密的深港交通联系，创建大容量、高效能的口岸枢纽体系，推进深港跨界重大交通基础设施建设。提供更便捷的深港跨界交通服务。构建更加融合的深莞惠交通体系，稳步推进城际轨道、干线道路、公交服务和管道运输等方面的一体化发展。

提升城市交通一体化水平。完善一体化的城市道路网。统筹协调城市各类交通设施规划布局，统一规划、建设、运营和管理，建立协同发展机制，全面推进特区道路交通基础设施一体化工作。打造国际水准公交都市。落实公交优先政策，加快形成以轨道交通为骨架、以常规公交为网络、以出租车为补充、以慢行交通为延伸的多模式一体化公共交通体系。

营造低碳绿色交通环境。着力提升交通管理水平。充分挖掘既有设施潜力，统筹交通运行管理和交通需求管理，加强交通拥堵治理，提升道路交通安全水平。大力推动低碳绿色交通发展。完善慢行交通系统，倡导绿色低碳出行，实施节能环保政策，减少交通污染排放，促进新能源汽车应用。深圳市综合交通“十二五”发展规划布局如图2-5所示。

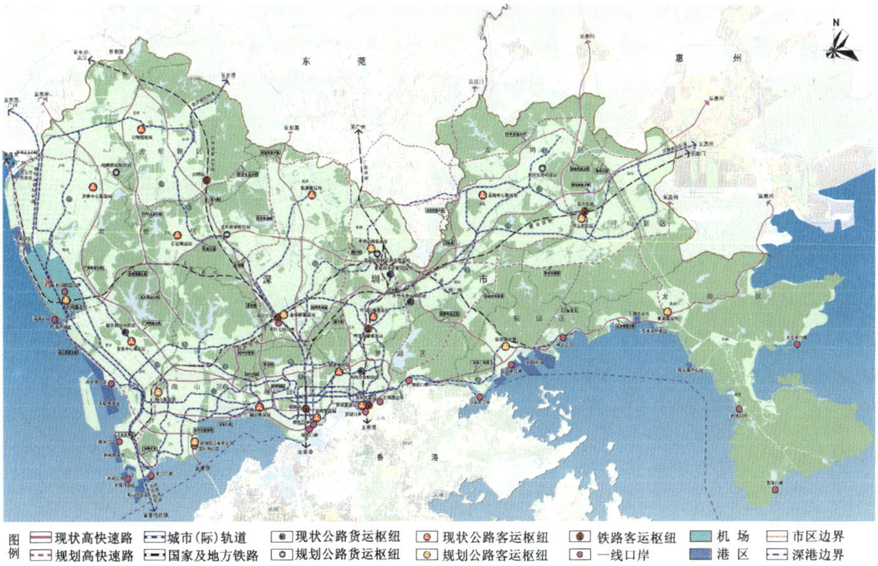

图 2-5 深圳市综合交通“十二五”发展规划布局图

3. 转型规划及设计要点

1）转型：从计划到规划

采用综合交通规划技术流程组织开展编制工作，通过进行深入的问题分析与形势研判，利用深圳市整体交通模型进行全面的交通需求预测分析，充分重视各类重大交通基建与城市用地协调发展关系，提出五年发展目标和指标体系，统筹协调各类交通系统规划建设。

2）统筹：从偏重一隅到全局统筹

以深圳市大部制改革为契机，建立由交通运输委和发展改革委牵头、规划国土委和交警共同参与编制的工作机制，兼顾对外和内部交通，形成统筹全市各类交通系统发展，整合规划、建设、管理相关工作的综合性一体化规划。

从偏重空间布局整合，到规划、计划和机制多层次一体化整合。包括空间布局规划的多层次整合，交通建设与经济社会、城市发展的协调，工作机制的协同，以及对空间规划、建设项目库和投资计划的系统整合。

加强各类交通系统之间的协调布局。规划不仅重视各类交通系统的衔接，更加关注各交通系统之间的协调布局。例如，结合高铁、城际轨道的客运功能和规划布局，优化调整公路客运场站的发展策略和空间布局规划，制定近期发展计划。

3）应用：从计划列表到实际管理应用

规划属于宏观布局规划与实施计划相结合的项目，不仅从技术、工程角度落实规划方案的技术合理性、工程可行性，还重点考虑在规划计划落实、项目进度推进、相关部门实际管理工作需求、协助部门间协调和领导决策等方面。

参考文献

[1] 深圳市城市交通规划设计研究中心. 深圳市城市交通白皮书[R]. 深圳：深圳市城市交通规划设计研究中心，2012.

[2] 中国城市规划设计院，深圳市城市交通规划设计研究中心.《珠江三角洲全域规划（2014—2020年）》之专题九——珠三角一体化综合交通体系规划建设研究[R]. 深圳：深圳市城市交通规划设计研究中心，2014.

[3] 张晓春，宋家骅，邵源，等. 都市圈背景下深圳轨道交通发展战略研究[J]. 都市快轨交通，2012，25(3)：1-6.

[4] 深圳市城市交通规划设计研究中心. 环珠江口宜居湾区建设重点行动计划专题研究报告二——湾区交通专题研究[R]. 深圳：深圳市城市交通规划设计研究中心，2012.

[5] 城市综合交通系统功能整合与规划设计关键技术课题组. 城市交通系统功能整合与规划设计[M]. 北京：中国建筑工业出版社，2014.

[6] 林群，宗传苓. 深圳公交导向发展规划实践[J]. 城市交通，2006，4(3)：5-10.

[7] 张晓春，邵源，宋家骅，等. 深圳市交通需求管理政策的法治思考[J]. 城市交通，2015(4)：1-7.

3 多层次交通与土地协同规划

随着区域化、城市化和机动化发展，协调交通与土地利用逐渐成为我国大城市交通规划的首要工作。重点包括从宏观、中观、微观三个层次协调重大枢纽、轨道等战略性交通基建与城市空间布局的关系，协同安排各类交通设施建设与用地开发时序，并相应优化调整资源配置、规划建设、运营管理等政策和制度。将高铁站、城际轨道站、轨道换乘站等大型综合交通枢纽引入城市核心区，一方面锚固城市中心体系，另一方面确定城市综合交通网络的基本格局，从整体布局上协同交通与城市发展，是当前大城市交通规划工作的重中之重。

3.1 宏观协同：交通与城市空间布局

宏观层面，协调重大交通枢纽、轨道等大运量交通方式与城市发展布局的关系，制定差别化分区发展策略，强化交通设施引导城市发展作用。

3.1.1 结合城市中心体系布设重大战略性交通枢纽

协调重大交通枢纽布局与城市中心体系的关系。经验表明，枢纽对城市发展，尤其是对中心体系的构建具有难以比拟的带动作用。重大交通枢纽依托其独特而丰富的交通资源，不断积聚周边资源要素，使得枢纽地区发展成为城市中心的优势十分突出。因此，综合交通枢纽规划不仅仅需要关注枢纽本身功能组织和设施规划，还必须重视枢纽与城市相互促进的共生关系，充分协调枢纽核心区与周边地区的功能关系、用地布局、地上地下、开发时序和交通系统组织，从城市和综合交通整体布局上推动交通与城市协同发展。

利用重大交通枢纽锚固综合交通网络。综合交通枢纽体系布局确定后，各类交通网络的基本格局也随之确定。作为客运转换中心，重大综合客运交通枢纽往往集中了多种交通方式，是对外交通、城市轨道交通、道路交通以及步行和自行车等各类交通网络的主要客流集散点，对各类交通网络自身的规划布局起到至关重要的影响作用。因此，一方面在重大综合交通枢纽选址工作中，充分考虑其对各类交通设施网络的影响，加强不同交通网络的衔接与协调，另一方面在轨道、道路、公交以及步行和自行车系统专项规划中，将综合交通枢纽作为关键节点，在空间布局以及建设时序中给予高度重视，最大化发挥综合交通枢纽功能，带动各类交通系统协调发展。

3.1.2 协调轨道等大运量交通网络与城市空间布局

深入研究轨道交通对城市布局、城市结构、次中心形成的作用，协调好轨道交通网络与城市空间结构布局，是实现城市总体发展目标和空间发展战略的重要举措。在进行轨道交通网络及区域铁路布局等宏观规划时，以不同等级轨道交通线路支撑相应等级发展轴带，支持城市乃至区域空间发展策略的实施。

以深圳市为例，广深港高铁、厦深铁路等国铁联系区域主副中心城市，强化区域带动及辐射功能[1]；广深、莞深、惠深等城际轨道联系区域内地方性主副中心城镇，支撑城镇产业发展带的发展；城市轨道交通网络以罗湖福田、南山前海中心区为核心进行布局，用干线覆盖东中西三条城市发展轴以连接城市主次中心，用快线加强外围组团与各级中心的联系以改善交通出行条件。轨道交通网络尽量覆盖城市重点发展地区和重点改善地区。在编制轨道沿线土地发展规划时，明确提出轨道交通与沿线土地协调发展要点。通过上述协调策略，形成以中心区为核心，沿主要发展轴布设，能方便实现城市主次中心联系、内外交通衔接高效便捷的轨道交通网络，维持一个强大的、有吸引力的城市中心区。同时，推动土地利用开发沿轨道和枢纽周边布局，节省大量基础设施用地和投资，提高土地利用效率，并有利于城市组团间隔离绿带的保护，维持一个良好的城市生态环境。此外，由于在城市整体层面实施发展理念，可充分发挥轨道交通的规模效应，形成整合优势，从而改变区域用地形态和出行特征。

3.1.3 制定交通引导城市发展的宏观分区策略

围绕城市轨道交通划分交通与土地协调发展分区，并制定宏观分区发展指引。通过对城市空间结构、骨干交通网络结构、交通需求走廊分布、发展效益区划和优先发展区域等重大相关因素的解读，明确分区发展方向和发展策略，以此作为城市分区规划和交通规划的参考和支持[2]。

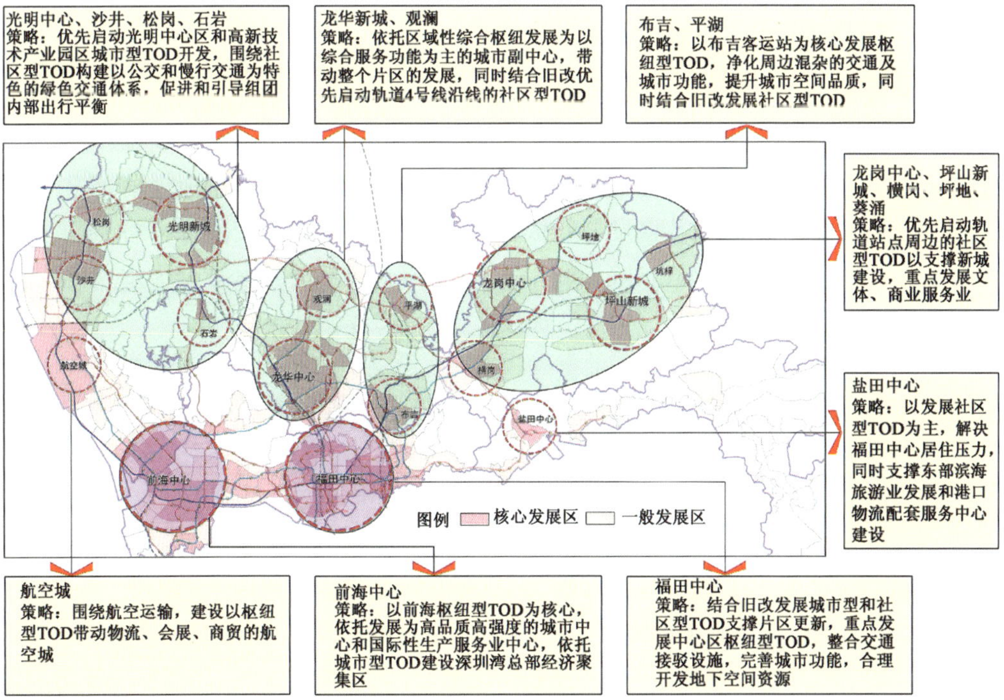

图 3-1　深圳市 TOD 宏观分区发展指引图[3]

以深圳市为例，为推进土地与交通协调发展的实施策略，将全市划分为8个宏观分区，深圳市TOD宏观分区发展指引如图3-1所示。西部分区中光明新区定位为深圳市城市副中心，是深圳市建设“绿色城市”的典型示范区。但光明新区尚处于相对独立的起步发展阶段，对外交通可达性不高从而制约了新区的发展。基于此，提出针对性分区TOD发展策略：加快地铁6号线等轨道交通建设，提高与中心城区及区域重要交通枢纽的交通可达性，推进轨道沿线片区的TOD开发，引导分区内部交通出行平衡，结合轨道交通，扩展公交优先网络，建立以公交为主导的“绿色交通”体系[3]。

为保障实现宏观层面的交通与土地利用协调，必须调整现有城市规划体系的相关环节，以分区发展策略为指导，形成以法定图则为核心控制文件的控制引导机制。总体规划具有较强的战略性，将全市交通与城市协同发展目标、策略一同纳入城市用地部分，并与城市更新改造、密度分区、地下空间利用等内容进行协调和互补[4]。

3.2 中观协同：片区综合交通发展与用地规划

按照宏观分区策略提出的各项要求，针对城市片区，结合土地与交通发展的不同特征，识别采用交通引导城市发展的重点发展片区和发展类型，建立片区层面的差别化发展指引。

3.2.1 结合城市用地和交通特征划定差别化发展片区

基于在宏观层面确定的总体发展目标和策略，进一步识别交通引导城市发展的重点片区。首先，对城市人口密度分布、居住与就业的分布、土地开发潜力情况、交通走廊带的需求供给、各区域出行分担方式等情况进行建模。然后，结合用地规划，综合考虑交通与土地两方面影响，从片区发展所依托的核心交通体系、公交发展策略、城市密度分区和土地开发潜力四个方面进行综合评估（图3-2），最终将片区划分为重点发展区、一般影响区和其他区域三类，深圳市中观分区详见图3-3。

具体来说，属于交通引导发展的重点区拥有综合交通枢纽或轨道交通换乘站，具有高公交出行比例发展目标。交通引导城市发展的重点区通常是城市密度分区中的高密度区，是具有较高的土地开发潜力的片区，如新的CBD地区等。交通引导城市发展的一般影响区拥有一般轨道交通车站或BRT车站，具有中等公交出行比例发展目标。交通引导城市发展的一般影响区通常处于城市密度分区中的中密度区，且是具有一定土地开发潜力的地区。对于其他片区，如生态保护区则划分为其他区域。

重点发展区提倡高强度的混合开发，提高片区的舒适性和可识别性，建立轨道交通车站与周边土地开发的便捷联系，完善公共交通、非机动交通系统的接驳；一般影响区提倡适当控制开发强度，加强与重点发展区的公交接驳，引导以公共交通为主体的出行方式；其他区域则应严格控制土地开发强度，控制城市无序蔓延，形成城市绿带分隔和城市绿肺。深圳市交通引导城市发展中观分区图，如图 3-3 所示。

(a) 核心交通体系要素

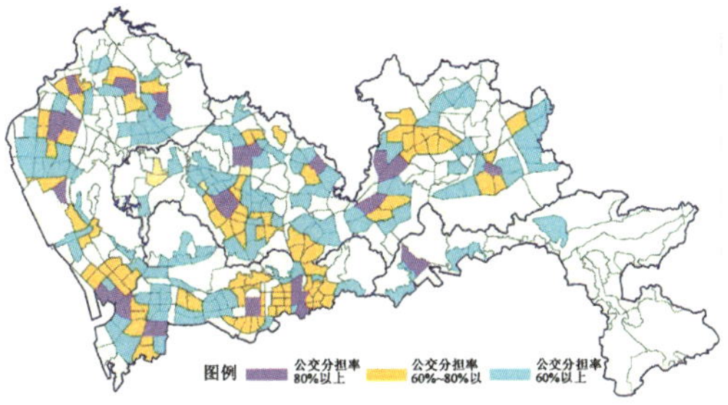

(b) 公交发展策略要素

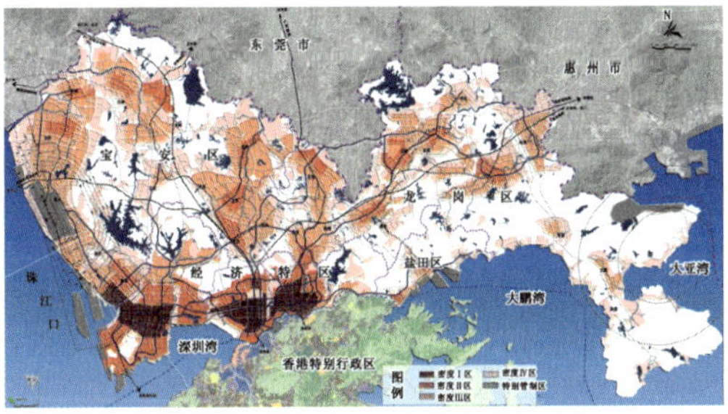

(c) 密度分区要素

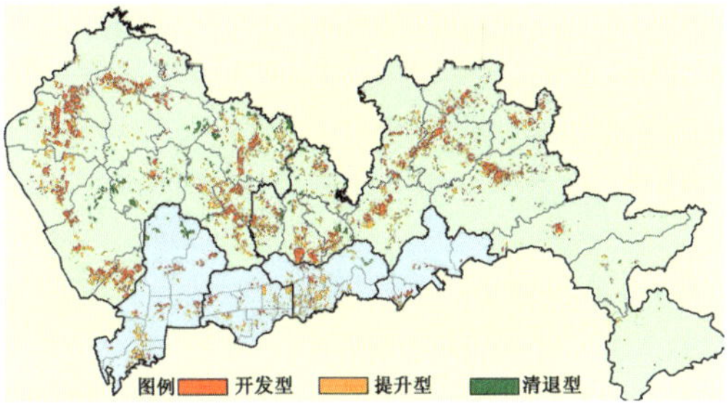

(d) 片区开发潜力要素

图 3-2 片区交通与土地关系分析图

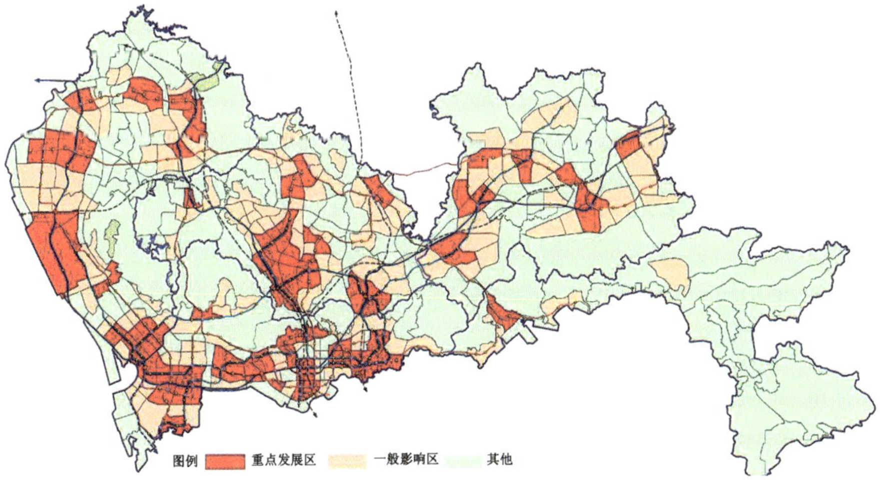

图 3-3 深圳市交通引导城市发展中观分区图[3]

3.2.2 制定交通引导城市发展的中观片区指引

由于区位条件、功能定位、土地利用等不同，重点发展区不能采用同一模式进行开发，如城市综合活动中心与大型居住区的开发明显不同。借鉴香港、东京等国内外城市实践经验，将重点发展区细分为城市型、社区型以及特殊型三类，为制定各类型片区的微观规划设计要点、指导片区规划设计奠定基础[5]。

城市型：位于城市各级综合活动中心，并直接在城市公共交通网络干线上，是城市的公共活动凝聚点。可进一步划分为位于区域政治经济文化活动中心的区域级城市型，或位于其他综合活动中心的地区级城市型。

社区型：位于社区公共活动中心，并与周围其他居住区和城市中心有良好联系，在城市公共交通网络干线或辅助线路上。

特殊型：位于特定功能的公共活动中心，如依托城市机场等大型综合交通枢纽发展的枢纽型等。深圳市交通与土地开发重点协调区开发类型指引如图 3-4 所示。

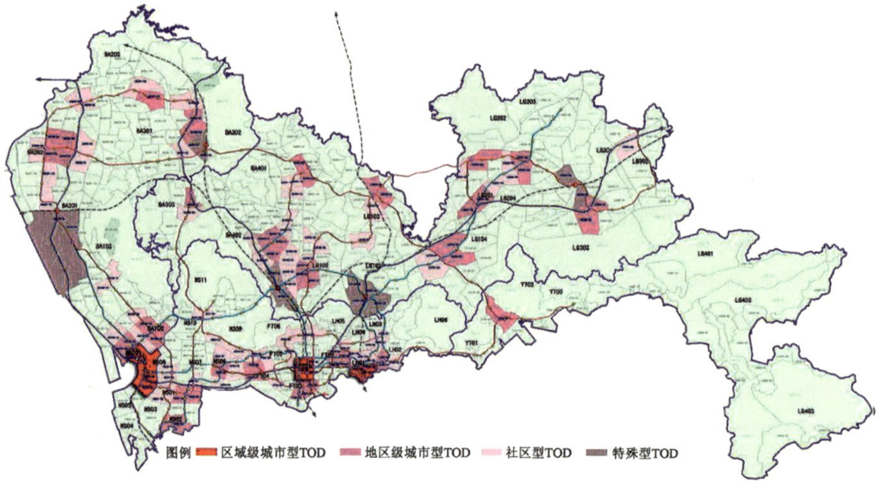

图 3-4　深圳市交通与土地开发重点协调区开发类型指引图[5]

3.3　微观协同：交通站点与周边用地开发

微观层面协调交通站点周边地区的详细规划与交通规划，提出土地利用及交通改善的规划设计要点，从微观层面指导用地和交通规划设计。结合城市规划和交通规划的相关标准，围绕空间尺度范围、用地功能控制、城市设计与环境、交通设施四类要素，开展微观层面规划设计。

3.3.1　合理确定空间尺度范围

根据轨道交通站点所处片区的类型，主要考虑行人步行距离以及轨道交通车站密集程度两个因素，确定重点开展交通与土地协调规划的空间尺度范围。区域级城市型重点发展区位于区域政治经济文化活动中心，土地功能结构复杂，混合程度较高，轨道交通车站间距较小，车站之间直接腹地相互重叠，市民步行接驳可接受的距离相对较短。与之相比，地区级城市型重点发展区市民步行接驳可接受的距离稍长，社区型最长。

3.3.2 控制用地功能

1. 差别化功能定位

根据交通站点区位及周边土地价值，区域级城市型片区用地功能应以商业办公用地为主，不建议进行纯居住用地开发；地区级城市型以居住、公共服务用地为主，含有一定比例的商业办公用地；社区型以纯居住用地为主，商业零售主要是为社区服务的商场。

2. 合理安排土地分布[6]

根据轨道交通车站周边房地产价值随着与车站距离的增加而衰减的原则，在区域级城市型地区的轨道交通车站周边，核心腹地主要布局商业用地、商办混合用地，外侧可考虑布局商住用地，但不提倡纯居住开发；在地区级城市型地区轨道交通车站周边的核心腹地，主要布局商业用地、商办混合用地，外侧以居住用地为主；在社区型地区的轨道交通车站周边的核心腹地，主要布局商业用地、商办混合用地和居住用地，外侧以纯居住用地为主。

3. 合理验算土地开发强度

结合城市密度分区，拟定不同类型地区的土地开发强度，结合交通和公共配套设施的承载力以及日照、房屋间距等相关标准的要求进行验算。

4. 合理安排土地利用混合度

区域级城市型片区的土地混合程度最高，以商办混合为主；地区级城市型片区混合程度次之，以商住混合为主；社区型混合程度最低，以商住混合为主。

3.3.3 关注城市设计与环境要素

1. 开放空间

根据服务人群的特点，建议在区域级城市型片区以城市花园、建筑前广场和街角休憩点为主，零散分布在高度密集的建筑群中。在地区级城市型片区以文娱广场、公园为主，毗邻商场和公共服务建筑。社区型以休闲空间和小型运动空间为主，分布在公共服务用地和居住用地之间，形成居住与公共服务的分隔带与联系带。

2. 地下空间

为提高轨道交通的使用效率，实现轨道交通与商业开发的“双赢”局面，建议轨道站点地下空间综合开发以轨道站点为核心，从车站向外依次设置商业服务业、交通接驳设施和停车场等功能区域。

3. 标识系统

强化公共艺术和建筑特色，提升地区的认知度。加强标识系统，提高复杂地区方向可识别性。

3.3.4 开展交通设施精细化规划设计

1. 与周边用地紧密结合布设轨道交通出入口

轨道交通车站的布设重点强调与周边建筑、常规公交车站和出租汽车停靠站的结合。为提高轨道站点的服务能力,结合周边城市布局多设轨道车站出入口以吸引客流,合理布置车站出入口位置,地下步行通道尽量延伸至站点周边建筑内部。

2. 差别化布设道路网

根据轨道站点功能定位及所在区位,确定不同站点周边地区的道路用地比例,经过交通设施和公共配套设施的承载力验算,确定道路用地比例的合理范围。在现有道路等级结构规范标准的基础上,往往需要通过提高支路网密度,提高片区的可达性。一体化规划设计慢行交通系统。细化交通及相关用地功能需求,统筹轨道交通站点内外部及其衔接系统、地上地下空间的规划设计,合理组织人行和自行车交通流线,提供便利的步行系统连接轨道站点,形成连续、一体化的慢行系统。

3.3.5 完善实施机制

1. 明确车站地区土地利用、规划控制和吸引投资者的激励机制

坚持政府支持、行业推动、企业运作的原则,明确开发项目的计划和规划,土地取得和开发方式,申请及审查程序、监督管理和处罚奖励等方面的细节规范;明确政府、地铁公司和参与实体的责任、权利以及利益分配方式。

2. 完善土地储备、控制、运作机制

土地储备期的近期控制为2~3年,远期控制根据城市发展情况可以延长至7~10年,应提前完成开发用地的征地拆迁工作。

3. 完善轨道交通车站相关地下空间政策

使用权以协议的方式优先出让给轨道交通建设项目的经营者,其所有人和使用人应当履行地下空间物业和设施的日常管理和维修义务。

3.4 规划案例

3.4.1 深圳广深港客运专线高铁枢纽规划

1. 规划背景

广深港客运专线位于珠江东岸珠三角发展脊梁上,串联广佛和深港两大都市区,其建设将有助于促进港深更紧密的联系,推动珠三角区域一体化进程。广深港客运专线深圳车站选址从城市和交通整体协同发展的高度,集中体现了深圳通过高铁枢纽选址契合城市中心体系以及锚固城市综合交通网络理念的探索和经验。

2. 规划内容与主要结论

1）规划目标和策略

利用广深港客运专线建设的契机，围绕建设国家级铁路枢纽、加强深港交通联系、支持深港共建国际航空枢纽等规划目标，支持与促进城市及交通发展战略的实现。

2）广深港客运专线车站选址

基于城市及交通发展战略的要求，提出在城市中心区北部的龙华新城设置深圳北站，主要服务京广深长途客流，从而也带动龙华城市副中心的发展；另外，在福田中心区增设福田站，主要服务广深港商务城际客流，加强深港联系，进一步提升深圳中心区的定位。[7]

3. 转型规划及设计要点

铁路车站尤其是高速铁路客运专线车站的建设已不能仅仅考虑交通功能，构筑面向区域的、多功能、综合性的城市中心或副中心，已经成为大城市铁路车站建设的主流趋势。国外大都市铁路枢纽一般由多个车站组成，铁路车站很多进入城市核心区，通过提供良好的易达性以更好地吸引客流。出于对环境、景观、治安以及道路交通疏解等问题的考虑，到目前为止，国内还很难接受这个理念，一般都将铁路站设在城区外围。[6]

3.4.2 深圳市轨道交通二期线路详细规划

1. 规划背景

为促进轨道交通与沿线土地利用协调发展，推动土地集约化利用、优化城市空间布局结构，进行轨道交通二期线路详细规划。

2. 规划内容与主要结论

规划分为两大阶段工作：第一阶段是总体设计，第二阶段是详细设计。

1）总体设计

总体设计是为轨道交通与沿线土地利用、城市空间、沿线交通系统衔接及接驳设施规划控制、轨道工程前期协调管理，以及下一阶段详细设计与工程设计提供直接或基础技术依据，是沿线地区城市开发和轨道交通工程建设的重要控制性规划。

2）详细设计

详细设计是沿线土地开发和城市轨道工程设计的重要组成部分，为沿线站点周边地块开发和城市空间设计、轨道前期工程协调、交通换乘设施规划衔接和工程设计提供技术依据。详细设计目标内容包括：落实总体设计阶段所确定的车站周边城市设计方案及车站换乘设施布局规模，进行换乘设施布置规划，提出站点周边道路交通改善设计方案。详细设计相关成果将纳入建设规划上报文件中，同时作为轨道沿线地区控制性详细规划的依据予以法定化落实。

通过规划工作和协同落实，在轨道二期开通后，加快了深圳市东、中、西三条发展轴上的城市发展，加快了特区内外一体化发展，城市新开发、旧城改造和城市更新也在轨

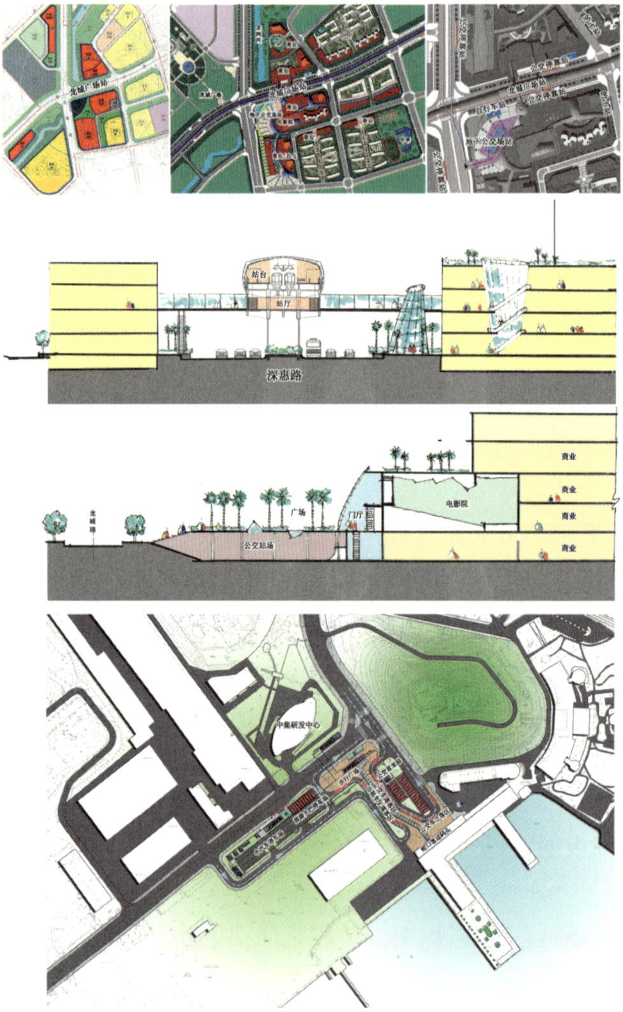

图 3-5　轨道交通二期车站详细规划成果示意

道站点周边集中进行。在特区扩容的大政策下，轨道 1 号线的宝安—西乡地区、轨道 3 号线的布吉—横岗—龙岗地区、轨道 4 号线的龙华新区几年间基本实现了与原特区内一体化；轨道 2 号线沿线的后海地区已发展成深圳南山区的商业文化中心、CBD 和集中居住区；轨道 5 号线沿线串联的宝安老中心、西丽地区、坂田、布吉等地，不仅造就了坂田地区城市功能调整和大规模居住开发，同时旧城改造和城市更新项目的实施也使城市焕然一新。轨道交通二期车站详细规划如图 3-5 所示。

从深圳市轨道交通一、二期 TOD 规划和实施过程来看，在现有的政策、机制和体制等条件限制下，深圳的 TOD 实施实际上是由政府进行引导，由市场作为主体进行沿线地块、商业节点的开发来实现的，而轨道企业在 TOD 实施过程中除了具有轨道车辆段上盖和与车站相关的地下空间开发权限外，并未有大范围参与商业地块的开发，因此也难以获得对外部效益内部化的主动权。

3. 转型规划及设计要点

一是通过土地利用调整规划，促进沿线珠链式发展，提升城市化水平和品质。二是体现交通一体化发展基本理念，以轨道交通为骨干，通过轨道车站来组织公共交通、道路网络、人行系统，形成轨道带动沿线交通系统一体化整合高效率的交通接驳系统。三是以人为本、无缝衔接的基本原则，通过对公共空间的有机组织，形成以车站为核心、无缝衔接的综合换乘体系。四是与城市发展协调共进机制，突出与城市规划和交通规划统一协调的理念，确定轨道车站交通接驳方式和周边建筑及公共空间的行人组织方式。

3.4.3 广佛环线北滘站站点控制性详细规划

1. 规划背景

佛山处于“城市和产业双转型”阶段，即从“快速城市化”向“健康城市化”转变，从注重“数量的增长”到关注“质量的提升”。轨道交通引领“公交都市”发展，促进城市和产业转型升级。

珠三角积极拓宽投融资渠道，支持城际轨道建设和运营的可持续发展，要求推动“轨道＋物业”综合开发模式。

2. 规划内容与主要结论

片区所在的生态廊道是维系潭州水道和顺德水道间生态互动的重要载体，在两个强劲的城市拓展区的隔离廊道之间植入站点，势必极大地影响原有生态格局，因此，规划提出 EOD(Ecology Orientation Development)布局模式，其重点在于维持城市生长与环境安全的平衡。区域协同发展和 EOD 模式指引如图 3-6 所示。

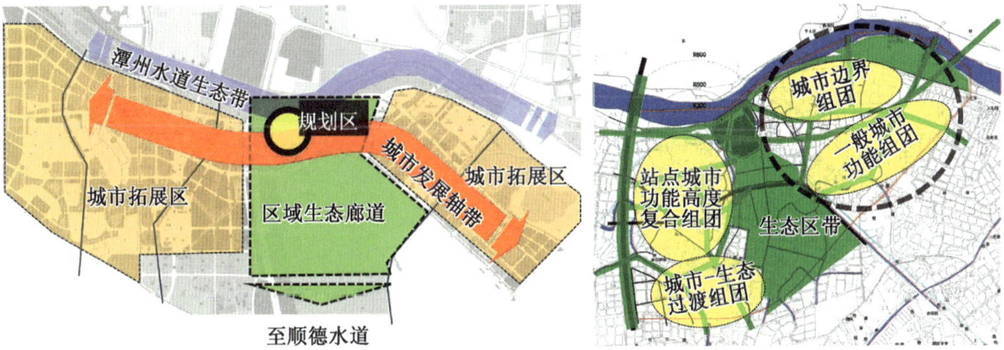

图 3-6 区域协同发展示意图和 EOD 模式指引示意图

因地制宜的 TOD 布局模式，扩大了轨道站点的影响力。建立轨道站—组团中心的两级公交枢纽，在各组团中心设置便捷的公交接驳站点，建立组团中心与轨道站点的快速联系，打造二级 TOD 发展区域。并通过中低速的公交系统建立轨道站点与较远社区的联系，构建“门到门”的公交接驳体系。站点原辐射区域和 TOD 模式如图3-7 所示。

承接三大新城辐射，与东平新城、北滘新城互补发展。从功能角度上提出与三大新城互补的错位发展，重点发展与“快工作”相反的“慢生活”型功能业态，成为服务三大新城的特色服务中心，融入区域的整体发展中。特别是与佛山新城和北滘新城的功能联系，通过强化沿林上路的功能发展轴来实现。

3. 转型规划/设计要点

(1) 以 TOD 理念主导控规编制。制定北滘站 TOD 综合开发规划设计导则，确定站点周边开发规模、业态布局等，用于指导用地规划，并将交通诉求体现到法定图则中，强化其法律效应。

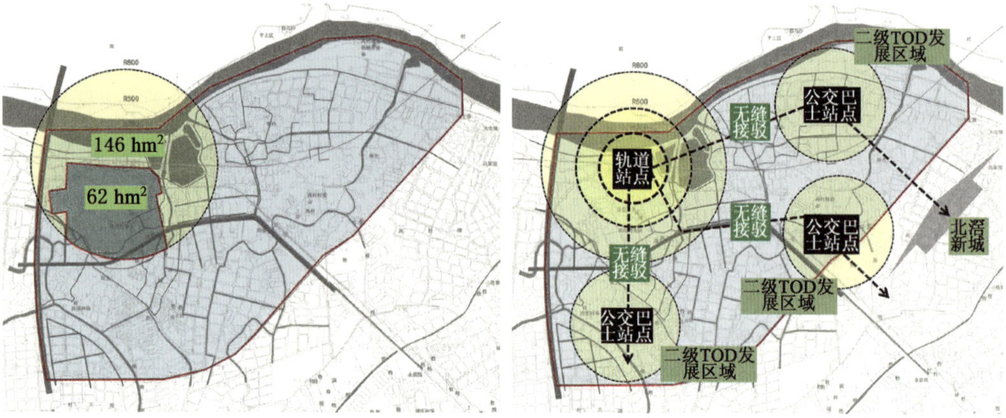

图 3-7　站点原辐射区域图和 TOD 模式概念图

(2) 交通详细规划引导城市设计。通过对北滘站双层车辆段的详细规划,对车辆段选址和站点设置提出相应指导意见,结合接驳设施布局确定站点核心区功能布局,进而对城市设计方案提出反馈,互动促进规划方案落实。

3.4.4 佛山西站综合开发设计

1. 规划背景

佛山西站是广佛都市圈“四主一辅”铁路枢纽中的“一主”,集高速铁路、城际、地铁、公交、出租车、长途客运和社会车辆多种交通方式于一体,是服务广佛西部地区的大型综合客运枢纽。为借助枢纽辐射作用,“引爆”佛山南海中部地区发展,形成以站兴城的格局,规划将站房外围 1 km^2 地区进行综合开发设计,作为未来佛山副中心的重要组成部分。

2. 规划内容与主要结论

1) 生长空间与城市设计

借鉴生长之树的理念,将枢纽中心向城市中心的拓展和转变的过程与树木生长相融合,即“树的辐射能力有限,需通过交通和功能融合形成‘藤蔓’进行延展,带到周边地区成长,创造‘生机勃勃’城市中心地区,构建‘一轴一带多板块’的规划结构”。佛山西站规划结构分析和城市设计如图 3-8 所示。

2) 垂直交通组织

地面层(送客)主要交通流线:虹岭路和兴业路方向车辆沿站前北路—站前东路交叉口左转进入东侧落客位,佛一环、桂丹路和禅西大道方向车辆沿站前南路—站前西路交叉口左转进入西侧落客位。

3) 到离夹层(接客)主要交通流线

虹岭路和兴业路方向车辆,绕行环站西路,在站前南路上匝道进入夹层上客位;佛一环、桂丹路和禅西大道方向车辆沿站前南路路上匝道进入夹层上客位。

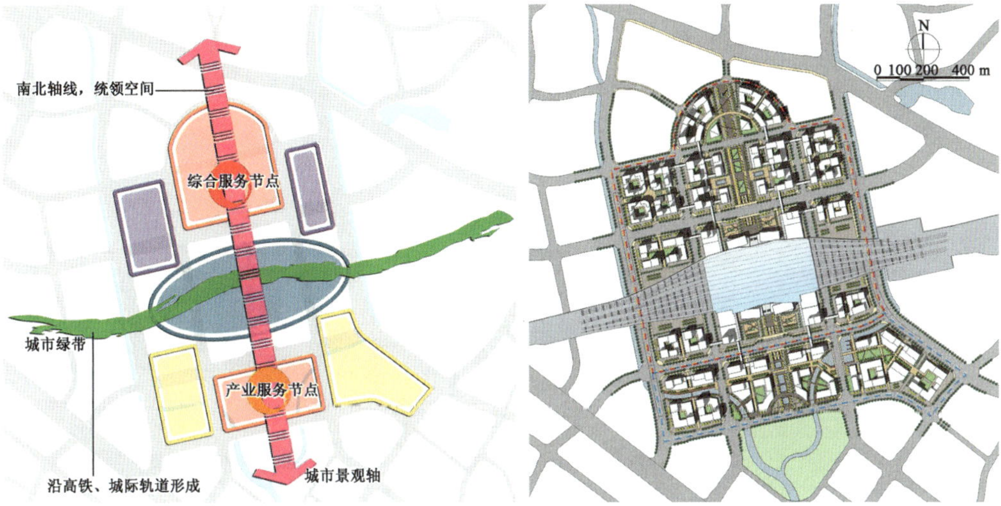

图 3-8　佛山西站规划结构分析和城市设计示意图

4）人流交通组织

以站房下大通道连通南北广场人流，在地下步行道周边布局地下一层与地面、地铁站台之间的转换点，实现立体人流转换。实现枢纽核心区和外围人流的快速转换。佛山西站立体交通规划设计如图 3-9 所示。

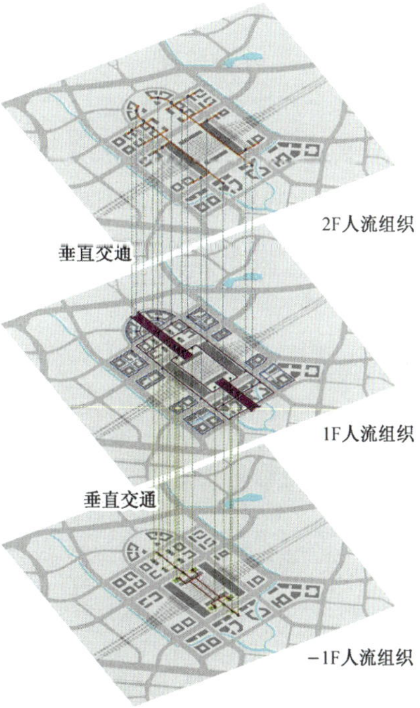

图 3-9　佛山西站立体交通示意图

5）地下空间

通过类比和需求分析，确定地下空间开发规模，并结合地面规划设计方案和轨道布局，确定地下开发布局，最终规划地下空间总建筑量 77.9 万 m^2，其中商业建筑面积 11.3 万 m^2，地下停车建筑面积 66.3 万 m^2。佛山西站地下空间布局如图 3-10 所示。

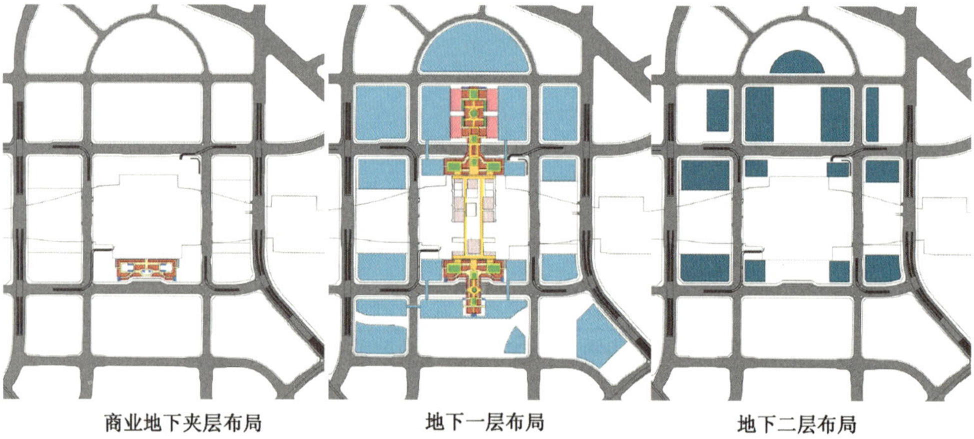

图 3-10　佛山西站地下空间布局示意图

6）业态开发研究

结合周边业态分析，充分利用佛山西站门户展示功能，服务多样消费人群，积极发展新兴业态，加速佛山西站城市副中心建设，从开发经营角度对佛山西站业态开发、建设时序、投融资等进行详细规划。佛山西站周边业态布局如图 3-11 所示。

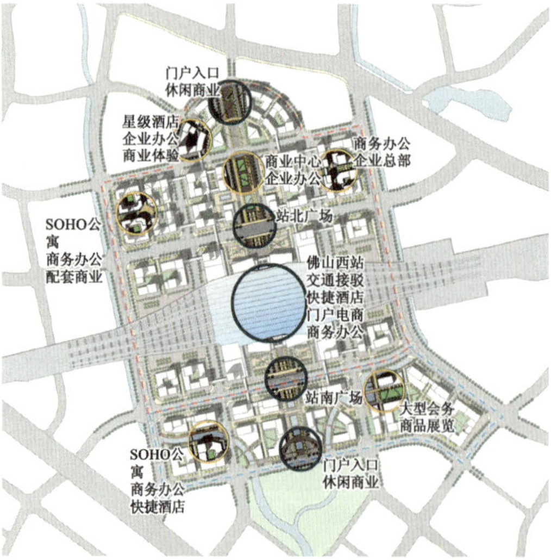

图 3-11　佛山西站周边业态布局图

3. 转型规划及设计要点

1）功能定位凸显门户枢纽

功能定位凸显门户枢纽，广佛西部门户地区，展示广佛西部门户的重要城市形象，宣传广佛文化和产业的重要窗口；以开发为导向，建设集枢纽门户商业休闲服务、门户产业服务、特色展示和销售、户门会展、户门商务办公及社区商业中心于一体的枢纽新城。

2）用地布局凸显交通枢纽地位

用地布局方面，以商业用地、交通设施用地为主，凸显交通枢纽核心地位；并在机场限高的条件下，努力提高开发强度，各地块平均容积率达到 3.3，保障开发建设效益。

参考文献

[1] 宗传苓，谭国威，张晓春. 基于城市发展战略的深圳高铁枢纽规划研究——以深圳北站和福田站为例[J]. 规划师，2011，27(10)：23-29.

[2] 深圳市城市交通规划设计研究中心.（深圳市）土地利用与交通协调（TOD）研究[R]. 深圳：深圳市城市交通规划设计研究中心，2009.

[3] 张晓春，田锋，吕国林，等. 深圳市 TOD 框架体系及规划策略[J]. 城市交通，2011(03)：37-44.

[4] 邵源，田锋，吕国林，等. 深圳市 TOD 规划管理与实践[J]. 城市交通，2011，09(2)：60-66.

[5] 邵源，宋家骅. 珠三角城市 TOD 发展模式与实现途径探讨[C]// 中国大城市交通规划研讨会、中国城市交通规划 2010 年会暨第 24 次学术研讨会，2010.

[6] 深圳市城市交通规划设计研究中心. 珠三角城际轨道站场 TOD 综合开发规划[R]. 深圳：深圳市城市交通规划设计研究中心，2012.

[7] 深圳市城市交通规划设计研究中心. 京广深港客运专线深圳段交通详细规划[R]. 深圳：深圳市城市交通规划设计研究中心，2004.

[8] 林群，宗传苓，杨崇明. 国家铁路深圳地区布局规划[J]. 都市快轨交通，2004(S1)：16-19.

4 多元协同的城市交通专项规划

随着城市交通系统和交通需求趋向多元化，对轨道、公交、道路、慢行、停车等各交通子系统之间及内部的协调要求不断提高，其涉及规划、建设、运营管理和服务等各个领域，关系城市经济、土地、社会等各个方面。因此，需要从系统性、体系性等方面提升交通专项规划的多元协同性，提高规划方案可行性，促进规划落实。

4.1 面向多方式整合的轨道交通规划

轨道交通逐渐成为中国大城市的骨干交通方式，要求以轨道为核心，整合各类城市交通模式，推动综合交通系统的协调发展。以优化调整轨道功能层次和划分标准为起点，充分考虑运营管理要求，整合国家铁路、城际铁路和城市轨道等多层次规划布局，围绕轨道交通开展多模式、一体化规划，协调道路、公交、慢行等交通系统。

4.1.1 轨道功能层次划分

不同城市尺度下通勤出行时间会有所不同，但是 1 个小时是通勤出行时间的重要指标，超过 1 小时的通勤出行在效率、舒适度上会明显下降，轨道交通竞争力会降低。不同规模城市、城市不同区域轨道出行时间建议值如表 4-1 所示。

表 4-1　不同规模城市、城市不同区域轨道出行时间建议值　单位：min

城市规模		城市集中建设区内	外围至集中建设区或外围至外围
超大城市		35	45
特大城市		30	40
大城市	Ⅰ类	25	35
	Ⅱ类	20	30

以特大城市为例，基于对各交通圈层出行时空服务目标的要求，划分城市轨道交通功能层次。城市轨道交通系统可分为快线、干线两大功能层次，快线和干线又可进一步细分为两个子类，各类功能层次线路对应不同的空间服务范围，满足相应的出行时间要求，其中具体指标如表 4-2 所示。

快线 A(连通快线)：服务于远郊与中心城区、远郊与近郊、远郊内部多组团之间的中长距离出行，以服务上述地区非通勤出行为主，兼顾少量通勤出行需求。由于其以服务非通勤出行为主，理想出行时间可相应放宽至 45～60 min。

快线 B(通勤快线)：服务于近郊与中心城区、近郊内部多组团之间的中长距离出行，以服务上述地区通勤出行为主。理想的服务范围不超过 30 km，轨道内旅行时间不超过 45 min。

干线 A：服务于中心城区内部的中长距离出行，高峰时期服务通勤出行为主，平峰时期服务城区内其他类型的出行，理想的服务范围不超过 15 km，轨道内旅行时间不超过 30 min。

干线 B：服务于中心城区或副中心局部地区的出行，理想服务范围不超过 10 km，理想服务时间应缩短为 30 min。

表 4-2　功能层次线路出行时间建议值(特大城市)

功能层次	主要功能(空间服务范围)	局部区域	中心城区至中心区	近郊区至中心区	远郊区至中心区
			15 km	30 km	50～100 km
快线 A	服务于远郊与中心城区、远郊与近郊、远郊内部多组团之间的中长距离出行	—			45～60 min
快线 B	服务于近郊与中心城区、近郊内部多组团之间的中长距离出行	—	—	45 min	—
干线 A	服务于中心城区内部的中长距离出行	—	30 min	45 min	—
干线 B	服务于中心城区内部或局部地区中长距离出行	30 min	45 min	—	—

根据轨道各功能层次线路服务空间和时间目标，确定旅行速度、平均站距等关键规划技术指标，具体指标要求如表 4-3 所示。

表 4-3　轨道功能层次主要功能特征

功能层次	旅行速度/(km·h^{-1})	功能说明	出行目的
城市轨道快线 A	大于 65	快速联系都市圈城市节点	商务为主，兼顾通勤
城市轨道快线 B	45～60	快速联系都市圈城市节点	一般通勤为主
城市轨道干线 A	30～40	快速联系城市分区(组团)	通勤等多种目的
城市轨道干线 B	25～35	快速联系城市分区(组团)	通勤等多种目的

4.1.2 多层次轨道网络一体化规划

1. 国家铁路、城际铁路与城市轨道协调存在的问题

从车站选址的角度分析，尽管我国高速铁路、城际铁路建设推进速度较快，但是受到城市建设、征地拆迁、带动外围地区城市发展等因素影响，站点选址通常位于城市外围地区，接驳换乘至中心城区出行时间过长，削弱了铁路的服务水平和竞争力，也不利于带动周边城市的发展。

从线路通道选择角度分析，国家铁路和城际铁路运行速度快，技术标准高且通常采

用地面或高架敷设方式，其线路将对城市产生较为明显的分割，运行噪声、震动也将对沿线居民生活带来较大的影响。同时，其占用的走廊将成为后续城市开发和交通市政建设的控制性条件，给其他轨道交通建设带来一定难度。

从接驳换乘角度，虽然我国主要大城市高铁车站在规划层面基本实现了与一条或者多条城市轨道接驳换乘，但在具体操作层面，受到建设时序不一致、责任主体不同、管理模式差别、工程实施条件等方面的影响，常常存在方案协调困难、预留困难、接驳距离远等问题，最终影响车站服务水平，同时削弱对城市发展带动作用。

2. “三网合一”的规划理念

统筹协调国家铁路、城际铁路、城市轨道三者关系，打造与城市发展相适应的“三网合一”轨道交通体系，主要包括以下几个方面。

1）规划体系的“三网合一”

从规划体系上看，国家铁路、城际铁路、城市轨道各自有较为完善的规划、设计、建设体系，但是由于主持规划编制的部门不同，其规划视角、研究深度存在一定的差异。特别是在线网规划层面，国家铁路、城际铁路线网规划主要关注宏观层面的总体目标、规模和布局，而在城市内部的具体方案，则常常在工程设计阶段才开展，与城市轨道网规划存在错位和脱节，难以协调一致。在具体实施层面，由于建设单位、实施主体、管理体制的不同，常常存在铁路与城市轨道“两层皮”的现象，该现象在铁路枢纽建设中尤其明显。

为此，有必要在规划体系上实现“三网合一”，即以地方政府为主导，以国家铁路、城际铁路线网规划为基础，强化规划与设计的衔接、开展城市范围内的国家铁路、城际铁路布局规划，枢纽详细规划，枢纽工程设计，在规划体系上实现无缝衔接。

2）规划内容与深度的“三网合一”

在网络规划、详细规划、工程设计等阶段，国家铁路、城际铁路、城市轨道在规划内容和深度方面应实现“三网合一”。

在网络规划阶段，城市轨道网络规划应以国家铁路、城际铁路规划为基础，将铁路线路、枢纽作为重要的控制条件和锚固点纳入城市轨道网规划，落实相关方案，并围绕铁路枢纽布置轨道网络，在网络上明确城市轨道与国家铁路、城际铁路在主要枢纽和线路上的衔接关系，同时亦可对铁路方案进行适当优化、反馈。国家铁路、城际铁路规划时也应该充分考虑城市轨道网布局，以轨道接驳作为重要因素和有利条件纳入线站位选址方案。

在枢纽详细规划阶段，城市轨道车站选址、线路走向应服从铁路枢纽布局的要求，对于轨道接入枢纽进行多方案研究比选，在平面、竖向布局上与枢纽实现良好衔接，明确轨道站点与铁路枢纽的接驳关系，避免线路之间的平面和竖向冲突。国家铁路、城际铁路枢纽详细规划应优先考虑与城市轨道车站接驳的便利性，为城市轨道接入提供良好的条件，尽可能做到一体化布局。

在工程设计阶段，城市轨道和枢纽交通设计应充分协调并融入铁路枢纽工程设计方案中，体现城市轨道规划思路和布局目标、满足接驳换乘需求。车站和线路高程设置、建筑总体布局、出入口和通道布局、楼扶梯布局、附属设施布局等应与枢纽布局完全统一，最终形成一体化的轨道交通衔接体系。

3. "三网合一"的规划技术要点

在"三网合一"的规划理念下，国家铁路、城际铁路、城市轨道站点选址、通道选择、接驳换乘技术要点如下：

1）关于站点选址

优先考虑国家铁路、城际铁路车站选址的合理性。国家铁路、城际铁路功能定位高，对城市总体发展的支持作用大，同时设站数较少，直接覆盖面较小，主要依靠交通接驳实现对城市服务。因此，在站点选址方面应从城市总体布局和交通需求出发，确定国家铁路、城际铁路车站功能层次划分，优先选择对服务目标区域覆盖较为均衡、接驳条件较好的区位布设车站，进而综合车站对铁路线路走向影响及城市轨道接驳条件进行研究。

2）关于通道选择

国家铁路、城际铁路由于设站数较少，主要依靠接驳来间接服务所在城区，多采用地面和高架敷设方式，对沿线环境影响较大，因此，其走廊应尽可能选择对城市影响较小的非建设用地或者高速公路、快速路、交通主干道。

城市轨道由于设站数较多，主要依靠车站直接覆盖服务沿线城市用地，多采用地下敷设方式，对沿线环境影响较小，因此，其走廊应尽可能选择周边建设用地多、开发规模较高、人口岗位聚集度较高的城市生活性主干道、次干道或者有条件的城市支路。

3）关于接驳换乘

原则上国家铁路、城际铁路枢纽均应提供轨道交通接驳的条件。应尽可能通过平面和竖向协调，在满足大客流疏散空间的前提下减少换乘距离。对于特大枢纽和拥有多条轨道线路的换乘站，应优先满足铁路与城市轨道之间的换乘便捷性。同时，结合枢纽区位和城市轨道客流情况，考虑采用大小交路运营或将城市轨道线路起终点设于枢纽，提供始发车服务，避免城市轨道客流过大造成铁路旅客难以上车的情况。

4.1.3 围绕轨道交通开展多模式一体化整合规划

以轨道站点为核心，按照一体化的规划理念，通过站点设施布局和接驳流线组织，研究轨道交通与其他交通方式衔接模式，建立以交通枢纽为节点的一体化客运交通系统。

轨道交通作为连接城市重要服务型节点和多个内外交通转换节点的大运量公共交通，关系到城市公共交通的整体出行效率。因此，一体化规划应突出与城市总体规划和交通规划统一协调的理念，从市域及中心城区整体结构的角度，研究轨道站点的功能定位，从分析城市内外交通衔接及站点交通接驳的角度入手，确定轨道车站的交通接驳方式和周边路网的交通组织方式。

统筹考虑近远期交通接驳方案，对轨道站点的交通接驳设施进行优化调整，制定合理的分期实施计划和与之相适应的交通接驳方案，在为远期各项公共设施预留空间的同时，保证地铁近期运营及物业管理收益，为轨道沿线乘客提供稳定和高品质的出行环境。有机组织公共空间，创造人性化立体空间环境，集约利用中心城区有限资源，方便其他交通方式与地铁车站接驳换乘，拓展地铁车站的服务范围，提高与地铁站相连接的商业服务业的开发价值。

4.1.4 以运营管理要求指导轨道规划设计

1. 面向运营协调的线网规划

城市轨道交通网络化运营后，换乘节点增加、换乘客流规模增大。但是，传统线网规划对于网络功能、换乘衔接考虑不足，本质上仍是单线叠加的规划。为此，需要在线网规划阶段就充分考虑运营要求，即以换乘节点为纽带，权衡线网中各线路衔接关系，从提高服务水平和效率出发，重点分析网络运营背景下高峰时段和非高峰时段各线路运能匹配，进而发挥轨道交通网络效益。

2. 车站客流精细化组织

轨道交通网络化运营的很多问题都反映在车站上，特别是换乘车站的规划设计是否合理将直接影响到网络化运营服务水平。如深圳市在开展轨道交通三期工程规划设计过程中，提出摒弃传统规划设计阶段对车站规模控制的设计思路，依托车站客流（车站进出站量、换乘客流）精细化分析，动态模拟乘客行为，分析车站客流组织流线，检验车站设施设备规模和布局合理性，并提出优化建议。

3. 网、线、点运营组织优化

根据网络运营规划和车站精细化设计，开展车站设计与网络运营规划协同研究，以精细化客流预测和分析为基础，车站客流管理和网络运营协调方案研究互动开展，提出最佳运行方案和车站管理方案，指导线路（配线）运营和车站设计。

4. 网络层面应急协调

应急预案管理是保证运营安全的重要环节，是日常运营工作的重要环节。在对轨道交通各类应急预案进行汇总分析的基础上，重点研究制定车站火灾、正线严重阻塞、接触网故障、联锁等情况导致线路中断的线网应急预案，车站火灾、爆炸、断电等情况下的客流紧急疏散方案，及车站遭遇可预见性、突发性大客流情况下的大客流应急预案。

4.2 面向规划建设运营管理全过程的公交规划

优先发展公共交通，节约城市用地、降低能源消耗、改善人居环境，促进社会经济可持续发展是一项国家战略。在此背景下，公共交通作为社会基本公共服务之一，发展的核心思路是围绕深化公交体制改革，推动公交规划编制、设施建设、行业管理以及资金筹措等各层面协同发展[1]。

4.2.1 体系框架[1]

以可持续发展为战略目标，以土地公交协调发展、政府调控与市场运作为基本路径，从规划、建设、资金、运营、管理五个方面进行公交优先制度设计，落实战略目标和政策要求（图 4-1）。

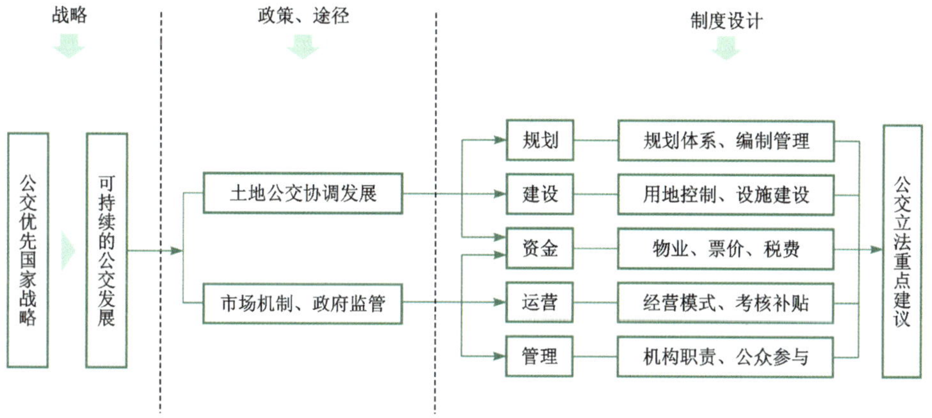

图 4-1 公交优先制度设计体系框架[1]

土地公交协调发展是公交可持续发展的根本实现途径。土地公交协调发展可聚集公交客流、提升土地价值，为公交基础设施建设和运营筹集资金，支持公交可持续发展。落实土地公交协调发展，涉及规划、建设和资金等方面的问题，需要通过制度设计明确规划编制管理、设施用地建设、资金筹措等方面的安排和要求。

适应市场机制、政府调控监管是公交可持续发展的基本操作方式。通过政府调控、市场运作，平衡乘客、政府、企业等各方目标和诉求，实现公交可持续发展。一方面，政府通过规划、财政、特许经营等综合调控手段，为社会不同阶层和人群提供多样化且负担得起的公共交通服务，保障公交公益性；另一方面，通过引入市场机制，合理配置资源，最大程度激发公交企业作为市场经营主体的积极性，激励企业提高效益、降低成本，避免对财政补贴的过度依赖，实现可持续经营。

4.2.2 设施建设

1. 推行公交场站配建制度

推行公交场站配建制度保障公交设施规模、空间分布、用地供应和建设时序合理安排。完善公交场站配建规划标准准则，按照市政公共设施配套模式，以服务的人口、岗位为依据配套公交场站设施，将规划配建场站纳入到法定规划中进行控制落实。完善用地供应保障制度，配建规划确定的公交场站设施是独立占地的，以行政划拨方式供地；与地块开发合并建设的，将场站设施建设纳入土地拍卖或出让合同，并可考虑给予一定的政策优惠。统一场站建设管理，成立公交场站建设管理中心，统一负责场站建设管理，结合城市用地开发同步安排公交场站设施建设[1]。

如深圳当前公交站场规模不足成为公交体系发展中最为突出的问题之一，土地资源日益紧缺，既有独立占地的公交场站建设模式缺乏动力，用地落实困难，亟须对公交场站的建设模式进行调整[2]。2012 年，深圳市政府颁布《深圳市城市交通白皮书》，提出研究实施居住区开发和大型公共建筑的公交场站配建制度，建设“公交社区”“公交建筑”[3]；随后出台了《大型建筑公交场站配建指引》，提出“综合考虑场站需求和用地条件，按照建筑规模、用地规模‘双控’标准在新建项目或城市更新项目中配置公交总站”。

2. 完善道路空间资源优先分配制度

目前就道路公交专用道的设置，建设部、公安部分别出台了相关技术标准规范，建议采用更严格和刚性的公交专用道等优先设施建设和使用标准，并实行道路公交设施同步配置制度，要求新建、改建的城市快速路、主次干道同步配置公交专用道和港湾式停靠站等公交设施。

完善专用道建设标准。公交专用道在城市主要公交走廊建设，是保障公交运行速度和运能发挥的重要手段，目前虽然公安部于 2004 年 8 月发布《公交专用车道设置》的标准，明确公交专用道建设标准，但仅针对有建设条件的道路且未给出强化专用道路落实建设的相关对策及硬性要求，同时未对两侧开口要求、专用道使用时间、使用车辆类型以及站台建设形式给出明确界定，该标准需要进一步完善。

优先考虑公交专用道空间。城市发展轴、公交主通道、关键走廊上的道路优先安排公交专用道。结合规划要求，新建城市快速路、主干路应预留公交专用道布置空间；改造拓宽城市主干路应优先安排布置公交专用道；无法落实公交专用道的较窄的道路应优化区域交通组织，考虑建设公交专用路或单向组织交通设置公交专用道。

4.2.3 行业管理

公共交通发展涉及政府、企业、社会公众等各方面职责和诉求。以政府为主导搭建公共平台，积极引导社会公众参与，实现公交管理社会共治，是提高公共交通科学决策水平的重要途径。

1. 明确政府的管理职责与权限

国外公交先进城市通过加强立法，对政府在城市交通发展中的职责权限进行了明确的界定，并对政府机构之间的关系加以明确和规范。通过构建决策与执行相分离的纵向机构格局，突出强调政府在宏观决策、公共服务、战略规划、市场监管、综合协调等方面的职能，而将运营管理、建设维护等具体职能交由中介机构执行或由市场自行调节，以保证政府行政管理的公平和效率。

为适应不同的出行距离，推动构建多层次公交线网改革，2008 年深圳市在国内率先启动“快速公交-干线公交-支线公交”三层次公交网络建设，由政府总体策划，公交公司作为实施主体，公众广泛参与。政府统筹提出“三个层次、三级线网、三种颜色”的公交模式，具体线路调整及运营由公交公司完成，同时政府着力推动多级公交枢纽规划建设，支撑多层级公交一体化衔接。

2. 推动“互联网＋”下的公交服务创新

“互联网＋”背景下，多层次、个性化公交服务创新是未来公交发展的重要方向。深圳等城市针对不同层面乘客需求，推进公交服务多样化，扩大服务对象和范围，推出大站快车、高峰快线、定制公交、支线小巴和夜班车等多样化公交服务。随着定制公交兴起，小猪巴士、嗒嗒巴士等一批互联网定制包车平台上线，整合多家汽车租赁公司资源，提供上下班、旅游等出行的巴士用车，为乘客解决出行难、用车难等问题。未来应加快互联网与公交服务的深度融合，通过基础设施、运输工具、运行信息等互联网化，推进基于互联网平台的便捷化公交服务发展。

4.2.4 市场运营

公交不是单纯以政府为主体，而是有限开放公共交通市场资源，通过政策的制定者与经营者相分离，明确责权关系。通过市场运作充分发挥市场机制作用，合理配置资源，最大程度激发公交企业作为市场经营主体的积极性，激励企业提高效益、降低成本，避免对财政补贴的过度依赖，更有效利用政府财政补贴资金，实现可持续经营。

1. 完善和落实特许经营、竞争性招标制度

2005 年出台的“国八条”(46 号文)提出“国有主导、多方参与、规模经营、有序竞争”的行业改革指导意见，但在随后各地政府推行的公交改革中，却强调了公益性而忽视市场机制作用，公交行业呈现“国进民退、专营垄断”的发展趋势，缺乏有序竞争的市场环境。企业经营缺乏积极主动性，过度依赖财政补贴，而经营成本不断上升，补贴资金快速增长，政府财政负担日趋沉重，发展不可持续。

实现规模经营、有序竞争。落实《市政公用事业特许经营管理办法》，在公交服务提供中引入市场机制，实行竞争性招标和合约化管理，避免过多依靠政府行政手段进行干预。可考虑将商务快线等品质化公交服务线路以及其他新辟线路、特许经营期到期线路等，作为政府调控公交市场的有效资源，通过线路搭配等方式公开竞标。

2. 构建合理公交票价机制

建立“可承受、可比较、可运营”的公交票价机制。公交票价应充分考虑市民经济承受能力，保障市民基本出行需求，体现公交公益性。针对多层次公交服务(如基本服务和品质化服务)实行差别化公交票价。保持公交相对于其他交通方式显著的价格竞争优势。在此基础上，面向乘客直接补贴，建立有利于市场运作的票价形成机制。

建立以乘客为对象的公交直接补贴制度。目前基于“成本规制”的公交补贴，以补贴企业(成本)为目标对象，导致企业不关注营收，却做足规制成本，客观上对企业经营起到负面激励作用。应建立直接针对乘客票价的补贴制度，根据不同乘客群体多样化需求，建立多层次公交服务并实行差别化补贴。如基本公交服务提供出行的基本可达性，由政府提供保障并给予补贴；品质公交服务作为高端服务替代小汽车出行，则应以市场化运作为主。社会特殊群体和困难群体(如老年人、残疾人、学生、伤残军人等)应给予专项公交补贴。

4.2.5 资金筹措

我国各大城市目前正处于公共交通建设大发展时期，需要巨大资金投入。未来一段时期是我国城市轨道交通建设高峰，不仅需要筹措建设资金，在项目建成后还将面临运营资金压力。在这么短的时间内要完成如此密集和高强度的交通基建投资建设并实现可持续运营，项目投融资成为各大城市所面临的重要问题。

1. 研究建立公交发展专项基金制度

目前公交发展资金筹集职责主要落在城市政府的头上。建议研究建立中央、省级政府公交发展专项基金并纳入财政预算，形成中央—省—地市多级负担的稳定的公交资金支持体系，重点扶持中西部欠发达地区、中小城市城乡公交发展，支持当地乡村道路和场站设施建设、车辆装备配置和更新。同时应通过城市公共交通条例等法规文件，明确中央、省级政府专项基金的来源，以及中央、地方等各个层级政府相应的承担比例，共同保障欠发达地区的城乡公交基础设施、运营资金的筹措。

2. 研究推广“轨道+用地”协同开发制度

政府赋予轨道公司沿线土地综合开发经营权，联合开发商进行物业开发，通过土地开发收益为轨道建设和运营提供资金。轨道公司拥有轨道周边及上盖开发的商业、办公等物业产权，通过物业租赁及相关资源经营，为轨道运营提供长期可持续的资金支持。目前，部分城市在城市轨道交通管理条例、旧城更新改造条例等法规文件中规定，轨道公司为筹集轨道建设和运营资金，具有获取轨道沿线拍卖出让土地的优先权、土地开发经营权。

3. 研究建立物业税收增额融资制度

着眼于基础设施建设带来的潜在物业价值增长，通过基础设施建成后增加的物业税收融资筹集项目建设资金，即以未来收益预支当下的基础设施建设。随着我国地方政府土地财政模式的弊端日益显现，物业税收将成为税改方向。建议在物业税改革中，研究与交通基础设施建设相关的税收增额融资制度，以支持公交基础设施建设融资。

4.3 区域视野下的一体化道路交通规划

在高度城市化的都市连绵区域，城市道路交通应适应都市圈一体化发展诉求，形成与轨道交通协调发展、布局完善、等级结构合理、功能清晰的干线道路体系。对于正处在快速城镇化发展的城乡二元结构地区，重点协调与城市规划的关系，结合高速公路穿越中心区等因素，控制并引导中远期干线道路格局的形成。

4.3.1 面向都市圈发展的城市干线道路网规划

1. 总体思路[5]

都市圈是城市化发展的高级阶段，由一个或多个中心城市和与其有紧密社会、经济联系的临近城镇组成，是具有一体化倾向的协调发展区域。随着都市圈一体化的发展，边界地区呈现连绵发展，城市之间中长距离的通勤和商务交通需求日益增长，原来只局限于市域内部的快速路网体系已不能适应未来都市圈一体化发展的需求。因而需要加强城市间干线道路衔接，逐步形成多层次、一体化的区域道路交通体系，促进都市圈一体化发展。

区域视野下的一体化道路交通面临以下两方面重大转变：一是转变传统干线路网规划对综合交通相关因素考虑较少的做法，从适应城市空间结构演变并协调轨道交通发展入手，优化干线路网空间布局；二是转变传统干线路网规划重小汽车交通和货运交通而轻公共交通的观念，将高快速路作为快速公交的重要载体。

2. 突破行政疆界，一体化规划布局

系统整合城市道路网和公路网，构建都市圈一体化道路功能分级体系。都市圈干线道路主要由高速公路、干线公路及快速路组成，其中高速公路承担过境交通、疏港交通及对外交通，连接都市圈中心、次中心、港口、机场和重要的工业基地；快速路及干线性主干道主要承担都市圈各组团之间的快速客、货运交通。

在都市圈空间范围内统筹规划，突破行政界限一体化布局。一般而言，受到城市行政管理边界的限制，现有多数城市快速路只承担各自行政区内部功能节点间交通联系，与周边城市行政区的联系主要利用高速公路，而并未实现快速路层面的网络连接。在都市圈城市空间一体化生长、中心城对外围地区辐射带动作用影响下，快速路规划格局需审视不同行政区功能节点间交通联系。如东京都市圈在城市规模、影响力不断扩展过程中，突破既有行政界限的影响，在不同行政区功能节点间增加了快速路网，支撑都市圈城市空间一体化发展。

深圳新一轮干线道路网规划修编强调高速公路与区域发展相协调，结合深莞惠都市圈“两脊、两带、三轴”的区域空间布局结构，重点围绕强化区域战略通道，加强外围副中心与东莞、惠州的东西向交通联系；并分离过境与疏港交通，避免过境与疏港交通穿越城市中心区[6]，如图 4-2 所示。

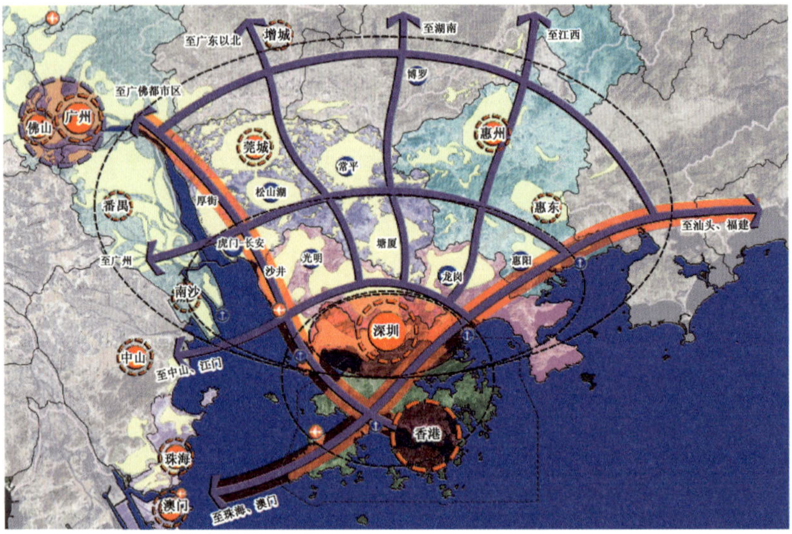

图 4-2　深圳干线路网修编高速公路网概念性规划方案图[6]

3. *着力落实公交优先理念*

区域一体化背景下，高快速路除了满足客货运交通需求外，还应重点满足快速公交需求，在关键走廊形成“轨道交通＋快速公交”为骨架的新公交发展模式[6]。

都市圈空间结构与干线道路互动发展大体分为三个阶段：第一阶段，轨道交通尚未投入使用，干线道路搭建交通主骨架，城市沿主要交通干线拓展蔓延；第二阶段，持续推进干线道路建设，开始发展轨道交通并初步成网，轨道与干线道路共同引导城市空间结构拉开；第三阶段，轨道交通网络化发展，要求主要交通走廊构建复合通道，干线道路建设重点加强外围组团联系，支撑外围新城发展。

加强道路网与轨道交通的协调发展，形成干线道路与轨道组成的高容量交通走廊。一方面，在主要发展轴线和关键交通走廊上，加强道路交通与轨道交通的配合，共同打造复合通道；另一方面，加强轨道站点周边的道路建设，提升轨道站点对周边地区的辐射能力，积极引导居民转变出行模式。

协调道路交通与常规公交的发展，合理分配道路资源，保证公共交通对道路资源的优先使用，提高道路资源的集约化利用水平。虽然随着轨道交通的持续建设，关键走廊上的主要客运需求将逐步由轨道交通承担，但地面公交客流在一段时期内仍是公交体系的主体。如深圳市目前公交专用道载体以主干道为主，缺乏以高等级道路为载体的公交专用道，因此，新一轮干线路网修编提出，高快速路应满足快速公交布设要求，深圳在新建新彩通道时同步建设路中式公交专用道即为有益尝试（图 4-3）。

图 4-3 深圳新彩通道路中式公交专用道

4. 合理推动公路市政化改造[7]

在高度城市化的都市圈，早期的城市边缘地带转变为城市核心建成区，高速公路的城市交通服务功能不断增强，导致高速公路的性质发生转变，高速公路普遍面临市政化改造的诉求。

通过设施改造促成高速公路承担功能转变，合理的功能定位以及交通组织是高速公路市政化改造工程成功的关键。高速公路市政化改造旨在协调区域交通服务与城市交通服务。如深圳梅观高速近几年通行车流构成表明，其承担城市交通功能已经强于区域交通功能，预计未来其城市交通服务功能将进一步强化。高速公路市政化改造宜采取将区域过境交通与沿线地区对外中长距离快速交通组合的方式，共同在主路实现快速交通通行，将沿线地区的联系交通以及主路集散交通放在辅路组织，采取城市快速路(主路+辅路)模式。

通道主辅有序。道路横断面设主路和辅路，分离快速交通和慢速交通。主路保证快速交通通行，通过合理设置辅路减小进出交通干扰，保证长距离过境交通与中长距离对外交通的快速通行条件。通过新建(或改造)现有临近城市道路作为辅路，辅路原则上保证全线贯通，加强与沿线片区道路衔接，保证沿线交通快速集散与出入，完善沿线微循环道路系统，增强对沿线地块的服务。梅观高速市政化改造快慢分行交通组织思路如图 4-4 所示。

节点合理衔接。加强节点交通转换作用，按相交道路功能、等级划分立交节点等级，分为枢纽立交、一般立交和简易立交三个级别，实现强化立交节点功能与交通转换需求的协调统一。

(1) 枢纽立交：与高快速路相交节点，按实现全方位、连续、快捷车流转向设置全互通立交；与重要干线性主干路相交节点，原则上应保障各方向车流转换连续、快捷，根据

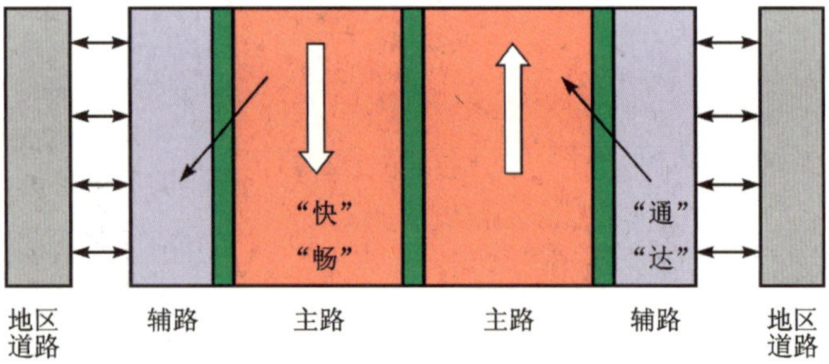

图 4-4　梅观高速市政化改造快慢分行交通组织思路示意图

交通功能与建设条件，采用连续全互通或间断流菱形立交。

(2) 一般立交：与一般干线性主干路、普通主干路、重要次干路相交节点，原则上采用连续半互通立交或间断流菱形立交，有条件尽量实现全方位车流转向，条件受限应实现直行加右转功能。

(3) 简易立交：与交通功能相对较弱的次干路相交节点，原则上应实现直行加右转功能，条件受限可采取分离式立交。

公交慢行优先。引入常规公交服务，方便乘客换乘与过街，尽量减小对道路通行能力的影响，包括引入公交线路，增设公交停靠站点，划设公交专用道，协调公交停靠站与周边地块、行人过街设施的关系。慢行系统改造主要是提供道路两侧基本慢行交通空间，并为市政设施敷设、降低噪音干扰、美化环境提供载体。

4.3.2　城乡二元结构地区一体化干线路网规划

根据城乡不同的发展特点与需要，加强干线道路建设，引导重点城镇轴向聚集发展。伴随着高速城市化进程，大量原有的城乡结合带或乡郊地区快速城镇化，外围城镇与中心城区联系日渐紧密，推动形成联系区域的一体化道路网诉求凸显，而早期高快速路布局穿越城市中心地区，对城市空间扩展限制日益激烈。

1. 总体思路

对于快速城镇化发展的城乡二元结构地区，城市快速扩张使得既有规划干线道路横亘城市核心矛盾日益突出，现阶段城市道路网规划重点协调以下两方面：

(1) 前瞻性考虑城市空间拓展需要，干线道路布局应与区域及城市空间形态相适应，避免高快速路通道对远期城市空间一体化融合造成不利影响；

(2) 沿城市各发展轴方向新增规划干线道路，协调城市发展轴干线道路功能定位，近远期结合，统筹高速公路功能置换，优化快速路网布局。

2. 构建与区域空间形态相适应的高速公路网格局

高速公路功能以城市和周边主要城市快速联系为主，在布局上考虑快速城市化地区空间扩张需要，应尽量布设在城市发展区外围，控制引导中远期干线道路的发展，减小过境交通对城市核心区影响，并为城市远期扩张预留空间，构筑适应区域空间形态的高速公路格局。

面向远期，随着城市核心外围可替代的高速公路网形成，结合原穿越中心城高速公路经营管理时限到期等因素，考虑将城市核心地区高速公路置换为快速路，设置外围高速公路环线，截流城市过境交通，以保护城市核心地区一体化发展。参考北京、上海、深圳等地发展历程，需为远期城市高速公路置换为快速路预留条件，从而加强对城市内部功能区的服务功能，突破既有高速公路对城市的束缚，消除过境交通对都市核心内部的影响。

3. 统筹干线道路功能定位，优化路网布局

面向远期，统筹高速公路功能置换，优化快速路网布局。快速路主要承担城市组团间的快速客货运交通，连接城市中心、次中心，保证城市内部各主要交通源之间便捷快速联系。城市核心区高速公路置换为快速路是远期快速路网重塑的基本前提，在近期规划实施快速路基础上，着眼于高速公路功能置换，统筹城市空间形态。

面向近期，城市道路建设须兼顾远期发展，实施上避免体系矛盾。构建快速路网是影响城市格局的系统性工程，城市规划建设管理等部门应在实施层面进行合理引导，与远期高速公路功能置换相重的快速路近期尽量不予实施，如若确实有推动建设的必要性，可采取主干道标准建设且规模尽量予以控制，避免与远期干线道路功能冲突矛盾。

如温州总规提出了与城市空间结构相对应的快速路网，既有快速路网能够适应温州城市发展，但长期来看，高速公路与快速路在都市核心空间区域长期的叠加，必然出现交通功能重叠、对城市用地分隔等现象。因此，提出在城市核心内与高速公路相关的快速路必须要控制发展，为远期方案创造条件，避免不必要的浪费[8]。

4. 强化空间规划的控制预留

规划干线道路应保证对应道路功能所需空间条件，从规划层面对干线道路进行控制预留，如高速公路置换为快速路、新增快速路通道及沿线立交节点等应参照远期干线道路空间布局办理城市规划用地许可等文件。通过有效的规划控制管理，为区域核心干线道路结构性、功能性的发展创造预留条件。

4.4 关注网络、空间、环境的慢行交通规划

步行和自行车交通是绿色集约、低碳环保的交通方式，是城市综合交通系统的重要组成部分。在快速城市化和机动化的背景下，传统城市交通规划往往偏重机动车交通，将步行和自行车交通置于边缘和从属地位，使绝大多数城市步行和自行车交通普遍经历萎缩和衰落。随着当前能源供应趋紧、交通拥堵加剧、环境污染日益严重，步行和自行车正在美国、欧洲以及国内大城市得到前所未有的重视和复兴，深圳等国内大城市相继提出再造步行和自行车系统的发展目标。

4.4.1 贴近细分交通需求，划分慢行系统功能层次

不同目的的慢行出行对慢行网络、空间和环境要求各不相同。根据功能差异，城市慢行交通系统网络可分为慢行交通通勤网络（以交通功能为主）、慢行交通休闲网络（休闲健身、绿道）以及慢行交通复合网络（商业步行街、立体步行系统）[9]。其中，慢行交通通勤网络功能主要包括直接服务于中短距离出行以及轨道公交接驳；慢行交通休闲网络主要服务于运动、休闲、健身和游憩等；慢行交通复合网络主要满足人们活动及交流需求，慢行系统通道分类具体如表 4-4 所示。

表 4-4　慢行系统通道分类[9]

功能	典型行为	空间载体	覆盖区域	网络分类
通勤	接驳、通勤	以城市道路为主要载体	全部城市范围	慢行交通通勤网络
休闲	运动、游憩、健身	沿着河滨、溪谷、山脊、风景道路等自然和人工廊道建立	生态区、公园等环境较好的地区	慢行交通休闲网络
复合	购物、游览、通勤、换乘、交往	商业步行街、商业建筑体的二层连廊等	主要集中于城市核心区	慢行交通复合网络

4.4.2 注重高效便捷舒适，规划慢行交通通勤网络

按照出行方式的不同，慢行交通通勤网络主要分为中短距离慢行出行网络和轨道公交接驳网络两大类。

在中短距离出行中，自行车出行最适宜的出行距离范围一般为 5 km 以内，步行出行最适宜的出行距离范围一般为 1 km 以内。在该距离范围内的慢行通道规划，强调平顺畅达，以及重点交通吸发点的直达性。此类通勤网络形态上能够分布贯穿城市内重要的交通吸发点，且在重要交通节点处有合理的规划，保障慢行出行的安全和效率。建立短距离出行通道系统，营造安全、便捷、舒适的慢行出行环境，增强慢行可达性，引导市民采用慢行交通方式出行。

从与轨道公交等交通方式接驳出行角度，通勤网络以解决轨道公交最后一公里问题为主，涉及轨道、公交站点周围所有的重要交通吸发点，要求通达直接方便。此类通勤网络以重要站点为中心散射，以抵达附近重要交通吸发点为终点，路线上讲究快速高效[10]。

从出行者出行体验角度出发，慢行交通通勤网络规划需要结合当地气候情况，提供全时段、全气候的快速通行条件。例如，结合深圳高温、多雨的气候条件，在识别出的中短距离步行通道网络和轨道接驳地面通道网络上设置风雨连廊，尽量做到抵挡风雨的连廊无缝对接所有站台和目的地，提升步行和自行车出行舒适性及抗干扰性，达到改善轨道慢行接驳环境，大力推行接驳通道的慢行优先，努力延伸轨道服务范围

的目标。

慢行交通通勤网络规划一般分步行通道网络规划和自行车通道网络规划。其中，步行通道网络细分为轨道接驳步行通道和中短距离步行通道；自行车通道网络可分为片区对外自行车道以及内部自行车道。

1. 步行通道网络规划

步行通道网络规划需进行相关片区全方式交通出行调查，分析全方式交通发生吸引中轨道公交出行比例以及步行出行比例。轨道、公交站点与各主要建筑之间的接驳出行以及规划片区内部各主要建筑之间的短距离步行出行(1 km 以内)构成片区内部步行出行主体[11]。因此，慢行交通通勤网络规划中步行通道网络将由轨道接驳慢行通道及中短距离步行通道构成。

1) 轨道接驳步行通道

对于已经建成的轨道站点，轨道客流的分布情况直接反映了该站点接驳人群的基本需求分布结果，依据客流分布情况可较为准确地确定轨道站点的接驳通道。通过对现状轨道站点早晚高峰接驳客流分布的多次调查，得到现状轨道站点客流分布情况。参考已有轨道线网详细规划成果中各轨道站点客流预测结果，得到该片区规划年轨道接驳客流分布情况，并以此确定各轨道站点的接驳通道。将各个轨道站点接驳通道进行整合，得到慢行轨道接驳通道网络方案。

对于新建设地区，由于轨道站点的直接服务范围有限，建议轨道站点周边 200 m 为轨道接驳核心圈层，核心圈层内通过地下通道与轨道站点直接连通；在核心圈层以外、轨道站点周边 500 m 地面范围以内，通过地面通道进入核心圈层，通过核心圈层内地下通道抵达轨道站厅。因此，新建轨道站点接驳步行通道系统分为轨道接驳地下通道和轨道接驳地面通道。

对于轨道接驳步行通道，需结合实际出行需求采取稳静化措施，方便城市居民从地面快速抵达核心圈层，弥补轨道接驳地下通道服务范围有限的缺陷。

2) 中短距离步行通道

除慢行轨道接驳通道外，还存在片区内部各主要建筑之间的短距离步行出行(1 km 以内)，该部分人群主要往返于片区内各主要商业点、公共活动点、办公点及居住点之间。根据片区主要居住、公建、办公及商业等主要交通吸发点空间布局，结合片区内部中短距离出行需求分析，得到片区步行通道网络方案。

2. 自行车通道网络规划

片区慢行交通通勤网络中自行车系统包括内部自行车道及对外自行车通道两部分。对外自行车通道专供自行车快速行驶，以解决片区与周边居住片区(5 km 范围内)之间的短距离通勤出行需求为主；内部自行车道提供片区内部主要交通源之间的自行车交通联系，集散自行车对外通道交通。分析潜在自行车交通出行需求分布，综合考虑片区内主次干路分布、居住用地和岗位分布、上层次规划中的规划断面和道路条件、与外围片区主要道路衔接等因素，构建自行车交通通道网络，并规划相关自行车停车场[12]。

1）主要对外自行车道

主要对外自行车道的规划目标是构筑拥有独立路权的自行车专用道，改善自行车通道的出行环境，引导周边片区至规划片区短距离出行直接采用自行车出行。参照相关自行车出行规划、断面流量预测和相关需求预测成果，自行车对外通道规划主要遵循以下三个原则：一是与自行车需求相匹配，通道布局满足自行车出行需求；二是采用机非分离，独立路权，保证自行车出行安全、高效；三是自行车优先，给予自行车通行优先权，保证自行车出行连续性和快速性。自行车通道以地面敷设为主，仅在部分大型立交等处以局部高架的形式联系。

2）主要内部自行车道

主要内部自行车道的规划目标是提供片区内部主要交通吸发源之间的自行车交通联系，集散自行车对外通道交通。规划片区自行车内部通道规划主要遵循以下三个原则：一是与自行车需求相匹配，通道布局满足自行车出行需求；二是采用机非分离，独立路权，保证自行车出行安全、高效；三是自行车优先，给予自行车通行优先权，保证自行车出行连续性和快速性。

结合片区发展需求，在满足现状自行车出行的前提下，以整体建筑业态构成和不同类型交通吸发点的规模、性质作为参考依据，形成片区内部自行车通道网络结构。

4.4.3 协调自然人文景观，规划慢行交通休闲网络

在功能层面上，慢行交通休闲网络连接城市众多公园景区、文化娱乐、购物休闲等目的地。同时也是构建人与自然环境良好对话的公共空间，其本身也应是城市自然风景的一部分。在慢行交通休闲网络规划设计时应协调慢行系统与生态景观环境之间的互动关系，同时服从休闲出行时出行者行为规律，提供足够的停驻、漫游和休憩空间，让市民的慢行出行变成一种在自然景观环境内的回转游历而非简单的为了抵达目的地的直达出行。在城市景观意义上，慢行交通休闲网络应是众多绿地公园的延续，对于慢行空间氛围的营造应该做到保持相应的生态景观特色，并注重加强人文关怀，在彰显城市历史文化底蕴的同时，利用其吸引人流，借助“人”的力量打造城市活力。

慢行交通休闲网络是城市的风景线、运动线、休闲线，和通勤网络高效率的通达性相比，休闲网络内的慢行通道更需要满足市民休闲健身的需求，提供吸引市民驻足游憩的出行空间，便捷连接城市特色点的休闲路线。

慢行交通休闲通道的构建应依托既有城市绿道体系以及未来规划绿道网络，联系城市景观公园、重要会展点、高密度商业娱乐区域，同时连接重要的居住区和市民常去的休闲通道，达到将城市公园与居住片区、行政办公区以及文体活动中心、购物商业娱乐区域整体贯通连接的目的，使所有休闲片区形成一个贯通的网络系统，使市民能够通

过慢行直接、安全、便捷抵达不同种类的休闲功能片区，满足居民休憩慢行、健身娱乐的活动需求。综合考虑休闲通道的性质定位和现状问题，兼顾各种休闲娱乐区域未来交通需求，对涉及的休闲片区主要进行自行车道铺装增设和相关改造，增设标识标牌，以及部分节点增设人行天桥和相关竖向连接，达到慢行交通休闲网络整体贯通连接的目的。

4.4.4 适应复合立体开发，规划慢行交通复合网络[13]

慢行交通复合网络一般多见于城市CBD、高开发的商业办公密集区域，通常也是轨道网络密集、轨道站点及出入口分布较多的区域。商业活力旺盛的轨道周边商业区域存在大量的步行出行需求，为缓解片区的步行交通压力，满足市民出行免受机动车干扰、快速便捷、全天候出行的需求，应通过提供广场或步行街以满足人们活动及交流，通过提供商业步行街、商业建筑体的二层连廊系统等提升商业吸引力的功能。

考虑到慢行交通复合网络常见于高密度商业办公区域，居民在该网络出行相较于通勤出行速度相对较慢，出行特征复杂，易受到周边商业影响而产生一定的滞留和无序。故慢行交通复合网络除路径组织外，也要兼顾行人的安全性和休闲性要求，提倡采用交通稳静化设施，科学设计慢行通道空间及相关设施，营造安全、方便的复合网络。

二层连廊系统承担了交通功能、休闲功能、商业商务功能等多种复合功能，主要分布在城市中心商业区，是在空中、地面和地下多维度上相互连接而形成的步行交通网络。二层连廊系统能够有效地分解交通密集区域的交通压力，重新组织城市局部地区地面道路的路权分配，不仅能够实现人车分行，提升安全性，还能够为步行出行提供舒适的空间和环境。但在大量城市典型案例中，二层连廊是在城市交通状况恶化到一定程度后逐渐形成的产物，故宜提前规划预留，适时建设。

规划二层连廊系统需结合发展需求和现有二层连廊资源，扩大空中连廊网络，建立与城市商业空间高效衔接的多方位、立体化慢行系统，构建并联式空中连廊主轴，将主轴两侧主要建筑并入空中连廊系统。增大重点商业区顶层用地的商业开发，提升顶层商业活力与吸引力。改善现有空中连廊的设施条件，打造宜人的慢行空间与环境，满足购物、娱乐等多种出行需求。增加空中连廊与地面的竖向连接设施，形成空中、地面和地下多维度、相互连通的步行网络。

城市步行街主要结合商业高强度开发区域、人流密集、人车交织混行严重的路段设置，以减少人车混行，充分保障行人出行安全，并为片区商业发展注入活力。因步行街区限时或全时段禁止机动车通过，在规划设立时宜与需求相一致，以现状调查数据为基础，重点改善需求强度大的慢行区域，灵活对周边机动车路线进行协调规划，保障行人在步行街安全的同时，也要注意不能增加更多的行人机动车冲突。

无论是二层连廊系统、城市步行街或者其他慢行交通复合网络，从整体层面均强调连通性、延续性、共生性和行人优先。实现主要发生点和吸引点的地面/空中/地面与空中的三维立体慢行交通系统无障碍连通，覆盖主要的商业、办公、娱乐和休闲区域，加强慢行交通复合网络与中心区主要建筑布局的整合，注重衍生慢行交通网络功能，提升土地使用效率。在人流密集区，强调步行通道与轨道、地下空间、建筑方案相协调，保障行人优先。此外，也要综合考虑各方面的建设实施条件，制定具有较高可实施性的方案，最大程度保障慢行交通复合网络规划的可实施性。

4.5 以综合调控为导向的停车发展规划

随着城市机动化水平的快速提高，停车问题已经成为最为严重的“城市病”之一，甚至逐渐演变为难以解决的社会问题。因此，停车发展政策与规划已经成为现阶段我国城市交通发展的最主要工作之一。由于停车系统涉及交通、土地、产业、法治等多方面因素，所以我国城市必须转变停车规划建设和管理思路，以综合调控为导向，统一发展共识，明确规划建设的基本原则和实施路径，完善停车产业化等相关发展政策，合理、有序推动我国城市停车系统发展。

4.5.1 停车发展规划的总体思路[14]

城市停车设施规划旨在科学安排停车设施，构建有序停车环境，合理引导交通需求，逐步形成与城市资源条件和土地利用相协调，与公交优先发展战略相适应的可持续停车发展模式。停车设施规划建设及管理的总体思路的转变体现在市场配置、需求管理、依法管理和综合治理四个方面。

1. 市场配置

发挥市场在停车资源配置中的决定性作用，完善停车市场规则和价格体系，使市场成为停车供给主体。车主按照用者自付的原则，购买停车产权、使用权或服务；企业按照合理的经营成本与收益关系，遵循市场规则参与停车设施的建设与经营，提供市场化、专业化的停车服务；政府明确停车政策方向，制定相关政策法规，建立停车监管机制，引导城市停车可持续发展。

2. 需求管理

欧美等许多经济发达国家在城市化和机动化的发展进程中，走过了一条从扩大供应、满足需求到有选择限制供应、调节需求的停车发展道路。近年来我国土地资源日趋紧张、机动车数量快速增长，面对资源、环境等条件的约束限制，需要将集约用地、调控小汽车交通需求作为停车规划建设及管理的主导思路，合理配置停车设施，利用停车设施的供给和收费来控制小汽车的拥有和使用。典型停车发展政策模式如表4-5所示。

表 4-5　典型停车发展政策模式

发展策略	典型城市	效果
满足需求	美国洛杉矶、旧金山(20 世纪 70 年代以前),澳大利亚城市	按照满足停车需求的要求提供停车设施,供需矛盾难解,具有被动性、滞后性
管理需求	巴黎、伦敦、柏林等欧洲城市,东京、首尔、香港等亚洲城市	通过停车供应、收费等调节交通需求,供需动态平衡,具有主动性、前瞻性

3. 依法管理

我国在十八大后全力推进依法治国,停车法制建设将为城市停车发展的政策拟定、管理分工、执法巡查等方方面面提供保障。推动停车法治建设,建立健全停车规划、建设及管理相关的法律法规与政策体系,明确政府相关部门在停车管理各环节的职责分工,建立部门协调、运转高效的停车设施规划、建设及管理机制。切实加强路内停车秩序管理的违停巡查与处罚力度,维持动静态交通的有序、高效运行,提高市民依法停车的意识。

4. 综合治理

由停车系统自身的改善治理转变为面向停车系统的片区综合交通治理,动静态交通的协同改善。对于停车供需矛盾突出地区,尤其是老旧小区的停车问题,应避免一味地增加停车供应,应在城市交通综合改善的框架下,采取街区治理、精细化设计的工作模式,系统治理停车问题。综合改善过程中,应建立市、区、街道联动的工作模式,加大公众参与程度,充分发挥街道、社区在发现问题、沟通协调与自治管理中的主体作用。城市交通综合改善治理框架如图 4-5 所示。

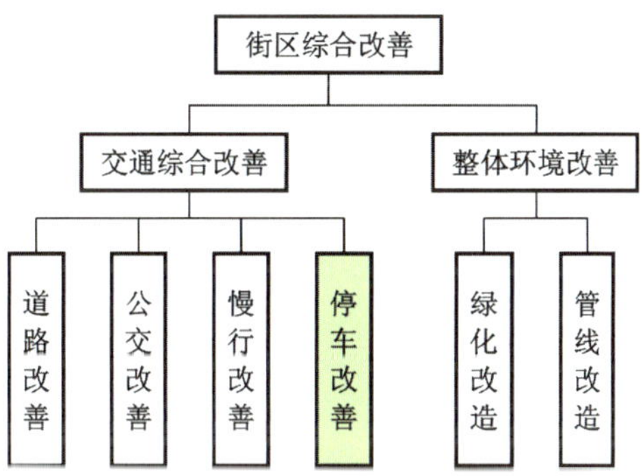

图 4-5　城市交通综合改善治理框架

4.5.2 停车发展规划的基本原则

根据不同地区、不同停车设施类别,采取差别化的停车规划建设及管理策略,精细化调控停车资源与需求。

1. 分区差别化:科学划定停车分区

划定停车分区是因地制宜制定分区停车供应策略与规划方案的基础,有利于实施差别化的交通需求管理与停车设施资源配置。停车区域划分包括停车配建分区和停车收费分区两种:停车配建标准侧重考虑各个片区规划的土地利用性质、功能和交通设施供应水平;停车收费标准侧重于考虑现状的交通设施供应水平以及交通拥堵程度。对于发展相对较成熟的城市,如伦敦、新加坡等,停车区域划分实施了一一对应的停车配建标准和停车收费标准。

1）停车分区考虑因素

停车规划分区与收费分区考虑因素基本相同，均需考虑土地利用性质与强度（包括土地利用性质和土地开发强度）、交通设施供应水平（包括轨道供应和常规公交供应两方面）、交通运行状况以及交通出行特征（公交分担率）[15]。各类影响因素与停车分区划分的关系如表 4-6 所示。

表 4-6　　各类影响因素与停车分区划分的关系

考虑因素	严格限制停车供应	一般限制停车供应	宽松的停车供应
土地利用性质与强度	市级或区域级中心，高密度开发（总规密度分区的密度Ⅰ区和Ⅱ区）	非中心区域，高密度开发（总规密度分区的密度Ⅱ区和Ⅲ区）或中心区域，尚待开发	非中心区域，低密度开发（总规密度分区的密度Ⅲ区和Ⅳ区）
交通设施供应水平	轨道、公交供应充足（公交站点 500 m 覆盖率 100%）	轨道、公交供应一般（公交站点 500 m 覆盖率 85%～100%之间）	轨道、公交供应较差（公交站点 500 m 覆盖率 85%以下）
交通运行状况	交通运行状况较差（交通指数>2）	交通运行状况尚可（交通指数 1～2）	交通运行状况好
交通出行特征	公交分担率高（高峰小时公交分担率>65%）	公交分担率较高（高峰小时公交分担率 50%～65%）	公交分担率低（高峰小时公交分担率<50%）

上述四个层次影响因素对停车规划分区和收费分区划分的影响权重不同。停车规划分区侧重于各个片区的规划土地利用性质、功能、交通设施供应水平等；停车收费分区侧重于各个片区的现状交通运行状况、停车需求分布、公交分担率等。因此，在权重分配过程中，停车规划分区方案应加大规划土地利用性质与强度以及交通设施供应水平的权重值；而停车收费分区方案应加大片区交通运行状况、公交分担率的权重值。

2）停车分区遵循中心地区比外围地区更严格的供应策略

大城市中心区开发强度高、人口岗位集中、公交服务水平高、道路运行繁忙，应严格控制中心地区的停车设施总体规模，尤其是针对商业、办公建筑的出行车位需求，应采取较低的配建指标，减少中心区小汽车通勤交通。越往外围可采取相对宽松的停车供应策略。以深圳为例，停车配建分区包括严格限制停车供应的一类区、一般限制停车供应的二类区以及宽松停车供应的三类区[16]。

3）进一步控制公共交通发达地区的停车供应规模

在城市中心区，尤其是公共交通服务水平高的地区，通过严格控制停车供应规模，可减少小汽车通勤出行，提高公交出行的分担比例。在建筑物停车配建指标中可对公交发达地区设置折减系数或专门规定，进一步降低其配建停车位数量。例如，深圳市建筑物停车配建标准要求轨道车站 500 m 范围内的住宅停车位，不超过相应分类配建标准下限的 80%[16]。

4）适度挖掘老旧住宅区等基本停车缺口较大地区的停车潜力

由于历史欠账，以老旧住宅区为代表的地区基本停车供需缺口很大，应在符合交通需求管理的要求下，适度挖掘该类地区停车设施供应潜力。在停车配建方面，可在老旧住宅区扩建、改建时适度提高停车配建标准，以适当弥补停车设施历史缺口。如住宅区周边有新建或改造项目，经专题论证通过后可适度超标配建停车设施。

2. 分类差别化：区分基本车位与出行车位

在停车配建策略上遵循“适度满足基本车位，严格控制出行车位”的差别化原则。其中，基本车位指满足车辆拥有者在无出行时车辆长时间停放需求的相对固定停车位；出行车位指满足车辆使用者在有出行时车辆临时停放需求的停车位。

1）按照使用目的划分停车设施类别

在划分大类时综合考虑停车需求强度、土地使用性质等因素，具体分类应包括居住、医院、学校、办公、商业、文化体育设施、工业和物流仓储、交通枢纽、游览场所等；在划分子类时考虑建筑物类型、使用对象及各类建筑物停车需求特征等。

2）科学制定基本车位、出行车位的配建标准

在配建停车设施中，基本车位一般指居住类，应按照适度满足现状及未来车辆增长与停放需求的思路制定配建标准，避免造成基本车位缺口过大；出行车位包括商业、办公等类别，应按照从紧控制小汽车通勤出行需求的思路制定配建标准，采取较低的停车配建指标。为鼓励车位共享使用，研究土地混合使用配建标准，多种性质混合的建筑物配建停车位规模可小于各单种性质建筑物配建停车位规模总和。

3. 分时差别化：区分交通高峰期与平峰期

分时原则主要体现在停车收费政策上，根据不同时段道路交通的繁忙程度，以及停车及交通出行对道路运行的影响程度，确定停车高峰期高于平峰期的级差价格。

4.5.3 停车供给：发挥“以供定需”调节作用

城市停车专项规划不是简单的“停车设施布局规划”，应以调控小汽车交通需求为指导思想，明确停车发展的政策导向，科学确定停车设施供给策略，制定或修订建筑物配建停车设施设置标准，提供合理的路边停车泊位，确定不同区域停车设施规模和分布。

1. 优化调整停车泊位配建标准

优化调整停车配建标准的目标是利用设施供应加强对机动车使用的引导与控制，建设规模适宜、布局合理并与道路设施和公交设施相协调的停车设施供应，维持城市动静态交通平衡。主要包括以下方面：

1）降低中心地区商业办公类停车配建标准下限

为降低中心城区出行车位供给，减少中心区高峰期小汽车通勤交通，与国际同类城市相比，我国大城市中心区商业办公类建筑的停车配建标准明显偏高，有进一步下调的

空间。

2）增设中心地区、公共交通发达地区停车配建上限标准

借鉴国内外先进城市经验，针对城市中心地区、公共交通发达地区等小汽车交通调控的重点地区，增设停车配建上限标准，控制停车供应总体规模，并可逐步将该类做法在全市域范围推广。

3）建立交通影响评价专题论证项目停车配建制度

通过开展重大建设项目交通影响评价，专项论证和确定建设项目的停车设施规模，检验项目配建的停车设施设置是否符合相关规划标准或其他合理依据，判定对评价范围内交通系统是否有显著影响。

2. 合理设置路边临时停车泊位

路边停车设施的规划布局应在不影响道路交通安全、畅通的前提下，综合考虑停车分区、道路容量、交通流量和居民需求等因素，合理利用城市道路网系统，布设路边停车泊位，并遵循如下规划原则：

（1）供应与需求吻合原则。不同性质用地所产生的短时停车需求具有差异性，因此，需要根据不同类型短时停车需求，采用分类供应路边停车发展策略。具体可分为三类：办公类主要满足对外办公外来车辆短时路边停车；商业类主要满足商场购物、餐饮的短时路边停车；居住类主要满足居住区及学校等短时路边停车。

（2）动静态交通协调原则。为了减少路边停车对动态交通的影响，路边停车主要设在交通流量较小的低等级道路上，同时对道路的通行条件具有一定的要求。具体的道路条件应满足表 4-7 所示要求。

表 4-7　道路设置路边停车条件分析

通行条件	车行道路路面实际宽度(W)/m	泊位设置
机动车双向通行道路	$W \geqslant 12$	可两侧设置
	$8 \leqslant W < 12$	可单侧设置
	$W < 8$	不可设置
机动车单向通行道路	$W \geqslant 9$	可两侧设置
	$6 \leqslant W < 9$	可单侧设置
	$W < 6$	不可设置

（3）路边路外停车场协调原则。路边停车的布局应避免与路外停车设施重合，路边停车相邻的路外停车场高峰饱和度≤70%时，原则不设。

3. 开展街区停车综合治理

老旧片区配建停车位不足，大部分车辆依靠侵占道路、绿地、公共活动空间甚至消

防通道来停车，既挤压了正常的道路空间和居民的外部活动空间，导致交通堵塞，产生噪声和污染，居住环境恶化，还带来严重的安全隐患。由于老旧片区空间有限，难以通过大量新建停车场来弥补历史缺口，需要在城市交通综合改善的框架下系统治理停车问题。采取街区治理、精细化设计的工作模式改善停车供需矛盾突出的老旧片区停车问题。主要做法包括：

（1）挖掘停车潜力。在满足有关规范要求的基础上，进行街区内道路拓宽和断面调整，适当增设路内停车泊位。利用城市公共空间，如“边角料”土地，以及公园、绿地和操场的地下空间挖潜建设公共停车设施。通过改造和挖潜等手段，建设机械式停车设施。

（2）改善停车秩序。完善标志标线，规范停车收费，明确街区内部停车泊位使用规则。同步优化动态交通组织，有条件的街区采用单向交通。

（3）鼓励共享停车。采用错时停车的方法，利用居住和办公这两类停车需求错峰停车的特征，鼓励有条件的住宅区与周边商业办公类建筑共享利用停车泊位，盘活居住和办公类空闲时段的停车资源。

（4）改善街区环境。在综合改善的框架下，完善公共交通、步行和自行车设施，实现街区环境的整体改善与提升。

（5）强调街区治理和公众参与。充分发挥街道、社区在发现问题、沟通协调与自治管理中的主体作用，加大公众在停车设施规划设计、综合改善与收费管理等方面的参与程度。

4.5.4 停车收费：以经济杠杆引导车辆合理使用

停车收费是重要的交通需求管理手段。通过优化调整不同区域、不同类型的停车设施的停车收费标准和结构，可以有效调控小汽车的过快增长和过度使用，从根本上缓解停车的供需矛盾。

1. 划定停车收费分区

停车收费分区优化的思路与停车规划分区类似，结合城市空间拓展与土地利用调整的发展趋势，综合考虑不同地区的土地利用性质与强度、道路以及轨道等交通设施供应水平、交通运行状况以及交通出行特征等因素，对既有停车收费区域划分进行优化调整。

2. 建立市场化停车价格形成机制

逐步完善由市场调节价、政府指导价、政府定价三种定价形式组成，以市场调节价为主导的价格形成机制。对于路外非自然垄断经营停车收费，如商场、娱乐场所、宾馆酒店、写字楼等实行市场调节价，应在地方定价目录、价格听证目录中予以去除，由经营企业按照市场规律自主定价。对于路外自然垄断经营停车收费、路内停车收费，如机场、码头、车站、旅游景点等实行政府指导价或政府定价。引导建立“分区、分类、分时”的差别化停车收费结构，在综合考虑经营成本效益、交通需求管理、公交优先发展的情况下，形成从中心区向外围由高到低、路内高于路外、商业办公高于住宅、高峰期高于平峰期的级差价格。对于住宅区停车收费，已成立业主委员会的住宅区停车收费由业主委员会组织议定，并向价格管理部门备案。未成立业主委员会的住宅区停车收费可视情况实行政府指导价。

3. 扩大政府指导价、政府定价停车收费的弹性空间

适当提高政府定价标准，以及政府指导价的上限价格，使停车收费价格反映用地、建设等真实成本。其中，路内停车收费应反映占用道路资源等综合成本，引导采取停放时间越长、单位时段收费越高的累进计费方式。引导建立停车收费政府指导价、政府定价的动态调节与定期更新机制，将收费价格与道路运行水平、停车设施使用、公共交通服务、空气环境质量等挂钩，道路拥堵严重、空气环境质量恶化的地区可考虑提高停车收费标准。

4.5.5 停车管理：严格执法、提升智能化水平

国内城市普遍存在市民停车秩序意识淡薄、路内违法停车管理不严的问题，不仅严重影响城市交通秩序、导致消防安全隐患、引发社会纠纷，还会造成停车价格体系失调，停车需求调控政策失效。此外，传统依赖人工的停车管理模式效率低下、存在寻租空间。停车管理主要规划包括以下内容。

1. 建立健全停车管理体制机制

研究制定停车规划建设及管理相关的地方性法规和管理办法等政策文件，明确政府相关部门在停车设施规划建设及管理等各环节的职责与分工，避免出现职能交叉、多头管理等问题，形成高效协调的停车设施规划建设及管理机制。

2. 加强路内停车秩序管理

规范路内停车的经营行为，制定路内停车管理行业标准和操作指南，加强从业人员培训。严格禁止私划泊位、层层转包，逐步减少现金交易。路内停车收费收入应由政府统一管理，主要用于城市公共交通、步行和自行车交通基础设施建设，并定期公开使用情况。加强对违法停车的严格执法，加大罚款或扣分等处罚力度。研究实行违法停车取证权外派制度，利用多方力量协助交警部门执法。

3. 应用停车信息化技术

结合智慧城市与交通信息系统，积极建设城市停车信息综合管理服务平台，建立统一的数据接口和交换机制，统一管理全市停车泊位信息与使用数据，通过数据挖掘分析与多样化信息发布，为政府停车管理提供决策支持信息，为市民日常出行提供停车服务信息。推广使用电子停车收费技术，建设停车诱导指示系统，提高停车设施管理与利用效率。

4.5.6 停车产业化及相关配套政策[17]

停车产业化发展首先需扭转“停车发展靠政府”的理念，树立停车发展“拥者自负，

用者自付”意识。并从积极引导与鼓励社会资本参与停车设施建设运营和建立市场为主导的停车收费体系两个方面拟定相关配套政策,保障停车产业健康可持续发展。

1. 扭转“停车发展靠政府”的理念

扭转“停车发展靠政府”的理念,树立停车发展“拥者自负、用者自付”意识。长期以来,部分公众对小汽车停车问题存在误区,认为停车设施是一种公益物品,应该由政府提供。事实上,停车是小汽车拥有和使用过程中必不可少的一环,与车辆购买一样,应该由其所有者和使用者自行承担全部应有费用。为此,深圳在新一轮的停车发展政策制定过程中,提出应全力发挥市场在资源配置上的作用,积极推动停车产业化。一方面重视向市民宣传停车发展“拥者自负,用者自付”的理念;另一方面在深化改革大背景下,积极谋求政府职能转变,探索在土地、投资、价格等方面进行政策和制度创新,为停车产业化发展提供良好的环境。

2. 积极引导与鼓励社会资本参与停车设施建设运营

充分发挥市场在资源配置中的决定性作用,停车产业化、市场化是未来的发展方向。但就目前发展条件和环境看,由于经营性停车场投资规模大、资金回收周期长,如果土地通过市场化获取,投资回报率很低,社会资本进入的积极性不高。因此,必须在市场准入、审批程序、土地利用、运营管理等方面加大改革力度和政策创新,才能营造良好的市场化环境,充分调动社会资本积极性,具体包括:建立完善的市场准入制度,降低停车设施建设运营主体和投资规模的准入标准;深化行政审批制度改革、简化投资建设、经营手续办理程序,按照规定办理时限和程序完成项目业主或投资主体提出的停车设施建设项目的审批(或核准);分层办理规划和土地手续,投资建设主体依据相关规定取得停车设施的产权,允许在不改变土地用途和使用权人的前提下将部分建筑面积用作便民商业服务设施,收益用于弥补停车设施建设和运营资金不足;鼓励采用政府和社会资本合作模式,政府投入公共资源产权,并采用放弃一定时期的收益权等形式保障社会资本的收益等。

3. 建立市场为主导的停车收费体系

除停车场、停车库等硬件设施建设外,还应以停车收费为抓手,加强停车系统“软环境”的建设,建立以市场为主导的停车收费体系,进一步发挥市场在资源配置中的决定性作用。为此,需充分发挥价格杠杆的作用,完善停车收费政策,逐步缩小政府定价范围,全面放开社会资本全额投资新建停车设施收费。对政府和社会资本合作建设停车设施,要统筹考虑财政投入、社会承受能力等因素,遵循市场规律和合理盈利原则,由投资者按照双方协议确定收费标准;对于路内停车等纳入政府定价范围的停车设施,健全政府定价规则,根据区位、设施条件等推行差别化停车收费。同时,政府需在停车收费市场化过程中发挥好协调平衡作用,引导形成中心区高于外围、短时停车路内低于路外、长时停车路内高于路外、商业办公高于住宅、高峰期高于平峰期的停车收费级差价格。

4.6 关注旅行体验的旅游交通规划

旅游交通规划的关键是要转向旅游出行者视角，基于精细化的旅游交通组织，提供高品质、人性化、特色化、可持续的旅游交通服务体系。其中，高品质交通设施是旅游体验的基础，需要提供“旅快游慢”的出行设施；人性化服务是旅游体验的保障，需要准确把握旅游出行特征，深入旅游出行链，精细化布置交通服务链；特色化交通本身就是一种旅游体验，需要因地制宜挖掘当地资源条件打造可游览的交通产品，实现“游在旅中”；可持续发展是根本要求，要求将旅游交通规划与环境、旅游区及城市规划在多维尺度上协同，将旅游交通与城市交通进行一体化整合。

4.6.1 旅行体验与旅游交通的内在关系

旅游系统一般由三部分组成，即旅游客源地、旅游目的地及旅游交通路径组成。旅游交通路径是连接客源地与目的地之间的桥梁纽带。

现代旅游交通的人性化程度成为旅游竞争力的决定性因素，旅游交通发展的目标，已不单纯是交通“进得去，散得开，出得来”，需要更多关注游客“旅游体验”及交通服务的满意度。旅游交通便利与否是旅游者目的地选择的重要考虑因素，直接影响旅游者对整个旅游体验的评价。据统计，在旅游效果影响因素中，与住宿、饮食、景点及其他服务消费项目相比，60%左右的人将交通列为首位。在对众多旅行社的调查中发现，反映旅游质量问题的投诉中，交通问题占相当大的比例，旅游质量的好坏在很大程度上取决于旅游区交通质量的高低。

以往的旅游交通规划一般把满足旅游交通出行需求作为规划的出发点，随着国内旅游行业竞争加剧以及游客对综合服务品质要求的提升，必须将旅游交通也作为旅游产业的一部分，协调旅游交通与用地规划之间的关系，围绕“交通即旅游”的目标，构建可欣赏、可游览、可体验并凸显旅游所在地独特气质的旅游交通系统。

4.6.2 实施差别化旅游交通组织模式

1. 阶段特征[17]

旅游产业的发展受地区交通设施条件的制约，旅游产业与交通运输发展的关系在不同的经济发展水平下所表现出的形式也不相同。

旅游产业起步阶段——该阶段旅游产业倾向于旅游景点开发、旅游市场的培育，旅游产业依赖于既有的交通运输设施。由于景区尚未形成规模，缺乏较高旅游吸引力，客源较少；同时由于交通设施限制，景区可达性较差，游客基本面向少数群体，交通方式以自驾游、结伴游为主。形成“游先旅后，旅滞游难”现象。

旅游产业成熟阶段——该阶段旅游产业在优化景区设施、合理配置旅游资源的同时，注重交通运输体系的超前发展，构建综合性运输体系服务旅游业。增强景区的可达性以吸纳大量人流，实现旅游者“进得来，散得开，出得去”，交通方式灵活多样。同时，通过建设集散中心对进入景区客流调控、疏解，形成“旅先游后，旅顺游畅”的格局。

2. 组织模式

起步阶段：在旅游产业的起步阶段，急需提升地区旅游产业知名度和影响力，同时培育客源，推动旅游产业快速发展。该阶段以建设为主，管理为辅，交通策略的核心是提高地区交通供给能力及服务水平，使其能够满足快速增长的旅游交通需要。旅游产业起步阶段的旅游交通组织模式如图 4-6 所示。

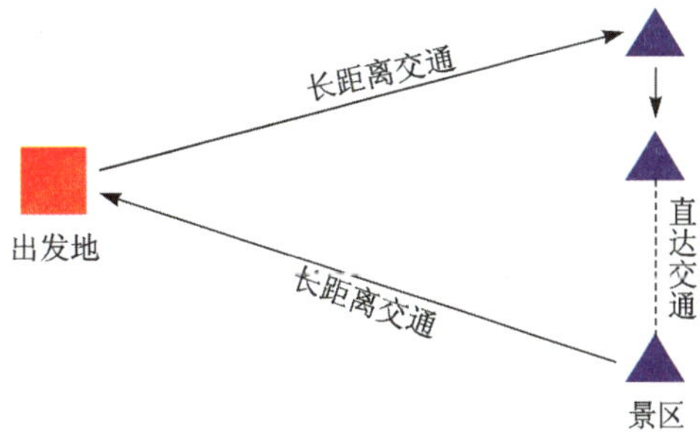

图 4-6　旅游产业起步阶段的旅游交通组织模式[18]

成熟阶段：当旅游产业处于快速发展或成熟阶段时，在地区旅游容量及保护地区生态目标双重因素限制下，现有的以小汽车为主的直达式旅游交通模式将难以为继，必须逐步建立符合交通发展原则的以公共交通为主要方式的旅游交通模式，以减少交通对环境和旅游产业的影响，保障旅游业的可持续发展[19]。此外，处于这一发展阶段，地区交通发展策略应满足地区旅游交通需求并与地区城市交通协同发展有机结合，构筑旅游交通与城市交通一体化的交通体系。成熟交通发展模式如图 4-7 所示。

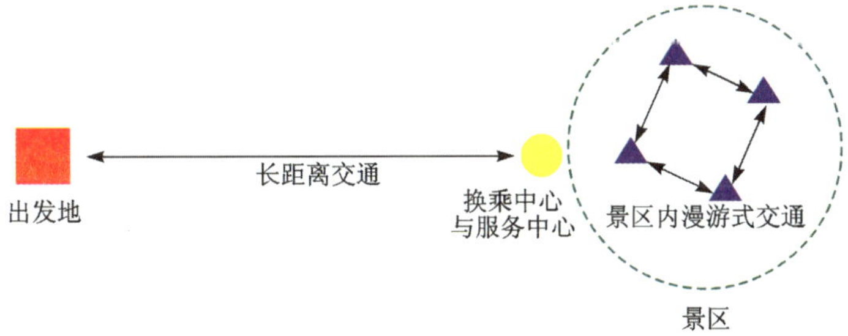

图 4-7　旅游产业快速发展及成熟阶段的旅游交通组织模式

随着旅游产业的不断发展，旅游交通方式日益丰富，旅游交通方式除了公路交通、步道外，还包括铁路旅游交通、航空旅游交通、水路旅游交通、特种旅游交通等。为了构建一体化旅游交通体系，需要实现不同类型交通方式之间的高效换乘衔接，例如小汽车交通与公共交通、公共交通与慢行、水上交通与陆上交通等，优化交通组织，构建多样化并且和谐统一的旅游交通体系，在满足不同旅游交通需求的同时实现旅游交通系统的高效运转。

4.6.3 紧密协调旅游交通与区域及城市交通

旅游交通系统、城市交通系统和区域交通系统三者之间存在依存关系，旅游产业的健康发展既离不开内部交通系统的高效运转，也离不开周边交通设施的有效支撑。协调区域—城市—旅游交通三者之间的关系，是打造一体化旅游交通系统的重要前提。

区域交通着力于与区域中心城市共建共享重大交通基础设施，为城市和旅游景点提供长距离高效率的运输方式；城市交通则建立承上启下的开放性的综合交通服务；旅游交通以旅游组织为核心，融入区域与城市交通体系但有时也保持自身特色化系统。一体化旅游交通体系构架如图 4-8 所示。

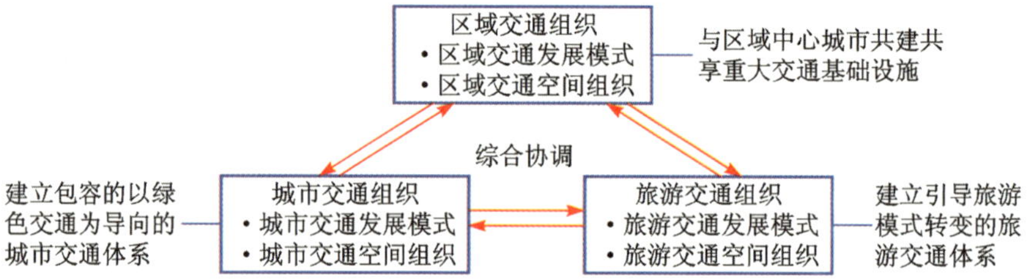

图 4-8 一体化旅游交通体系构架图

4.7 规划案例

4.7.1 深圳市轨道交通规划

1. 规划背景

为适应珠三角城市群的发展趋势，推动深圳城市布局结构的调整，协调土地利用与交通发展，促进特区内外的一体化进程，开展深圳市轨道交通规划研究工作，在新的发展背景下，拓展轨道交通规划的广度与深度，突破目前轨道规划所存在的局限，提出并深入研究深圳轨道交通发展所面临的深层次、战略性问题，以构筑科学合理、具有前瞻性的轨道交通发展方案。

2. 规划内容与主要结论

推进国家铁路尤其是客运专线建设，达到“一日来回、朝发夕至、夕发朝至”。加快城际轨道建设，实现与珠三角主要城市 1 小时通达。构筑在口岸对接的深港轨道体系，形成深港同城化通勤圈。建设联系重点发展区、主要交通枢纽与核心区轨道骨干线路，保证外围组团至核心区 50 min 内通达、对外交通枢纽与核心区 30 min 内通达。建设城市主发展带尤其核心区局域线，形成以轨道交通为主导的交通结构，优化城市空间。

根据各功能层次线路的布局结构，整合形成总体网络结构。深圳轨道网络总体构架呈现以城市中心区为核心，扇形辐射的总体形态，通过设置半环线以加强外围城区及放射状轨道线路之间的联系，促进各次级城市节点和对外交通枢纽的发展。本次规划轨道网络共 16 条线路，总长约 585.3 km（不含城际线），共设车站 356 座。轨道交通线网综合规划方案图如图 4-9 所示。

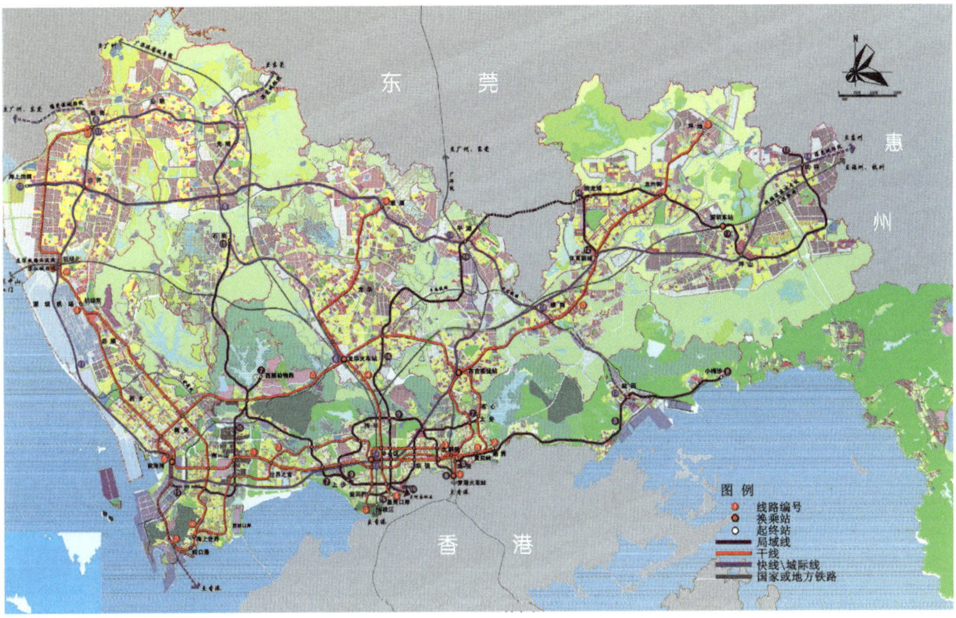

图 4-9 轨道交通线网综合规划方案图

3. 转型规划/设计要点

1）由轨道单一功能层次向多功能层次转变

本次规划充分考虑未来区域一体化形势下特大城市出行圈的多种出行需求，突破原有轨道交通规划中只考虑一种轨道线路功能层次的惯例，提出城际线、市域快线、城市干线、局域线的四层次轨道交通功能等级架构。

在规划方案研究中，创新采用了“功能层次叠加法”的轨道线网构造方法，通过逐层分析功能形态与交通需求，确定各个层次线网布局架构，再统筹合并，最终确定轨道网络布局方案。规划方法科学合理，规划方案符合城市布局结构和发展需求。

2）充分发挥轨道交通规划引导城市发展的功能，实现 TOD 的发展理念

本次规划在满足城市近期交通需求的基础上，与城市发展的最新愿景相结合，在未来重点发展片区、重要的交通节点加强轨道交通布局，既为城市未来发展保留了弹性和空间，也为重点片区的建设提供了强有力的支持。

4.7.2 坪山新区现代有轨电车发展规划

1. 规划背景

为适应深圳特区一体化发展趋势，推动坪山新区城市布局结构的调整，协调土地利用与交通发展，实现坪山新区的发展目标，在新的发展背景下，提出深入研究坪山新区

无轨局面下的深层次战略问题，以构筑科学合理、具有前瞻性的中运量现代有轨电车发展方案。

2. 规划内容与主要结论

1）功能定位与发展目标

坪山新区现代有轨电车是新区内部中运量公交系统，与大运量轨道交通形成新区的骨干公交网络，满足客流需求，适应并引导城市发展。2020 年坪山新区骨干公交由现代有轨电车承担，客运量占整个公共交通的 25%～30%；2030 年现代有轨电车与大运量轨道交通客运量占整个公共交通的 50%，其中有轨电车占 30%。深圳市坪山新区公交模式如图 4-10 所示。

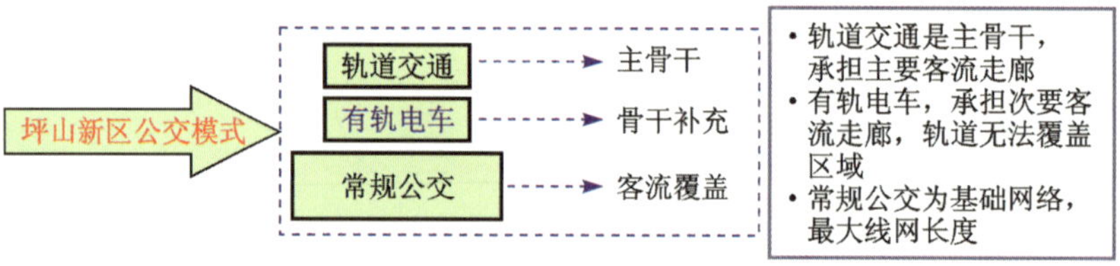

图 4-10　深圳市坪山新区公交模式示意图

2）线网方案及建设时序

根据远期需求形态的判断，提出“以坪山新中心为核心，沿中山大道、东纵路、深汕公路发展轴扇形辐射，并在东部设置南北向联络线路”的线网架构，最终形成总铺轨里程 56.9 km 的线网，远期可组织开行 6 条运营线路，运营总里程达到 94.9 km。首期工程以快速联系坪山新中心和地铁 3 号线为目的，铺轨里程为 19.7 km，设站 17 座；二期工程实现新中心与老中心、坑梓中心之间的快速联系，与首期工程形成 36.3 km 的铺轨里程，组织 4 条运营线路，运营总里程 57.8 km，设站 37 座；三期工程强化坪山河北岸的覆盖，同时完善整体网络，形成 57 km 铺轨网络，组织 6 条运营线路，总里程达到 94.9 km，设站 64 座。深圳市坪山新区现代有轨电车线网方案如图 4-11 所示。

3）线路敷设方式与车辆基地选址

为了减少与社会车辆及沿线地块进出口的交通影响，坪山新区有轨电车以地面路中敷设为主。为了保障服务水平和安全性，主要采用路段专用路权、路口混合路权的形式。根据线网远期客流需求预测及运营组织要求，估算坪山新区现代有轨电车车辆基地需求规模约23 hm^2，规划选取了三处车辆基地进行控制。

4）投资估算及融资模式建议

初步匡算坪山新区现代有轨电车首期工程总投资约 23.64 亿元，技术经济指标为 1.2 亿元/km。综合比选多种投融资模式的优缺点，建议坪山新区采用“有轨电车＋物业”的投融资模式，即通过有轨电车沿线土地整合和开发利用，与更广泛范围内的开发项目实现最佳组合，提升土地价值和投资回报，反馈到有轨电车建设运营中。“有轨电

图 4-11 深圳市坪山新区现代有轨电车线网方案

车＋物业”的投融资模式有“政府＋物业”、“BT＋物业”两种实现方式。

3. 转型规划/设计要点

1）完善坪山新区公共交通功能层次

近期在轨道交通建成之前，现代有轨电车作为骨干公交替代轨道交通功能。远期作为骨干公交系统的重要组成部分，与轨道交通共同形成坪山新区的骨干公共交通系统。

2）制定“公共交通一体化”规划方案

坪山新区公共交通系统由国铁、城市轨道、现代有轨电车、干线公交和支线公交组成，各类公共交通方式和谐共存，发挥各自的优点服务于城市交通。现代有轨电车作为中运量的公共交通方式，承担新区骨干公共交通补充功能，首先需要处理好与大运量轨道交通的关系，在与轨道交通形成合理布局关系的同时，最重要的是处理好与轨道枢纽的换乘关系。

3）协调有轨电车与城市发展

坪山新区有轨电车 TOD 规划的核心是通过现代有轨电车建设推动城市的更新单元开发，促进新区的发展。一方面，通过 TOD 发展模式，与城市更新单元结合，进行有轨电车车站及周边高密度开发，有效提升土地价值，为政府建设有轨电车提供资金支撑，缓解财政压力。另一方面，有轨电车线网将坪山重要的城市更新单元串联起来，将有轨电车的建设与城市更新结合，可以降低工程建设成本，提高项目经济性。

4）以运营规划保障线路实施效果

首先根据线路初、近、远期客流预测结果，灵活选择车辆模块数和列车编组辆数，站台、存车线及其他设备按远期列车长度设计或预留延伸条件，其中对于列车编组的选择，还需要综合考虑沿线路段及交叉口的交通量情况，控制列车长度，减少列车对沿线交通的影响；其次制定列车运营计划，现代有轨电车通常采用人工驾驶模式，路权与地铁、轻轨相比较为开放，因此为了保障列车运行安全，高峰小时最小行车间隔采用 3～5 min 更加合理；最后根据运营要求灵活设置，满足列车出入库，列车折返，列车转线和故障救援条件。

4.7.3 深圳市干线路网规划修编

1. 项目背景

深圳市早在 2004 年就编制完成了《深圳市干线道路网规划》，在该规划的指导下，深圳干线道路建设取得了突破性进展。随着《珠江三角洲改革发展规划纲要》、《深圳市城市总体规划(2010—2020)》相继获得国务院批准，特区范围扩大到全市以及部市共建国家低碳生态示范市和公交都市示范市的逐步推进，区域与城市的发展背景发生了较大的变化，为了适应新形势下城市发展的要求，科学指导下阶段干线道路的规划、建设和管理，深圳市于 2014 年完成干线道路网规划修编工作。

2. 规划内容与主要结论

1）规划目标与策略

在上一版干线路网规划的目标基础上，应对深莞惠都市圈一体化发展、特区一体化发展以及轨道交通持续建设等新的发展形势，构筑一个适应深莞惠都市圈和特区一体化发展，并与轨道交通协调发展，以公交优先为导向，布局完善、等级结构合理、功能清晰的干线道路网络。

2）高速公路网规划方案

加强高速公路与区域发展的协调，结合深莞惠都市圈“两脊、两带、三轴”的区域空间布局结构，强化区域战略通道，促进区域融合和发展；加强外围副中心与东莞、惠州的东西向交通联系；分离过境与疏港交通，避免过境与疏港交通穿越中心区。优化调整后的高速公路在深圳境内将形成“三横五纵”的总体布局形态，总里程约380 km。

3）快速路网规划方案

进一步强调快速路与城市布局相协调，结合深圳市“三轴、两带、多中心”的城市空间布局结构，打破行政界限，加强与东莞、惠州快速路网的衔接，加强新区与中心城区的联系，加强新区之间的交通联系。优化调整后的快速路将在深圳境内与高速公路一起仍是呈现“七横十三纵”的总体布局形态，高快速路总里程约 759 km。

4）干线性主干道网规划方案

结合深莞惠都市圈一体化发展以及特区一体化发展的前景，研究深、莞、惠三地干线性主干道的衔接以及原特区内外干线性主干道的衔接方案。深圳市干线性路网规划布局如图4-12所示。

图 4-12 深圳市干线性路网规划布局示意图

3. 转型规划/设计要点

1）强化及支撑都市圈一体化发展

随着深莞惠都市圈一体化的发展，深圳与东莞、惠州边界地区呈现连绵发展的态势，三城市之间中长距离的通勤和商务交通日益增长，原局限于深圳市域内部的快速路网体系已不能适应未来深莞惠都市圈一体化的需求。需要结合珠三角地区城市连绵发展程度高的具体特点，加强深圳与周边城市特别是东莞、惠州的城市干线道路衔接，逐步形成多层次、网络化的区域道路交通体系，促进港深莞惠都市圈一体化发展，进一步提升深圳市在珠三角地区的地位和区域辐射力。

2）强化及支撑特区一体化发展

以特区交通一体化为突破口，加强原特区内外道路交通体系的衔接，持续推进原特区外道路的城市化改造和道路网体系的完善，进一步优化道路网的功能结构，提升道路交通系统整体发展水平；并结合城市空间布局结构的调整，大力推进支撑新城开发及策略发展地区的道路交通体系建设，促进道路交通与城市建设的互动协调发展。

3）以轨道公交为主导的一体化协同交通系统构建理念

规划方案与城市总体规划、轨道交通规划紧密结合,重视城市多中心及组团式布局特点,体现了各区域中心以轨道公交为主导,外围以高快速路为依托的交通系统构建理念。交通体系一体化是现代世界大城市交通发展最为鲜明的趋势。深圳市的城市地位和经济发展水平决定了城市的高强度交通需求,必须采用以轨道交通为核心、公共交通为主体的交通发展模式。随着轨道二期工程建成通车,深圳即将迈入轨道时代。必须加强道路网与轨道交通的协调发展,一方面,在全市主要发展轴线和关键交通走廊上,加强道路交通与轨道交通的配合,共同打造复合交通通道体系;另一方面,加强轨道站点周边的道路建设,提升轨道站点对周边地区的辐射能力,积极引导居民出行模式的转变。同时,积极协调道路交通与常规公交的发展,合理分配道路资源,保证公共交通对道路资源的优先使用,提高道路资源的集约化利用水平。

4.7.4 珠海横琴新区分功能路网及 TOD 细密路网规划

1. 项目背景

横琴新区是国家级新区,也是广东省三大“粤港澳合作示范区”中推进速度最快的一个新区。为打造横琴新区和谐宜人的交通环境,需要兼顾新区交通运行效率、交通安全和环境品质要求,保障公交和慢行优先通行,形成功能清晰、分工明确的道路交通网络。

2. 规划内容与主要结论

1)目标与总体策略

内部交通系统规划应明确路网功能层次,通过各等级道路分层合理衔接,实现道路交通的畅达,并通过路权划分和使用分流,提高交通运行效率和保障交通安全。不仅要为货运(小汽车)提供畅达的运行空间,还要保障公交优先通行,创造和谐宜人的慢行交通环境。最终使货运(小汽车)、常规公交、自行车、慢行交通各行其道,形成功能清晰、分工明确的道路交通网络。

2)分功能路网及细密路网规划方案

分功能路网规划方面,规划对横琴新区内部路网进行功能划分,确定货运干道、常规公交优先通道、自行车优先通道和步行优先通道的布局,形成功能清晰、分工明确的道路网络,如图 4-13 所示。

细密路网规划方面,基于 TOD 规划设计理念,建设多功能混合的邻里社区,确保紧凑型发展,将土地开发强度和公共交通承载力相匹配,建设节能建筑和社区系统降低碳排放。支持高质量的公共交通服务,优先发展自行车网络,建设步行优先的邻里社区,要求密集的街道网络。路网细密规划应保证交通连续性,保证地块交通可达性,避免断头路。特殊用地(如体育用地、口岸用地、教育用地)对用地尺度有要求的,不应细密路网。宜沿河涌细密平行路网,不宜设置过多跨水系路网。以国际居住社区为例,片区用地以居住用地为主。原控规街区尺度为 250 m×350 m,路网密度为 13.0 km/km^2。片

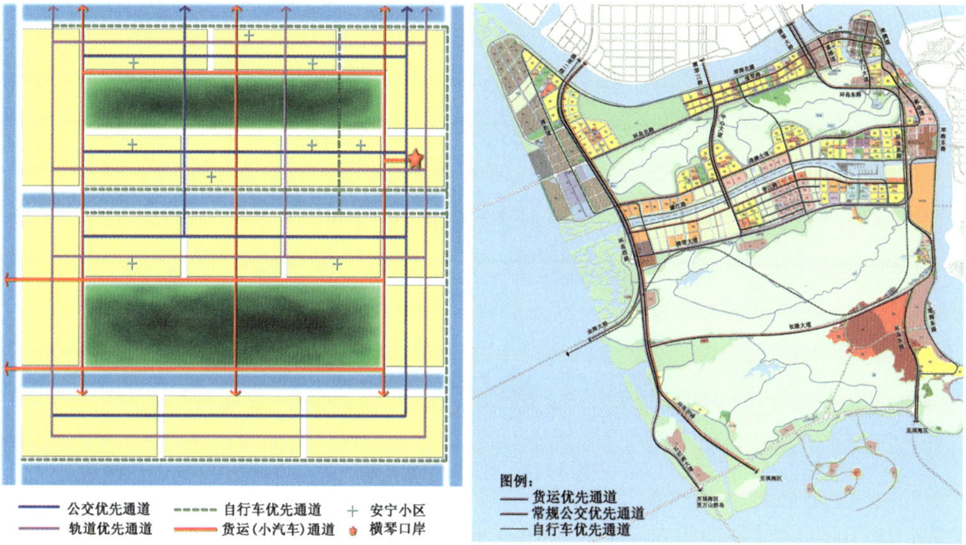

图 4-13 横琴新区路网功能概念性方案图、布局方案图

区细密路网主要考虑道路功能划分的需要、站点周边细密的需要以及慢行交通的需要。细密后的街区尺度为 200 m×200 m，路网密度为 14.6 km/km^2，调整前后路网密度及街区尺度对比如表 4-8 所示。

表 4-8　调整前后路网密度及街区尺度对比

原控规街区尺度/m	250×350	原控规路网密度/(km·km^{-2})	13.0
细密路网街区尺度/m	200×200	细密路网后密度/(km·km^{-2})	14.6

对增加的道路进行断面设计：一类道路断面设置机动车道，宽度为双向 9 m，两侧结合建筑退线各设置 5 m 的慢行空间；二类道路断面设置机动车道，宽度为双向 7 m，两侧结合建筑退线各设置 4 m 的慢行空间；三类道路不设置机动车道，路幅宽度为 8 m，仅为自行车交通和行人交通提供便捷、舒适的通行环境。

以同样方法对综合服务区、科技研发区、文化创意区、高新技术产业区进行细密路网划分。形成细密路网方案如图 4-14 所示。

3）实施保障机制与措施

在用地规划方面，根据细密路网的要求调整横琴整体路网两侧的建筑退让标准，提升横琴全岛的土地利用价值。

在土地出让与管理方面，对已出让用地，建议创新土地利用与管理方式，由政府引导用地单位根据细密路网的要求对用地进行交通组织设计，并保证加密的路网对公众无偿开放。对未出让用地，考虑适时采用如下两种方式：一是将包括加密路网在内的城市规划道路由政府按规划标准统一建设，作为城市公共的市政道路体系；二是充分利用

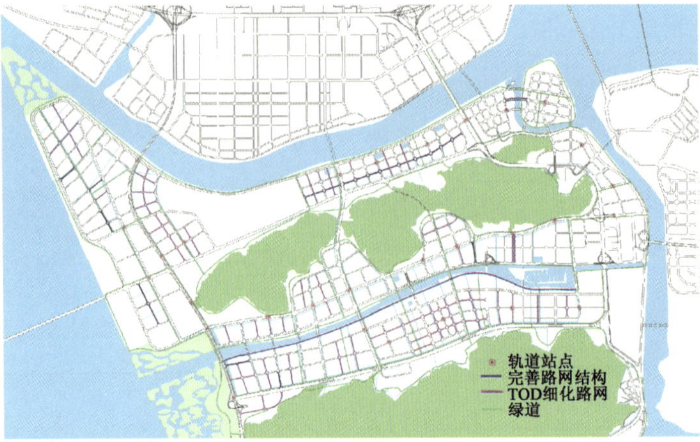

图 4-14　细密路网方案

市场机制，由用地单位建设加密路网，在土地出让时，将加密的路网与其周边的用地一起捆绑出让，要求用地单位按规划标准建设加密路网。用地单位可拥有加密路网的产权，但必须保证其对公众无偿开放。

3. 规划转型/设计要点

1）制定分功能、差别化的路网规划，形成有差别、有特色的路网

结合横琴新区独特的山水格局，规划货运（小汽车）优先通道主要沿大、小横琴山分布，避免直接穿越城市核心区；轨道、常规公交优先通道穿越城市主要居住、商业等密集区，增强覆盖率；慢行交通主要分布在江边、海边，打造宜人的慢行环境。

2）制定细密路网规划，实现高效、绿色、生态、安宁和谐统一

通过对综合服务区、国际居住区、科技研发区、文化创意区、高新技术产业区五个片区进行街区尺度、路网密度评估，细密路网的功能主要有三种，分别满足道路功能划分需要、站点周边细密的需要和细化地块的需要。

4.7.5　前海合作区步行和自行车系统专项规划

1. 规划背景

根据《前海深港现代服务业合作区综合规划》，未来前海将建设成为具有国际竞争力的现代服务业区域中心和现代化国际化滨海城市中心。为了支撑超高强度开发，前海确定了以轨道交通为主体的综合交通发展模式，规划了 9 条轨道线，25 个地下站点，轨道站点 500 m 范围基本覆盖了所有的居住、商业和办公区。

2. 规划内容与主要结论

坚持“绿色交通、以人为本和可持续发展”的理念，按照“连续成网，便捷接驳，空间复合，特色彰显”的原则，构建安全、连续、生态的城市步行和自行车系统，满足公众日常出行及休闲健身的需要，积极引导“轨道公交＋步行/自行车”的一体化交通出行方式。

根据功能差异，重点打造四个步行和自行车系统，包括：轨道接驳系统、中短距离出行系统、商业活力出行系统和休闲出行系统。

（1）以轨道站点为核心，建立地下接驳通道为主、地面接驳通道为辅的轨道接驳通道系统。围绕地下轨道站点群，结合地下空间分布，构建地下骨干人行通道，满足轨道站点群内部的换乘需求和地下空间的开发要求。骨干通道作为城市公共空间的一部分，要求强制预留，全天对外开放，建议其宽度 12 m，设置自动人行道，提供舒适、安全的出行环境。前海合作区地下接驳骨干通道布局规划图如图 4-15 所示。

图 4-15　前海合作区地下接驳骨干通道布局规划图

（2）以地面步行通道和自行车交通通道为主体，构建中短距离出行系统。根据前海用地分布、街道界面等因素，结合交通需求分析，重点识别出步行主要通道，其主要承担短距离出行需求（图 4-16）。步行主要通道要求广泛采取稳静化措施，设置风雨连廊，注重步行空间和环境品质；另外，根据前海周边 5 km 范围内的居住、办公等用地分布和交通需求分析，识别出自行车主要通道，其主要承担中短距离出行需求。自行车主要通道要求设置专用道，采用沥青铺装，提高骑行舒适性。

（3）以立体空中步道为主体，构建商业活力步行和自行车系统。打造广泛连接各类公共空间、主要商业空间的空中步道系统，塑造高品质的空中步行环境。规划景观空中步道，串联主要城市公园、绿地等各类公共开放空间，实现人车分流、人流连续，提升城市公共开放空间活力和集聚水平。同时，围绕商业空间的布局，结合建筑裙楼，将空中步道系统延伸至重点商业片区，打造宜人的立体步行空间与环境，满足休闲、商业、购

图 4-16　前海地面主要步行通道布局图

物、娱乐等多方位需求。按照“提前预留、逐步建设”的思路，未来随着商业人流增大、地面步行空间不足的情况出现，逐步实施空中步道建设。空中步道网络及示例如图 4-17 所示。

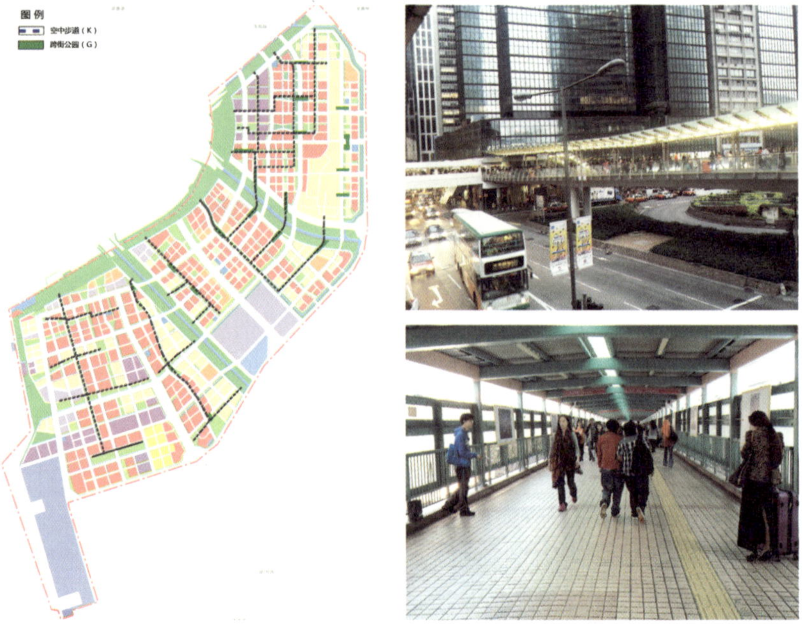

图 4-17　空中步道网络及示例

（4）通过滨水型休闲通道和公园型休闲通道，串联滨海休闲带、水廊道及其他公共空间，构建步行和自行车休闲系统。前海拥有丰富的自然生态资源，包括滨海休闲带、双界河水廊道、桂湾河水廊道、前湾河水廊道、环状水廊道以及大量的城市绿道和公园。依托滨海休闲带和水廊道，构建滨水型休闲人行系统，营造自然、亲水的活力空间。利用前海滨水资源、沿滨海岸线和水廊道，脱离城市道路规划滨水型休闲道，提供集休闲、健身、观光、游憩于一体的高品质出行体验。将人的活动引入滨海、滨水廊带，形成公共、开放、多元、安全的都市活力空间，创造充满活力、绿意盎然的滨海城市形象，彰显前海独特的滨海、滨水特质。滨水人行系统网络和示例如图 4-18 所示。

图 4-18　滨水人行系统网络和示例

3. 规划转型/设计要点

1）建立完善的慢行系统规划框架体系

规划系统研究了慢行规划的框架体系，涵盖了慢行轨道接驳系统、中短距离出行慢行系统、商业活力慢行系统及休闲慢行网络系统，梳理和界定了各类慢行系统的功能，提出了针对各个系统功能特性的规划方法，对未来开展慢行系统专项规划具有借鉴意义。

2）探索轨道站点接驳系统规划设计方法

根据前海轨道接驳需求，结合地下空间开发，建立了轨道站点地下和地面接驳系统，并探索性地提出了规划设计方法。强制预留地下骨干通道和轨道站点核心圈层的地下发散通道；建议预留轨道站点核心圈外地块地下发散通道；规划核心圈层以外 200～500 m 范围内地面接驳网络。

3）拓展慢行系统的规划内涵

完善网络规划，同时关注慢行的空间和环境。结合前海的气候特征和城市特色，详细提出了慢行设施的宽度、稳静化方案、风雨连廊和铺装等规划设计方案。

4）保留慢行网络的生长特性

经验表明慢行网络具有生长特性，无法一步建设到位。规划在地下慢行通道和二层连廊等方面，都适当预留继续生长的可能。

5）考虑未来发展的不确定性

对于空中连廊，坚持控制和预留原则，暂不要求实施，预留未来发展条件。对于公共自行车，保持审慎的态度，建议根据未来发展情况适时启动规划论证。

4.7.6 福田中心区——梅林片区慢行系统详细规划

1. 规划背景

《深圳市城市交通白皮书》明确提出重构慢行网络，建设安全、通达、便捷、舒适的步行和自行车网络，满足市民日常出行与休闲健身的需要。《深圳市 2014 年交通拥堵综合治理策略措施》进一步提出再造城市慢行系统，以促进出行结构优化调整，缓解城市交通压力，其中福田中心区作为试点片区优先开展慢行系统再造的规划建设工作。

2. 规划内容与主要结论

按照“安全高效，舒适宜人”的原则，构建环境友好、风雨无阻的中心区慢行系统，引导中心区形成“轨道＋慢行”的核心出行方式，满足中心区市民通勤、娱乐及休闲健身的需要。重点构筑轨道接驳、短距离出行、立体步行和休闲出行四大系统。

（1）建立轨道慢行接驳通道系统，改善轨道慢行接驳环境，大力推行接驳通道的慢行优先，努力延伸轨道服务范围。在中心区现有良好的轨道交通站点分布基础上，识别具有接驳作用的慢行通道，建立中心区轨道慢行接驳通道系统。通过对已识别的接驳通道慢行环境进行改善，并利用一系列慢行设施设计推行接驳通道慢行优先，达到延伸轨道服务范围，提高慢行接驳比例的目标。福田中心区轨道站点 500 m 覆盖范围及轨道接驳网络如图 4-19 所示。

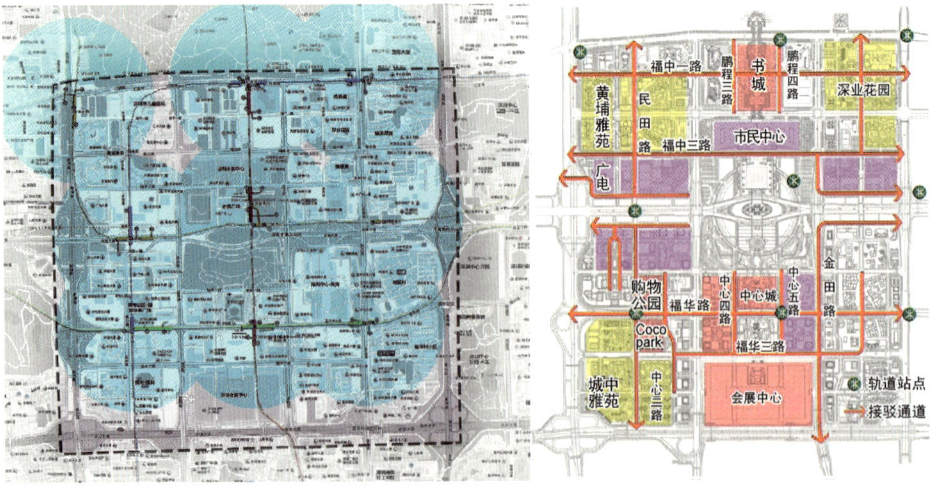

图 4-19　福田中心区轨道站点 500 m 覆盖范围及轨道接驳网络

(2) 建立短距离出行通道系统，营造安全、便捷、舒适的慢行出行环境，增强中心区慢行可达性，引导市民采用慢行交通方式出行。对中心区所有慢行通道进行改善，引用一系列交通稳静化设施，以及增设风雨连廊等遮盖设施，营造安全、便捷、舒适的全天候慢行出行环境，关注细节，增强中心区慢行可达性，通过环境的优越性引导市民积极采用慢行交通方式出行，提高中心区慢行出行比例。自行车系统包括内部自行车道及对外自行车通道两部分：对外自行车通道专供自行车快速行驶，以解决中心区与周边居住片区（5 km 范围内）之间的短距离通勤出行需求为主；内部自行车道提供片区内部主要交通源之间的自行车交通联系，集散自行车对外通道交通。福田中心区步行及自行车通道规划方案如图 4-20 所示。

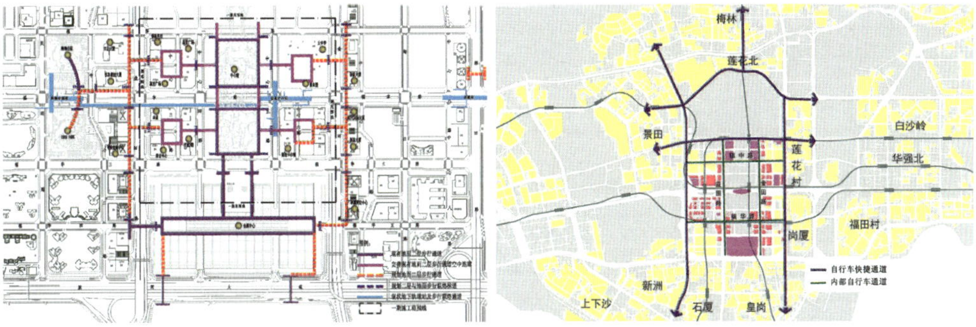

图 4-20 福田中心区步行及自行车通道规划方案图

(3) 建立多样化立体步行系统，集聚人气、商气，激发福田中心区城市活力。结合中心区南侧现有空中连廊形态，规划约 6 km（其中新增约 3 km）的空中连廊，连接商业人流密集区域，并规划空中连廊主要走廊，连接主要走廊周边大量建筑、覆盖大量工作岗位、服务更多的在扶梯中心区工作的市民；同时大范围增加空中连廊与地面道路的竖向连接设施（扶手楼梯等设施），共 35 处；引入社会力量，对怡景中心城和皇庭广场顶层适当进行商业开发，聚集人气，扩大现有出行活动范围；改善现有空中连廊设施品质和步行环境，提升空中连廊步行体验和空间品质。福田中心区南部区域空中连廊规划方案如图 4-21 所示。

(4) 建立连续舒适的慢行休闲系统，融合城市 CBD 及生态公园打造自然生态区。围绕莲花山公园、中心公园等中心区及周边的重要生态景观资源，依托中心区既有的区域、城市绿道系统，重点拓展完善社区绿道网络，延展慢行休闲系统的服务范围，统一设置标准、配套设施、标志标牌等，使中心区的休闲健身通道网络成为连接公园景区、文化娱乐、购物休闲等各种设施的桥梁，方便市民的休闲生活。慢行休闲网络规划如图 4-22 所示。

3. 规划转型/设计要点

1) 构建多样丰富的慢行系统，引导形成“轨道＋慢行”出行方式

构建完善的中心区轨道慢行接驳与便捷出行通道系统、多样化立体步行系统、连续

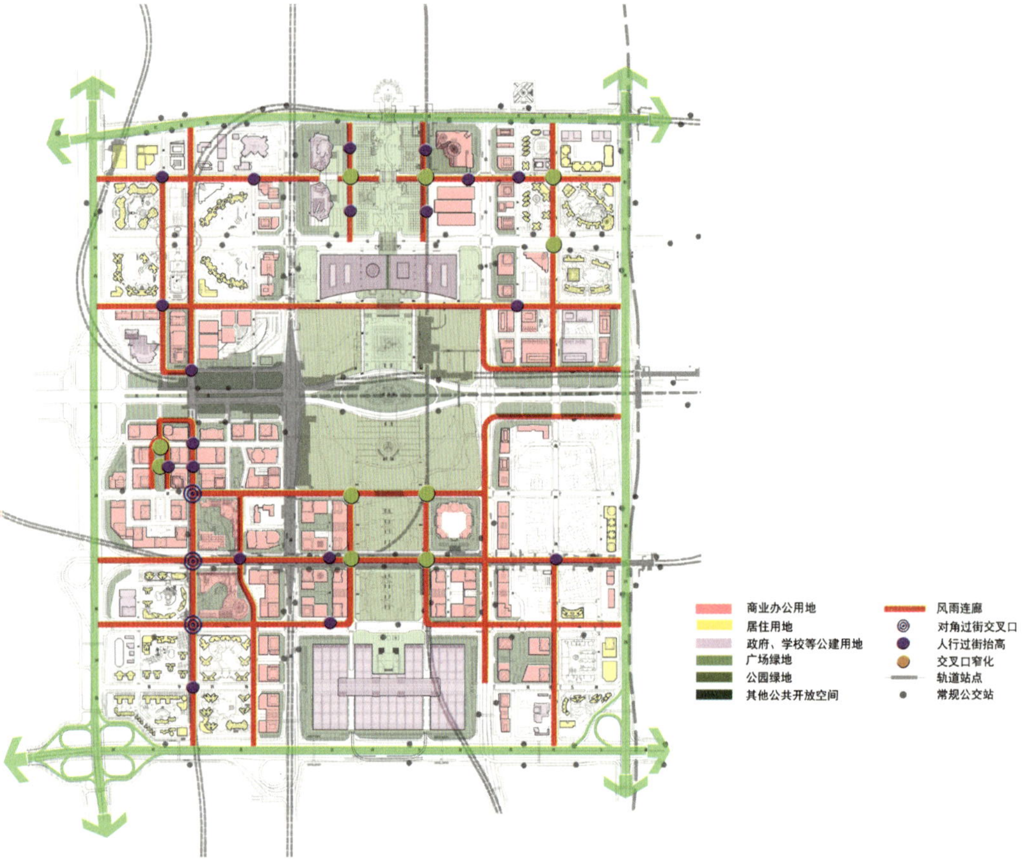

图 4-21　福田中心区南部区域空中连廊规划方案

舒适慢行休闲系统，促进建设环境友好、风雨无阻的中心区慢行系统，引导中心区形成“轨道＋慢行”的核心出行方式。

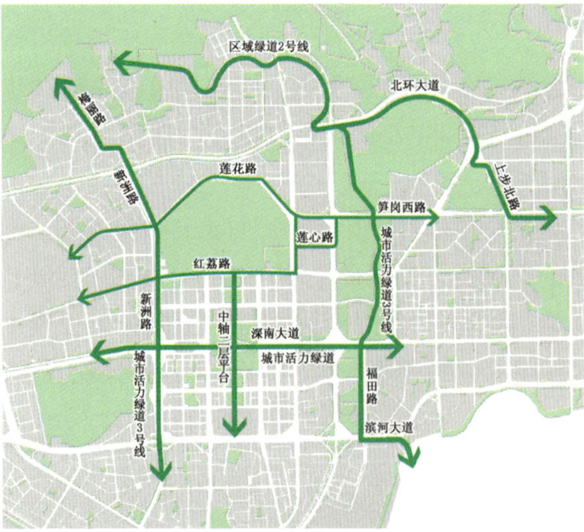

图 4-22　慢行休闲网络规划图

2）落实“以人为本理念”，保障慢行出行连续性和快速性

规划步行优先区，并采取相应行人优先措施，迫使机动车减速慢行，周末封闭相关路段，保障步行安全、连续、便捷，将“以人为本”理念落到实处。规划自行车快速路，沿河岸架设自行车专用道，给予自行车通行优先权，保障自行车出行连续性和快速性。

3）多维统一提升品质，搭建高品质、完整慢行交通系统通过对慢行交通系统所涉及的步行道路、自行车道路、过街设施、立体步行系统、公共自行车系统、绿道系统、慢行交通与公共交通的结合、慢行交通与机动车交通的协调等各项内容的深入研究，重视慢行网络、空间和环境的多维统一，实现慢行交通系统品质的提升，搭建高品质、完整慢行交通系统。

4）充分采用先进技术，为慢行交通系统规划提供有力的技术支持

建立基于使用者感受和慢行交通功能设计为核心的定性分析技术方法，以数据采集为基础、交通仿真技术为核心的定量分析方法，为慢行交通系统的研究和规划工作提供有力的技术支持。

4.7.7 罗湖金三角地区全天候人行系统规划

1. 规划背景

东门、人民南、宝安南，以点带面、以面连片，形成了深圳市最繁华的商业金三角。金三角作为一个老型的商业区，在拓展步行空间的同时也遇到了空间资源不足的问题。为探索“紧约束条件”下的多元化空间资源拓展途径，开展罗湖“金三角”地区全天候人行系统规划。

2. 规划内容与主要结论

提出步行设施布局的发展方向，具体包括：形态上从商业干道发展到全封闭或半封闭的步行街；从自发形成的商业街坊发展到多功能的岛式步行商业街；从平面的商业街发展到地上地下空间综合利用的立体化巨型商业综合体；从地面步行区发展到二层平面系统的步行天桥商业和地下商业街等。

制定针对性策略。策略一是空间拓展：构建三大片区内部空中人行连廊。策略二是改善交通：规划三大片区之间空中人行连廊。策略三是提升品质：打造景观节点，完善地面全天候设施。

1）根据人流特点，形成“三片、三轴、两带、七节点”的空中步行系统网络

三片即东门片区、人民南片区和宝安南片区，三轴分别为罗湖口岸-人民南商圈-东门步行街（人民南路-东门步行街），国贸-万象城-地王-金融中心-荔枝公园（嘉宾路-宝安南路-深南路），罗湖文化公园-东门步行街-地王-金融中心-荔枝公园（湖贝路-解放路-深南路）。区域行人分布特征如图 4-23 所示。

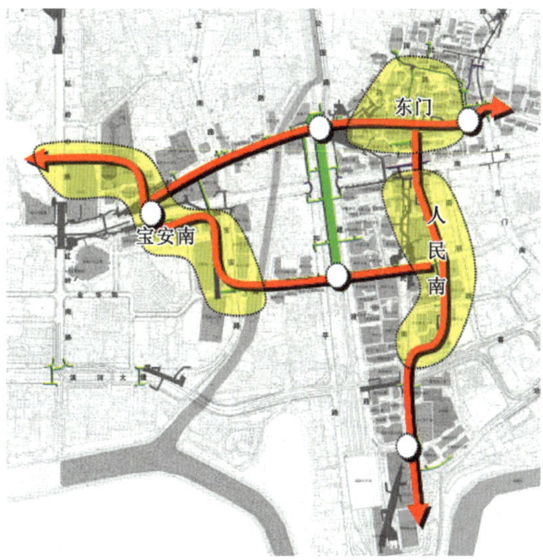

图 4-23 区域行人分布示意图

2）支持城市空间拓展，以串联形式

构建三大商圈内部连廊

东门片区构建“环形”主骨架网络，连接 20 多栋商业体作为现状十字步行街的补充。同时，构建内部加密线，使东门片区所有建筑单体网络化，缓解地面空间压力。人民南片区在嘉宾路上增设自动扶梯与空中连廊连接，加强地铁站人流、地面公交站人流与空中连廊的衔接；在友谊路上增设自动扶梯与空中连廊连接，加强地面人流与空中连廊的衔接；增加与周边设施的衔接。新建与钻石大厦、发展中心停车场间通道。宝安南片区构建 Z 字形骨架网络，串联片区包括万象城、深圳书城、金丰城、深圳证券交易所、地王大厦及京基金融中心等 7 栋主要商业体与办公写字楼。

3）提升城市品质形象

打造两大空中观景休闲开放空间。为激活两侧行人流动，增加区域公共休闲平台提出上盖广深铁路平台方案，即在嘉宾路至解放路段新建上盖现状广深铁路的二层平台，平台长约 700 m，宽约 40 m，主要以休闲、活动空间为主，衔接片区的同时增加区域内开放空间。同时，为消除书城前沿深南大道宽约45 m空间的竖向高差问题，结合景观的改造新建 16 m 宽步行平台。

图 4-24　七星拱月分布图

打造“七星拱月”的文化特色环形连廊，拓展附属功能打造差别化的城市景观（图 4-24）。打造文化连廊、生态连廊、艺术连廊。根据不同区域的特色，依托走廊内部的廊柱、栏杆等立面空间，布置文化走廊，生态走廊，艺术走廊等富有文化特色的主题空间，丰富行人的步行体验。东门商圈采用传统与现代结合的风貌区，民南商圈采用港澳风情街区，宝安南商圈采用改革创新的时尚活力区。

3. 规划转型/设计要点

1）对慢行出行特征及慢行设施建设模式进行深层探讨

打破传统交通规划以研究车行为主的模式，转变为关注步行网络、行人特征、出行偏好、分布，对设施的建设、管理及运营模式进行了探讨。交通功能主导下，应用新技术手段，为更形象地描述连廊与建筑的空间关系制作了效果图和动画。

2）对高密度、成熟地区进行交通精细化设计

在满足金三角商业片区购物、休闲步行需求的基础上，以香港中环为蓝本，打破金

三角三大商业片区的空间分隔，通过空中连廊的形式串联片区内主要商业、办公建筑体。开展细节规划设计，对地面以及地下空间开发的衔接点进行协调与界定，与中运量规划站点进行衔接，力求打造多标高、多方式的步行系统网络。

3）力求更贴切实际开展多项建模工作

建立片区慢行网络专业模型，为地区慢行交通规划提供技术支持。同时，针对金三角核心区域内 3.1 km 范围进行三维建模，力求更形象地反映连廊与建筑、周边环境，二层、地面以及地下出入口之间的空间位置关系。

4.7.8 碧波片区慢行交通改善与商业环境综合提升实施方案

1. 规划背景

碧波社区位于深圳市罗湖区东部，东起沿河北路，西接怡景路，南连罗芳立交，北靠爱国路高架桥。现状规划区总建筑面积 70.71 万 m^2，其中商业面积 1.28 万 m^2，仅占 1.81%，人均商业面积为 0.63 m^2，低于同等地区一般建设标准，沿街商业界面服务能力不足，社区消费需靠外围商业解决，客源流失。从慢行出行者角度，片区内整体缺少停留、休憩和公共活动空间，整体空间环境较差。虽然片区内部交通流量不大，但组织无序，交通拥堵，人车混杂，噪音较大。

2. 规划内容与主要结论

针对已建成的老旧居住片区，在碧波片区慢行交通改善及商业环境综合提升实施方案中，以“高效、友好、安全、活力”为主要原则，力求对老旧城区街道注入活力，唤醒商业，改善环境，提升品质，最终将建设成熟、时间较久的老社区改造成社区振兴的典型模板。在具体方案规划设计中，着重关注“街道活化”和“社区振兴”两方面，着重在优化步行通道、改善公交接驳，设计充分的驻留场所，布置完善的配套设施，构建活跃的商业空间，搭建宜人的景观环境，形成尺度合理、人性化的慢行空间设计。图 4-25 和图 4-26

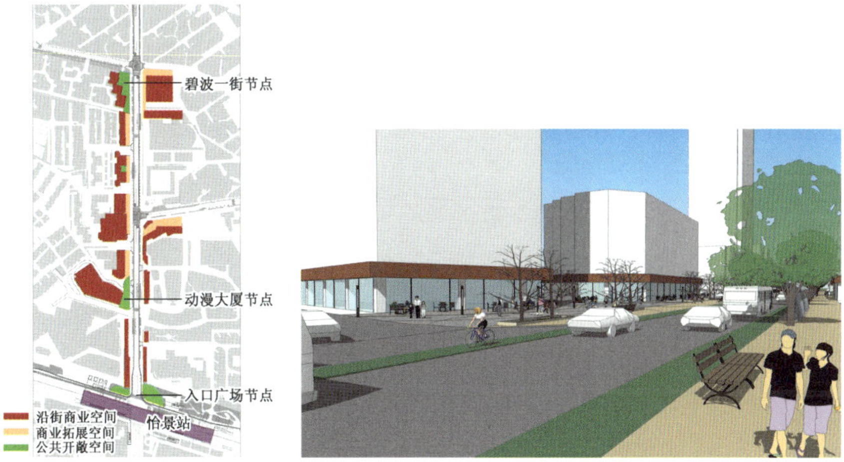

图 4-25 动漫大厦节点空间设计概念图

为动漫大厦节点空间设计概念图及动漫基地段改造效果示意图。

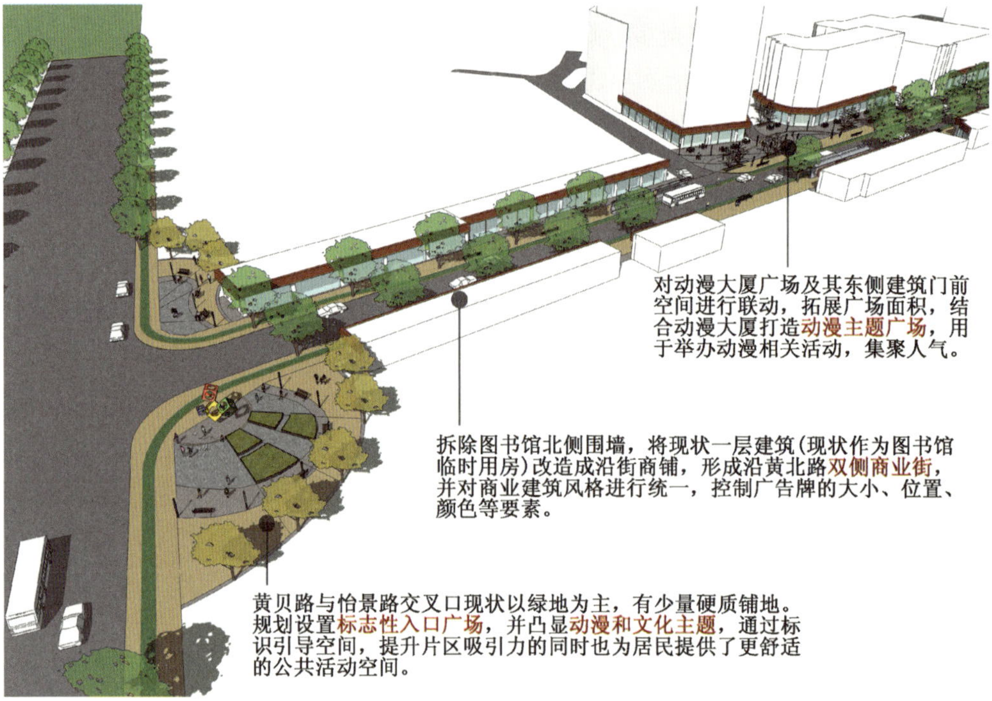

图 4-26　动漫基地段改造效果示意图

1) 共享空间的营造

(1) 进一步降低机动车速度，使慢行车道车速控制在 20 km/h 以内；

(2) 路障的设置只是用来限定机动车的行驶，但不影响行人；

(3) 确保自行车出行达到应有车速；

(4) 以人为本，恢复街道应有的活力；

(5) 充分利用社区内的生活性服务道路；

(6) 随着慢行道路的实现，街道也会呈现出不同的景观效果。

2) 各行其道，空间集约利用

(1) 拓展人行空间，压缩机动车道；

(2) 机动车与非机动车共享车行空间；

(3) 提升周边景观空间品质，适当增加公共活动空间，可作为居民休闲游憩、学生玩耍学习等活力空间；

(4) 美化周边墙体、景观环境，适当增加休憩设施，提供沿线长距离的遮蔽、休憩等服务；

(5) 将现状消极商业退线空间重新赋予活力，作为商业拓展空间和公共活动空间。

3) 社区振兴

空间重构、人车共享。将通行、商业、居住等人流不畅的空间结构重新组织，形成各功能空间既分离又复合的空间组织结构，如图 4-27 所示。

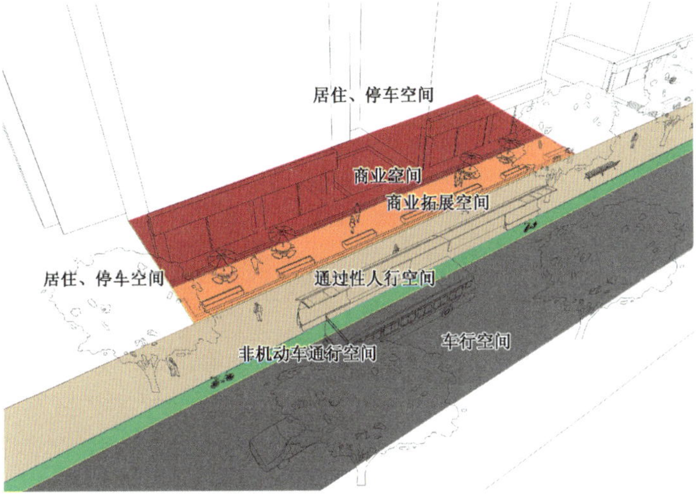

图 4-27　道路空间划分效果示意图

打破隔阂、连续空间。对于被灰色空间隔断的各个功能空间，根据功能上的差异改造灰色空间，形成线性、聚集性的连贯衔接。爱国路—黄贝路路口公共空间效果如图 4-28 所示。

图 4-28　爱国路—黄贝路路口公共空间效果示意图

促进驻足，注入活力。提供可供人驻足停留的公共活动空间，集聚人气，创造活力；并从空间使用者的角度出发，打造宜人的尺度空间，设置人性化的服务设施。黄贝路沿线公交站点及商业休闲区效果示意图，如图 4-29 所示。

绿色出行，和谐社区。改变交通组织方式，改善以“步行＋自行车＋公交车”出行为

图 4-29　黄贝路沿线公交站点及商业休闲区效果示意图

主导的交通环境品质，如图 4-30 所示。

图 4-30　社区道路改造效果示意图

3. 规划转型/设计要点

1）恢复街道应有活力，让“街道生活”成为一种生活模式

鼓励主动性交通（步行和自行车）与公共交通（公交和地铁）相结合的出行方式，并增加公共空间和街道景观，为主动性出行创造良好的条件。此外通过减少私家车的使用，减少尾气排放和资源消耗，从而实现低碳、环保、可持续发展的目标。

2）以公交慢行交通为主，促进社区交通高效、友好、安全

社区级道路不能以小汽车为主要交通方式，小汽车出行量的不断增加会使得社区有限的道路资源难以承担，导致交通拥堵，与之联系的外部交通也会连带受到拥堵影

响。社区级道路应以公交慢行交通为主，以提升慢行交通效率、推动友好、安全改善为核心，才能促使社区交通高效、友好、安全。

3）注重重要节点及细节设计，打造街道综合活力空间

充分利用绿化空间和未利用公共空间，完善绿化景观系统，增加公共活动空间，促进驻足停留和人际交往，注入活力。一体化改造周边空间环境，围绕街道周边建筑功能形成良好的公共活动空间，打造极具街道特色的休闲广场。改造主要入口广场空间，注重主要节点及细节的设计，增加标志性雕塑和人性化休憩设施，提升片区整体形象，打造街道综合活力空间。

4.7.9 深圳市停车发展政策及实施方案

1. 规划背景

近年来，随着社会经济的快速发展，深圳市小汽车的拥有量和使用量迅速提高，导致停车供需矛盾和城市交通结构性矛盾日益突出。为了应对严峻的交通形势，明确提出以停车发展政策作为实施交通需求管理的重要抓手，开展深圳市停车发展政策及实施方案研究工作。

2. 规划内容与主要结论

1）发展目标

借鉴国际经验，在“引导车辆使用”等交通发展政策的指导下，提出的发展目标如下：制定与整体交通发展政策目标相一致的一体化停车政策，使机动车使用者负担合理使用成本，引导人们选择合理的交通方式出行，保障轨道等公共交通的主体地位，调控拥挤区域交通流量。

2）发展思路

首先，合理增加各类停车设施，满足居住区夜间停车等必要的停车需求，有效缓解停车的供需矛盾；其次，加大交通需求管理的实施力度，通过经济杠杆，使机动车使用者负担合理使用成本，调控小汽车总量的过快增长，引导小汽车出行向轨道、公交转移，进一步缓解停车供需矛盾；最后，加强停车管理，推行智能化停车系统，规范停车行为，规范停车秩序。

3）停车政策

通过研究提出 5 大项停车政策和 18 项具体措施，形成全市一揽子停车发展实施方案。

政策一：调整停车配建标准。适度加大居住地停车位的规划供应，基本满足未来居住地的停车需求；优化工作地停车位的规划供应，控制公交发达地区的上班停车需求；维持商业地停车位的规划供应，满足市民日常社会经济活动的停车需求。

政策二：挖潜增加停车供应。通过对既有的停车设施的改造和挖潜，合理增加停车供应，改善既有的停车条件。

政策三:鼓励社会建停车场。出台相关停车场建设的优惠政策以及停车位市场化办法,鼓励社会各方面共同参与停车场的开发和建设。

政策四:优化停车收费结构。根据轨道、公交以及道路系统的建设情况,优化调整停车分区;按照路内高于路外、高峰高于平峰、日间高于夜间的原则,优化调整路外停车收费结构和标准。

政策五:加强违章停车管理;加强路内停车管理;加大对非法停车经营的查处力度;加强先进科技的应用;规范停车秩序。

3. 转型规划/设计要点

1) 建立“政策-措施-立法保障”的停车政策体系

目前,国内停车政策研究大多局限在政策和措施的层面,项目完成后再启动相关法规的制定,以保障各项政策措施的落实。本次研究针对近期实施的路内停车收费管理,在项目开展的同期开展了《深圳市机动车路内停车管理办法》的编制工作,建立了“政策-措施-立法保障”的停车政策体系,切实保证了所实施的路内停车设置与停放管理有法可依。

2) 建立规划、建设、收费、管理的一体化的研究思路

围绕一体化的发展政策,提出了优化停车分区、调整停车配建标准等规划政策;制订停车场建设的优惠政策,建立停车位合法买卖的市场机制的建设政策;优化停车收费结构,建立交通发展专项资金的收费政策以及加强违章停车管理,加强新科技应用的管理政策。

3) 建立停车收费提高对小汽车分担率影响的评估机制

根据深圳市停车费用敏感的收入人群的分布情况以及不同收入人群的时间价值调查结果,建立交通模型,测试不同停车费率情况下对交通运行状况以及公交分担率的影响,根据测试结果,初步提出不同分区的停车收费标准建议,确保交通运行状况处于可接受的水平。

4) 建立跨专业、跨部门的沟通协商工作模式

通过反复与交委、规划国土委、发改委、财委、交警、地税、市场监督局等部门进行沟通协商,收集各部门的反馈意见,并对成果进行多轮的优化完善。

4.7.10 深圳市东部滨海地区旅游交通策略研究

1. 规划背景

深圳东部滨海地区依托香港、深圳特区等经济发达地区,随着旅游知名度的提升、地区交通的优化及城市化水平的提高,旅游业发展迅速。旅游业的进一步开发和高新技术、先进工业的陆续引入,对东部滨海地区的交通提出更高的要求。而既有规划缺乏对地区道路交通资源的系统梳理与整合,缺少对交通需求及旅游交通特征的把握。因此,针对东部滨海地区旅游交通策略的研究尤为迫切。

2. 规划内容与主要结论

在既有交通规划的整合分析以及现状交通调查的基础上，进行东部滨海地区的交通需求分析，结合城市发展需求及城市规划功能定位，借鉴国内外旅游交通发展经验，进行交通发展策略研究，并制定相应的旅游交通规划模式。以旅游交通规划模式为指导思想编制骨架道路网规划、公交发展概念规划以及各个片区道路交通规划，最后深化旅游交通管理核心策略。滨海地区旅游交通组织示意如图 4-31 所示。

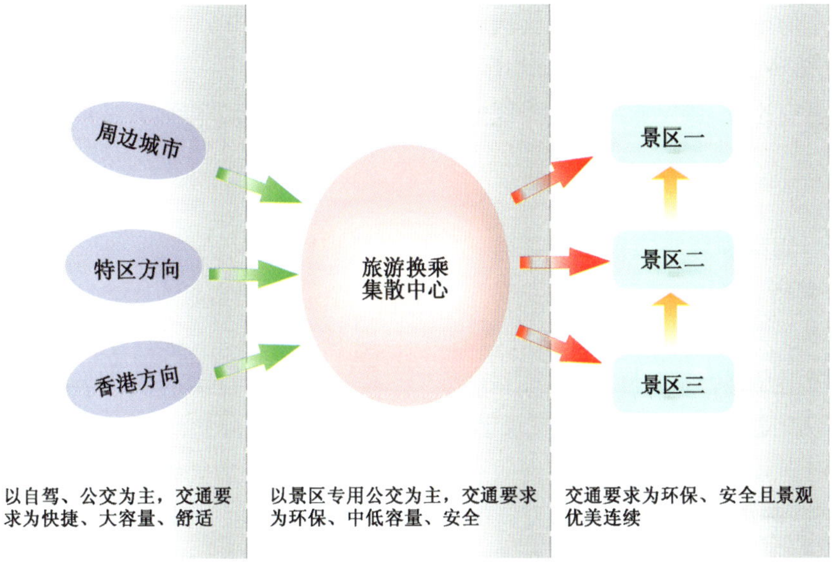

图 4-31 滨海地区旅游交通组织示意图

3. 转型规划/设计要点

1）构建多样化对外交通体系，丰富旅游出行选择和缓解陆域交通压力

首先，完善干线道路交通设施，强化干线路网与组团城市路网及景区之间节点通行能力，优化长距离进出交通与组团内部路网的衔接转换；其次，开辟空中旅游线路和水上对外旅游线路，在避免公路交通瓶颈的同时，增加旅游体验，加强区域合作；最后，设立旅游专线公交巴士，建立市区、机场、铁路站等与集散中心之间直达的公交专线，逐步减少小汽车作为出入方式的比重，优化旅游出入交通结构。

2）采取集约化、一体化对外旅游交通组织策略

建立集旅游换乘、公交枢纽、旅游信息服务中心等于一体的旅游集散中心，通过旅游换乘集散中心来衔接、转换进出交通组织。同时，制定一体化政策和措施，引导抵达景区集散中心的乘客在集散中心换乘景区专用旅游巴士。包括停车费用区域差别政策、车辆通行许可证政策、旅游公交一票通乘制度以及景区门票一体化政策等。

3）打造和谐统一景区内漫游交通系统

一方面，完善环海岸线水上巴士体系，在环大鹏半岛的重要节点设立游船码头，并成立专门的游船公司，统一经营，统一管理；另一方面，完善景区交通网络，增强景区道路的景观性与舒适性，在道路设计或建设时，充分考虑改善沿途的景观视觉质量、增强景区道路的景观性与舒适性。

4）倡导低碳高效旅游交通营运管理策略

一方面，优化旅游车辆结构，逐步提高面向旅行社车辆及散客的公交车（公共汽车）和出租车的比例，减少私家车的比例，同时提高车辆技术档次，丰富车辆种类和可选择性，采用多种交通方式载运游客，如燃气汽车、电瓶车等；另一方面，充分进行线路设计和班次研究论证，确定旅游公交专线的经营权，通过公交区域专营来提高旅游交通企业的效益。

4.7.11 海南国际旅游岛先行试验区综合交通规划

1. 规划背景

海南省为了加快推进国际旅游岛建设，2011 年在毗邻三亚的陵水黎安地区设立海南国际旅游岛先行试验区，规划面积约 65 km^2，规划总人口 18 万人，年接待过夜游客 1 200万人。地区规划定位为国家旅游文化先行区、海南国际旅游岛建设先导区、创新型国际滨海新城、世界一流的旅游度假胜地。试验区综合交通规划主要面临以下四个方面的挑战：一是如何处理“后发”发展优势和不利条件；二是如何把握“城市＋旅游”复合交通特征与诉求；三是如何构建契合“小而美”型旅游城市特点的交通体系；四是如何彰显滨海旅游城市的特色与魅力。

2. 规划内容与主要结论

1）规划目标与发展策略

围绕试验区“城市＋旅游”复合交通需求和“小而美”的滨海城市特点，同时结合城市开发的后发优势，突出了“高端、高效、特色、活力、绿色、人文、体验、共融”等要求，提出了高效对外交通、绿色的内部交通、特色水上交通以及活力慢行交通四大交通发展策略。规划打造高效、绿色、特色、活力的综合交通系统，为居民和全球游客提供一种可欣赏、可游览、宜生活的交通体验（图 4-32）。

2）旅游交通体系规划方案

按照“客运组织一体化、空间组织差别化”进行城市与旅游交通整合。为了实现多式联运、内外换乘、旅城共享等功能，对试验区交通枢纽进行一体化规划。规划共打造 5 处一体化客运枢纽，其中依托高铁站 1 处，邮轮港接驳枢纽 1 处，公路与城市换乘枢纽 1 处，旅游与内部公交换乘枢纽 2 处。5 处客运枢纽中 2 处为旅游主集散中心，提供旅游交通换乘及全面的旅游配套服务。同时，规划布设“一横一纵一联”3 条中运量公交线路，总里程 38 km，设站 45 个。依托中运量骨干公交串联主要交通枢

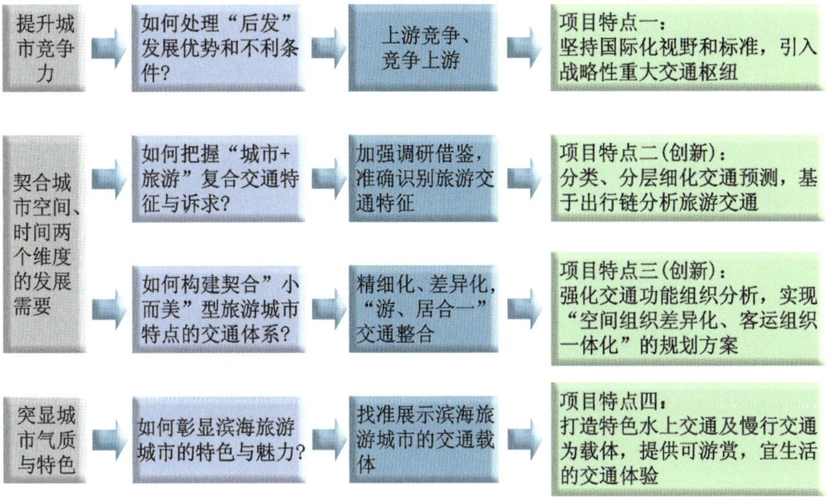

图 4-32 项目组成结构示意图

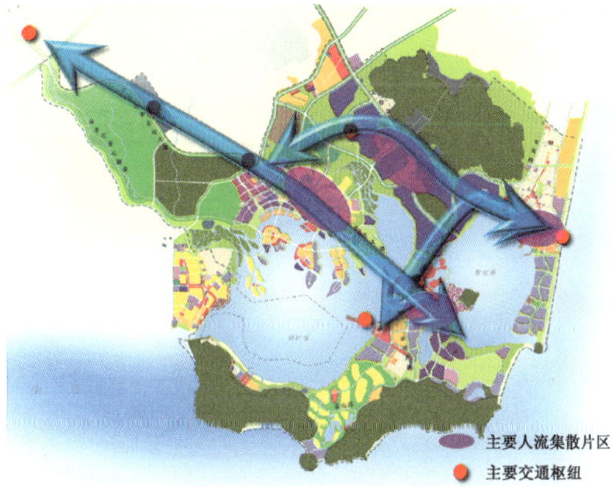

图 4-33 兼顾居民和游客的客运枢纽及走廊布局

纽，整合打造“游、居合一”的公交服务。如图 4-33 所示为兼顾居民和游客的客运枢纽及走廊布局。

根据“内陆-滨海、城市-旅游”渐变的城市大空间布局，构建“由外到内、由快到慢”逐层疏解的道路体系，将过境-城市-度假各功能类型的交通层层分流，以实现不同的交通组织带(区域)的交通功能差别化(图 4-34)。

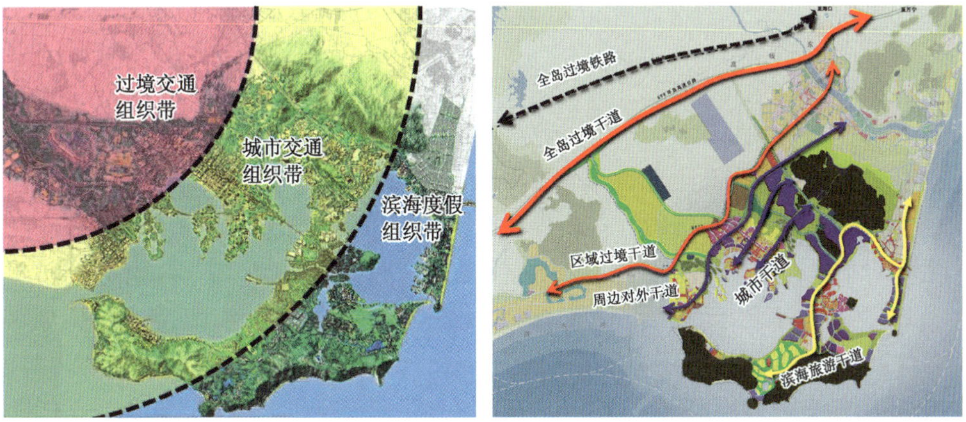

图 4-34 差别化的道路空间交通组织

构建别具特色的水上交通及慢行交通，提供可游赏、宜生活的交通体验。将水上交通打造为滨海水城世界名片，构建区域、次区域及区内短途三级水上交通网络。不同层次的水上交通网络的差异主要体现在承担功能、线网配置、航速及水上旅游体验程度等方面。根据水上停靠码头的不同等级和功能，规划水上集散中心 5 个（一主四辅）、一般码头 30 个、内河码头 2 个。区内水上交通线路相互贯通，兼具通勤和旅游休闲功能（图 4-35）。

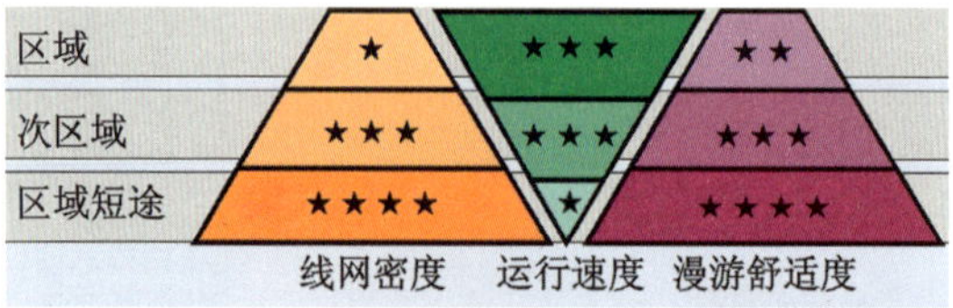

图 4-35 水上交通网络层级示意图

用优先级慢行廊道（绿道）嵌入，打造 8 条城市绿道，总长约 76.5 km，形成“滨海—环湖—入城—溯溪—对外”的一体化、多层次绿道网（图 4-36）。

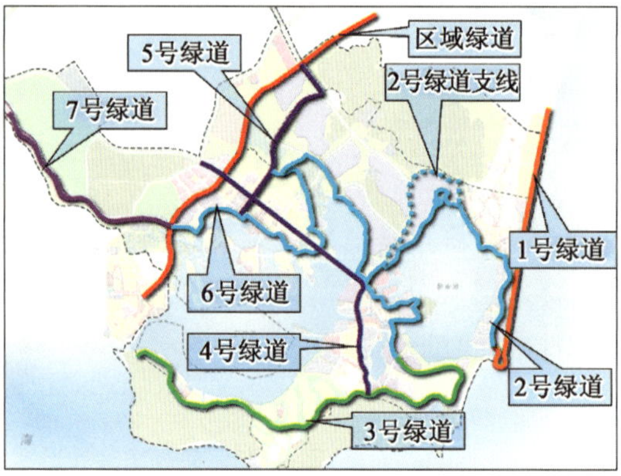

图 4-36 试验区绿道网络规划

3. 转型规划/设计要点

（1）基于交通用户角度，细化分析游客和居民出行链及其整合途径。通过大量的调研工作，包括旅游交通特征调研、国内外相关研究调研和交通基础数据调查等方面，掌握出行特征和规律；在传统的常住人口和旅游人口分类的基础上，进一步细化出行分类，并针对不同的出行种类进行交通出行预测。

（2）引入“用者需求”的规划视角。改变以往主要将交通出行作为对象与设施规划进行对接的做法，将交通需求还原到最初的主体（出行者），围绕用者的需求和出行体验，进行更加细致的交通功能组织分析，制定合理的交通供应策略和交通组织模式，进而指导具体的设施规划。

(3) 分析用户出行链。通过建立出行链综合分析矩阵，将"用者需求"对接到交通出行方式和交通出行链上，并最终映射到对交通设施的诉求上。首先，识别用户群体，试验区除了当地居民、第二居所业主外，未来主要吸引的用户群体依次是休闲旅游、观光购物和商务旅行人员等；其次，分析不同类型用户群体对交通出行方式（出行工具）的选择；最后，结合不同用户的出行规模、用户群体的重要性、对交通设施服务水平的敏感性等因素，综合构建不同用户群体在城市总体出行中的权重矩阵，从中识别用户出行的重要出行链。对外交通中以休闲旅行及观光购物用户为主，主要依赖高铁及大巴交通，自驾车其次；内部交通中以居民及休闲观光游客为主，主要依赖公共交通、自驾车、慢行以及水上交通。

(4) 根据出行链矩阵，制定交通组织策略。延伸合理的出行链，提出"集约、绿色"的交通组织模式，鼓励集约化绿色交通出行，打通并无缝对接上下游绿色出行链；缩短不合理的出行链，提出"换乘、截流"的交通组织模式，引导个体交通与公共交通对接，缩短个体机动化交通出行链；整合出行链，提出"公交＋慢行"的交通组织模式，内部交通针对最主要三类出行者，加强整合公交、水上公交及慢行的出行链；丰富出行链，提出"多元、多样"的交通模式，适当保留直达景区（目的地）的条件，构建水、陆立体出行链。

4.7.12 昆山市旅游度假区交通详细规划

1. 规划背景

近年来，昆山市名镇、村旅游热潮持续升温，其中周庄年游客接待量超过 500 万人次，游客量的激增引发了道路拥堵和景区拥挤等交通问题，制约了昆山市名镇村旅游发展。亟须开展研究，缓解景区假日交通拥堵问题，并面向新型城镇化发展背景下昆山旅游交通和城市交通的协调可持续发展，构建相对完善的全市名镇村旅游交通综合服务体系。

2. 规划内容与主要结论

规划总结了历史文化名镇名村典型旅游交通组织模式，分析了新发展形势下昆山旅游交通典型模式存在的主要问题，提出了一种面向游客、本地居民和外来务工者等全体用户出行需求的旅游交通组织模式，规划构筑"中枢-终端"式景区旅游交通服务中心体系，并建议结合旅游交通服务中枢打造旅游新镇。

构筑"中枢-终端"式景区旅游交通服务中心体系。延续"换乘"的总体思路，新模式下名镇村景区旅游服务中心功能上分为旅游服务中枢和旅游服务终端两大类。前者集游客集散中心、自驾服务中心、公交服务中心、长途客运中心和特色交通服务中心于一体：位于核心景区外围，集中式布置；是旅游交通换乘中心，承接城市旅游集散中心及各类综合交通枢纽发送的游客，提供多样化和特色化接驳方式，完成由"快旅"向"漫游"的切换；是城市旅游集散中心的下级机构，向周边其他名镇村发送和接受游客，成为客运系统的节点；是本地对外交通枢纽，为本地居民和外来务工者提供对外交通服务。景区旅游交通服务中心体系，如图 4-37 所示。

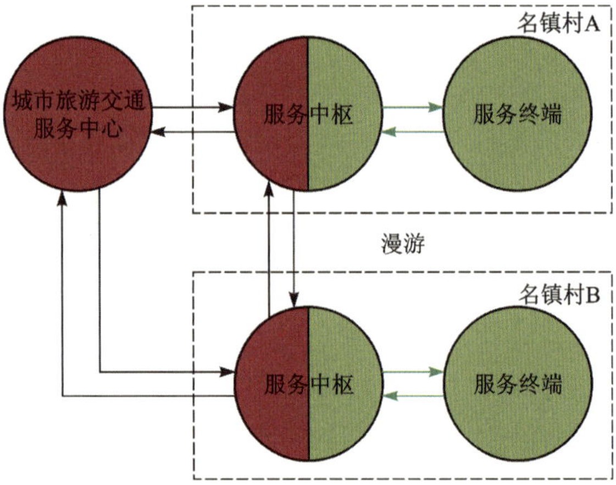

图 4-37　景区旅游交通服务中心体系

于公路、轨道、绿道和航道交汇处构筑旅游交通服务中枢，游客通过小汽车、市域轨道、长途巴士、旅游大巴和城市公交等方式到达服务中枢后，换乘环保型接驳巴士、自行车和水上游船等特色交通工具到达位于古镇景区的服务终端。图 4-38 为周庄古镇旅游交通组织规划示意图。

图 4-38　周庄古镇旅游交通组织规划示意图

3. 转型规划/设计要点

1）转变传统的交通组织模式，面向全体用户进行旅游-城市一体化交通组织

将旅游交通组织向全体用户转变：由“关注游客”向“关注全体用户”转变，兼顾包括游客、本地居民及外来务工者在内的多元交通诉求；由“小汽车主导”向“公交主导”转

变，以高品质多元公交服务提升旅游竞争力，提高交通组织效率，兼顾本地发展公平性；由“关注可达性”向“关注用者体验”转变，提供多样化特色交通服务，满足游客需求的同时扩大景区容量；由“交通支撑旅游发展”向“交通引导旅游发展”转变，依托交通节点和通道，发展旅游相关产业，实现各方利益共赢。

2）打造多元公交系统一体服务各类用户

作为新模式的核心要素之一，多元公交系统兼具城市功能和旅游功能，通过提供高品质、差别化的公交服务满足游客、本地居民和外来务工者的不同需求。在完善“中枢”和“终端”之间短距离公交接驳的基础上，须进一步加强中长距离公交服务：提供城市枢纽和旅游景区之间快速公交服务，满足自由行游客出行需求，促进交通方式结构优化；提供城市中心、周边乡镇和旅游景区之间快速公交服务，满足本地居民生产生活需要；提供居住地和旅游景区之间快速公交服务，满足外来务工者通勤出行需要。

3）依托特色交通方式实现景区扩容

研究表明，名镇村地区游客更偏好亲近自然、娱乐性更强的交通工具，对旅行速度不敏感，自行车、游船等交通工具在乡村地区具有更高的娱乐价值，具备成为特色产品的潜力。在新模式下，特色交通方式不仅是连接旅游服务中枢和服务终端的接驳方式，更是一种体验独特的旅游产品，通过精细化的特色交通线路组织可大幅拓展游客的活动空间，是一种实现景区扩容的有效手段。以周庄为例，借助水上游船、环湖自行车和亲水漫步等为游客所热衷的特色交通方式，结合湖荡景观、兴趣点和旅游服务设施合理设计线路，可将紧邻古镇的太史淀和五保湖纳入游客可达范围，形成“古镇＋湖荡”大景区，大幅扩展游客容量，缓解古镇景区内部的交通拥堵。

4）结合旅游交通服务中枢打造旅游新镇

各类人群在旅游交通服务中枢的集聚提升了周边土地价值，围绕其形成集“餐饮、住宿、休闲、娱乐、商务和交通服务”于一体的旅游新镇对交通组织益处良多。首先，旅游新镇是基于TOD理念，围绕大中运量公交枢纽打造的紧凑型社区，沿袭了古镇“小街窄巷”肌理的同时，形成了公交主导出行结构，有效加强了当地居民的机动性。其次，旅游新镇的开发进一步丰富了旅游交通服务中枢的功能，有利于引导游客形成以服务中枢为核心的出行链，更好地发挥服务中枢的作用。第三，旅游新镇升级并替代了古镇既有的部分商业和住宿功能，从需求端弱化了直达古镇的必要性，实现了古镇保护和旅游开发的平衡。旅游新镇的概念不同于近年来欧美国家盛行的自驾游营地，虽然二者都强调结合交通设施拓展服务功能，但二者形成的旅游交通组织模式大相径庭，后者以小汽车交通为核心，而前者强调公共交通的主导地位。

4.7.13 福建双鱼岛绿色综合交通体系专项规划

1. 规划背景

双鱼岛将建设成集海洋文化、游艇经济、时尚生活以及绿色低碳为一体的海上生态新城，发展定位为教育、文化、休闲旅游、商业和居住混合岛，重点发展休闲度假功能。为实现将双鱼岛建设成为绿色低碳的海上生态新城的发展目标，要求交通规划和建设突出绿色交通理念，大力发展绿色环保的交通方式，给游客悠闲和安静的交通体验。

2. 规划内容与主要结论

结合双鱼岛城市整体规划，对外构建以公共交通为主、快速联系区域重要节点的集约畅达交通体系，岛内打造以“公交＋慢行”为主导的绿色便捷交通体系，总体上形成多层次多方式协调发展的绿色综合交通系统，如图 4-39 所示。

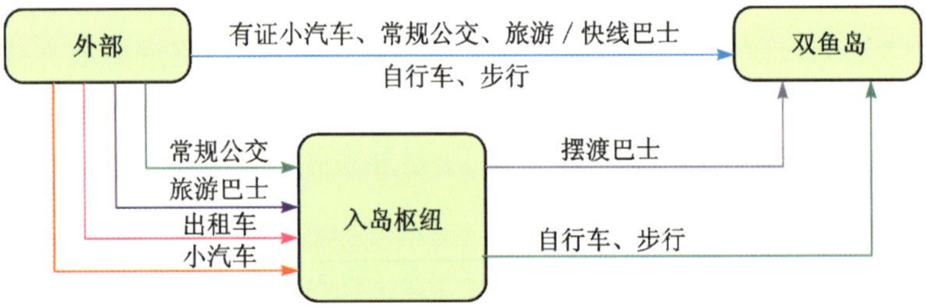

图 4-39　双鱼岛交通系统组织示意图

与传统的“快、主、次、支”的城市道路等级功能结构不同，双鱼岛道路网络分为进出岛内干道(A)、岛内交通干道(B)、岛内公交干道(C)和岛内支路(D)四个等级，其中内环路(C 级路)规划为岛内公交专用道，以提高公共交通的服务水平，如图 4-40 所示。

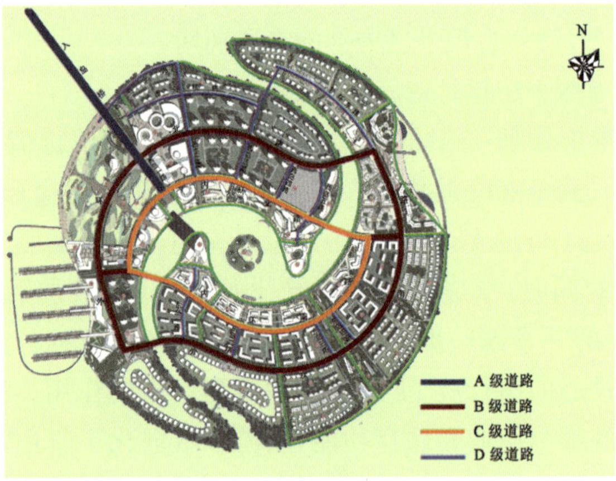

图 4-40　双鱼岛路网结构示意图

全岛自行车道网络规划结合双鱼岛的道路条件和景观特点，划分为普通自行车道和专用自行车道，且将两类自行车道连接成网。公共自行车租赁点规划，综合考虑“交通需求”、“使用便捷性”和“节约用地”等因素，在主要客流集散点和主要居住区等处累计布设 3 个大型租赁点和 17 个小型租赁点，用以推动公共自行车租赁的发展，促进绿色交通出行结构的落实，如图4-41 所示。

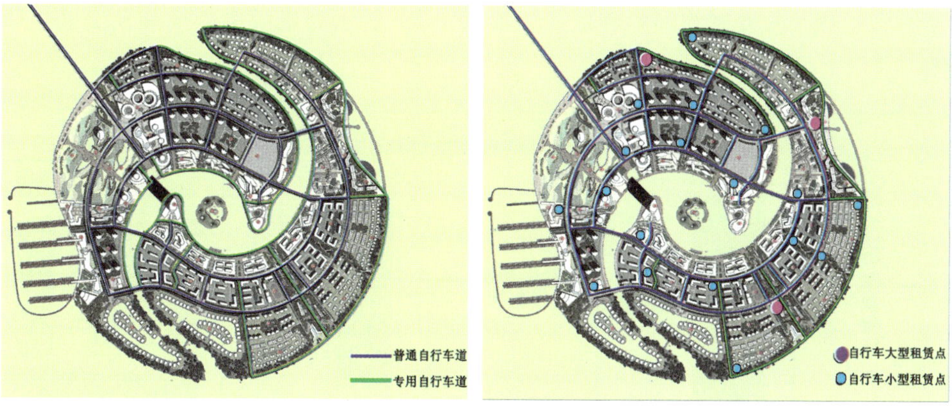

图 4-41 双鱼岛自行车系统示意图

3. 转型规划/设计要点

1）限制社会车辆入岛，打造以公交为主的对外交通

控制入岛区域交通，在入岛区域设置停车换乘枢纽，原则上仅允许岛上居民和部分就业人员的小汽车上岛，社会车辆需换乘接驳公交或以慢行方式入岛；加强岛内停车管理，岛内只提供小汽车配建停车位，不建设社会公共停车场，并禁止路边停车。

2）"城市生活＋旅游休闲"的高品质网络化的岛内交通系统

"生态化、绿色化"的以公交为主导的岛内机动化出行服务，道路系统规划落实绿色交通理念主要体现在道路网络与公交系统的充分协调。自行车交通采用"城市生活＋旅游休闲"的系统发展模式，规划网络化、分层次的自行车通道和公共自行车租赁点，创造良好的骑行条件。

4.7.14 深圳市大鹏旅游集散中心专项规划

1. 规划背景

深圳市大鹏半岛旅游产业尚处于开发起步阶段，旅游产业基本为"短平快"项目，游客群体相对单一，并以当日往返为主。目前，旅游交通是以小汽车为主的直达式的模式，旅游交通过于依赖地区既有公路网体系，缺乏对旅游交通的高效组织与疏导。随着地区旅游接待客流量逐年增加，交通流量不断突破地区道路网络容量，旅游高峰期间交通堵塞现象频发，地区生态保护与旅游交通之间的矛盾愈发突出。

2. 规划内容与主要结论

依托集散中心的规划建设，形成旅游交通、旅游产业、城市建设在旅游集散中心区域的城市功能复合体，同时提升大鹏中心区整体形象。规划具体内容包括：确定大鹏旅游集散中心建设形式和标准，设计总体布置方案；未来交通量预测与运行效益分析；确定集散中心功能作用、运行模式、内部与外部交通组织；集散中心周边土地利用分析，制订出入交通组织方案、行人交通组织方案；集散中心各类设施景观及生态化设计指引；

配套实施工程及主要制约因素和建议。如图 4-42 所示为集散中心换乘及交通组织示意图。

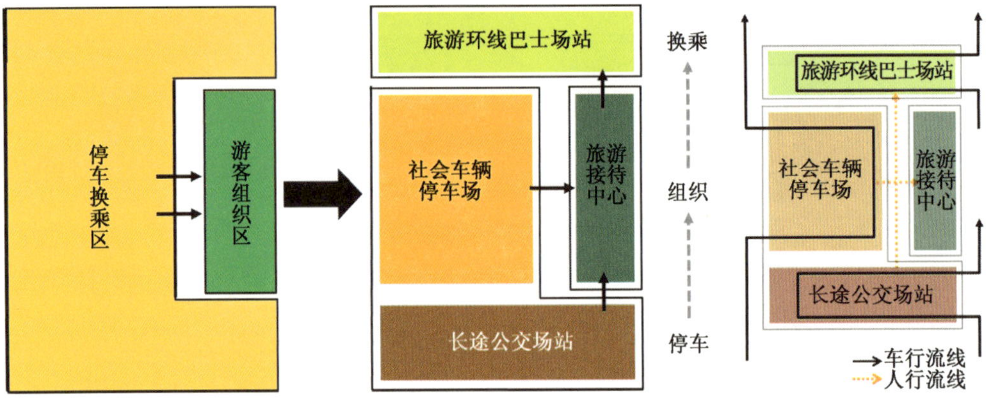

图 4-42　集散中心换乘及交通组织示意图

3. 转型规划/设计要点

1）内-外交通、快-慢交通分离的交通组织模式

大鹏旅游集散中心功能定位为"停车换乘、游客组织为主，旅游服务为辅"。将集散中心总体划分为停车换乘区和游客组织区两部分。

结合集散中心运作模式，对长距离交通、漫游式旅游交通采取"快慢分流"方式组织。其中，快速交通为外部抵达车流，在集散中心西侧场站集结；慢速交通为旅游漫游式交通，通过集散中心停车设施缓冲，然后乘坐景区环线公交实现区域景点之间的漫游交通组织。

2）特色鲜明的集散中心景观设计指引

根据功能分区，旅游集散中心总平面划分为东西两部分。西侧紧邻坪西快速路的两层社会停车场，在社会停车场的顶层布置露天茶座、咖啡厅以及具有良好景观的绿色花园，为游客创造高品质的环境氛围，同时降低对当地生态的影响；东侧为多功能服务大厅，采用周边式集中布局，强调街道墙的界定和公共建筑天际线的形象。

3）"多赢"的集散中心运营模式

规划集散中心采用政府和社会资本合作模式，即政府部门与民营企业合作模式。此种融资形式的实质是：政府通过给予私营公司长期的特许经营权和收益权来换取基础设施的加快建设和有效运营。这是一种以各参与方的"双赢"或"多赢"为合作理念的现代融资模式。

参考文献

[1] 林群，赵再先，林涛. 城市公共交通优先发展的制度设计[C]//中国城市交通规划 2012 年年会暨

第 26 次学术研讨会，2012:47-51.
[2] 深圳市城市交通规划设计研究中心. 城市公共交通优先发展的制度设计[R]. 深圳：深圳市城市交通规划设计研究中心，2012.
[3] 深圳市城市交通规划设计研究中心. 深圳公交场站近期建设计划[R]. 深圳：深圳市城市交通规划设计研究中心，2006.
[4] 深圳市城市交通规划设计研究中心. 深圳市公共交通规划[R]. 深圳：深圳市城市交通规划设计研究中心，2005.
[5] 袁翀，田锋. 基于都市圈发展的城市干线道路网规划研究[C]//协同发展与交通实践——2015 年中国城市交通规划年会暨第 28 次学术研讨会论文集，2015.
[6] 深圳市城市交通规划设计研究中心. 深圳市干线道路网规划修编[R]. 深圳：深圳市城市交通规划设计研究中心，2015.
[7] 陈永茂. 高度城市化地区高速公路市政化改造研究——以深圳市梅观高速为例[C]//2016 年中国城市交通规划年会暨第 29 次学术研讨会论文集，2016.
[8] 深圳市城市交通规划设计研究中心. 温州市城市道路专项规划编制[R]. 深圳：深圳市城市交通规划设计研究中心，2013.
[9] 深圳市城市交通规划设计研究中心. 广东省慢行交通规划指引[R]. 深圳：深圳市城市交通规划设计研究中心，2011.
[10] 张军，田锋，袁翀. 轨道走廊沿线交通系统整合的初步探讨[C]//协同发展与交通实践——2015 年中国城市交通规划年会暨第 28 次学术研讨会论文集，2015.
[11] 深圳市城市交通规划设计研究中心. 宝安中心区慢行系统规划[R]. 深圳：深圳市城市交通规划设计研究中心，2014.
[12] 深圳市城市交通规划设计研究中心. 福田中心区——梅林片区慢行系统详细规划[R]. 深圳：深圳市城市交通规划设计研究中心，2014.
[13] 曹莎，吕国林，田锋. 城市全天候立体步行系统规划研究[C]//2013 年中国城市交通规划年会暨第 27 次学术研讨会，2014.
[14] 深圳市城市交通规划研究中心. 城市停车设施规划导则与建设指南[R]. 深圳：深圳市城市交通规划设计研究中心，2015.
[15] 吕国林，孙正安. 深圳市停车收费调整探索[J]. 城市交通，2014(1):12-17.
[16] 深圳市城市交通规划研究中心. 城市停车设施规划建设和管理政策研究[R]. 深圳：深圳市城市交通规划设计研究中心，2014.
[17] 刘义刚，王波，孙超，等. 基于旅游产业发展的可持续交通策略研究[C]//2011 城市发展与规划大会，2011.
[18] 深圳市城市交通规划设计研究中心. 深圳市东部滨海地区旅游交通策略研究及道路交通规划[R]. 深圳：深圳市城市交通规划设计研究中心，2007.
[19] 赵磊. 基于集散中心模式的景区旅游交通体系规划探讨——以巽寮湾为例[C]//2013 年中国城市交通规划年会暨第 27 次学术研讨会，2014.

5 推动规划实施的交通详细规划

作为实施性规划，交通详细规划是进行规划实施过程管理的一项重要控制工具。在规划阶段，满足用地功能和管理需求、多方式交通协调规划要求；在计划阶段，协调重大交通设施与其他相关交通设施、土地利用之间的建设时序安排；在建设阶段，详细布设用地和交通系统布局，系统深化规划设计方案，整体落实规划意图，指导工程设计与具体实施，并为相关管理审查提供技术依据。近年来，以精细化、差别化和一体化为理念，交通详细规划逐渐在轨道交通、有轨电车、快速公交、干线道路、大型交通枢纽以及重点、热点片区应用，有力推动了规划实施。

5.1 轨道交通详细规划

轨道交通详细规划上承轨道网络规划，下接工程设计，具有落实轨道线站位功能和选址、统筹出入口及交通配套设施、协调沿线土地利用开发以及促进交通方式一体化发展的重要作用。

5.1.1 规划思路

1. 规划的主要任务

轨道交通详细规划是轨道交通工程建设的重要控制性规划，为轨道工程前期协调管理、沿线相关规划管理、沿线交通换乘设施控制与建设，以及下阶段工程设计提供技术依据。轨道交通详细规划的目标是促进轨道交通与沿线土地利用协调发展，构筑以轨道为核心的高效绿色公共客运交通体系，为充分发挥轨道交通引领城市发展作用和骨干客运作用奠定基础。轨道交通详细规划应在工程前期阶段开展，即在项目工程可行性研究之前开展或与其同步开展。

轨道交通详细规划年限近期一般为轨道工程建成通车后第 3 年，远期一般为轨道工程建成通车后第 25 年。

2. 规划思路

轨道线站位应与城市土地利用规划和综合交通规划相协调，将轨道线路与高密度开发地区、近期重点发展和改善地区相协调，以实现轨道交通引导城市发展。

以轨道交通为骨干、以车站为核心，形成多方式相互协调的交通体系，以提高城市交通的综合效益。结合轨道交通建设，对沿线周边的各类交通设施进行统筹安排，具体包括轨道沿线道路网络、交通接驳设施以及慢行系统等方面[1]。

(1) 对沿线道路网进行优化调整，打通车站周边微循环系统，增强网络连通性，为接驳交通提供安全、顺畅的通行条件；

(2) 通过轨道车站优化配置常规公交场站、公共空间以及其他接驳换乘设施，形成以轨道站点为核心的综合换乘中心，优化调整常规公交接驳线网；

(3) 改善沿线慢行系统，设置必要的立体过街设施，在车站周边形成通达性强、指向明确、环境舒适、安全便捷以及空间园林化的慢行接驳系统。

5.1.2 规划设计要点

轨道交通详细规划主要包括：规划基础分析与功能定位、轨道线站位评估优化、车站出入口（通道）及周边步行骨干系统协调规划、沿线道路交通协调规划、大型换乘场站设施布局与用地控制规划等[2]。

1. 合理定位轨道线路与站点的功能

根据轨道线路服务的区域类型及客流特征的不同，结合城市群、都市圈、都市区及市区等区域发展要求，确定城市轨道交通线路功能定位。根据轨道站点所在地区城市功能、车站腹地用地性质以及交通接驳功能要求与条件，确定车站功能定位。

2. 重视轨道线站位评估优化

以功能协调、土地利用协调、与换乘枢纽协调、工程条件以及效益等多项评估为基础，全面协调轨道线站位与土地利用和换乘体系关系。根据评估情况，必要时通过线路走向调整、站位局部调整、增减车站、延伸线路、预留线路或车站以及调整敷设方式等措施，使规划方案符合实际情况与长远要求。

3. 充分布设车站出入口

应合理布设车站出入口，使其与车站周边用地开发、换乘系统及车站布置紧密协调。应尽量扩大车站交通服务范围，提供便捷的步行系统以及与其他方式的换乘服务。车站应避免以单一的近端出入口方式布置，近端出入口以连接车站周边地面步行系统及交通换乘点为主，近端出入口一般不少于4个。车站应根据需要设置一定数量的远端出入口，设置较长通道或通过步行廊道连接车站周边重要的物业及交通换乘点。车站应根据需要设置一定数量的步行廊道连接口，与周边的步行骨干系统、包括车站步行平台等一体化衔接。

4. 构筑车站周边步行系统

一体化规划轨道沿线及车站周边地区的步行廊道、步行街区、步行平台以及立体过街设施。周边步行骨干系统应与客流需求相吻合，与车站周边用地开发相衔接，联系周边大型客流集散与交通换乘点、城市公共空间节点、地下开发空间等。车站周边应构建充足的连续步行系统，满足多元功能要求，扩大车站连续步行空间的覆盖范围。距离较小的车站之间应规划统一的步行骨干系统，并与地下空间开发结合。

5. 自行车网络系统规划

根据轨道站点功能规划布局自行车交通网络及相关设施。合理组织自行车流线，在非核心地区车站，尽量在车站周边形成连续的自行车道系统。结合轨道车站周边地区各类过街设施、公共自行车系统、绿道系统等自行车骨干网络，布置自行车专用道。自行车换乘量大的外围车站，尽量将自行车从主、次干道上分离出，开辟自行车专用道系统。

6. 整合沿线道路交通网络

以轨道交通线路位置为基准，在轨道站点地区的外围布置通过性道路。在城市轨道线路布设于通过性功能较强的干道时，须对该道路功能进行调整，调整为一般通过性或集散性功能为主的道路。车站周边地区应规划若干横向的一般通过性或集散性功能的接驳道路，为接驳车辆特别是公交提供安全、顺畅的接驳通道。站点周边应规划有较高密度的路网，便于建立适宜步行和自行车交通的道路系统。

5.2 有轨电车详细规划

由于现代有轨电车目前在我国应用还相对较少，且多在地面运营，对综合交通影响较大。因此，应在开展具体工程设计之前，紧密结合道路、公交、慢行交通系统，开展有轨电车详细规划，一方面加强有轨电车与其他交通方式的一体化衔接，发挥有轨电车功能，另一方面协调各类交通系统运营，提高综合交通系统总体效率。

5.2.1 规划思路

1. 规划的主要任务

现代有轨电车详细规划作为落实网络规划、指导后续工程设计的重要工作，可与工程可行性研究同步开展。详细规划应从宏观、中观和微观三个层面，系统分析有轨电车在城市发展和综合交通系统中的定位，梳理有轨电车与沿线不同交通系统的关系，提出人性化、精细化、一体化的详细设计方案，妥善处理相关问题和矛盾，确保现代有轨电车的建设运营效益。主要任务是依据线路功能定位，稳定有轨电车线站位，协调有轨电车与沿线常规公交的关系，妥善处理有轨电车与沿线小汽车出行关系，强化有轨电车与沿线慢行系统的联系，优化沿线土地利用规划，同时进行客流分析和经济效益测算。

2. 规划思路

1）宏观层面：从城市、组团、片区发展角度明确功能定位

现代有轨电车的运量等级和特点决定了其在不同规模城市的不同区域承担的功能不同[3]：可作为大城市外围组团或次级公交走廊的主要公交方式，与大运量轨道和低运量常规公交共同构成多层次一体化公交系统；还可在人口岗位密度适中的城市核心区或新城承担骨干公交功能；现代有轨电车具有环保和美观的特点，还可以用作旅游区内主要公交方式。

适应于不同城市发展阶段，现代有轨电车对城市交通和发展的作用不同。在城市交通问题突出的建成区，现代有轨电车以交通功能为主，同时可带动沿线城市更新和集聚发展；对于城市快速发展区域，现代有轨电车在建设初期主要以带动开发为主，近远期将以交通功能为主；对于景观旅游区，现代有轨电车以休闲交通功能为主。

2）中观层面：协调不同交通方式关系，提高沿线交通整体效率和品质

现代有轨电车作为路面公交方式，一般是在既有道路红线范围内建设运营，必然涉及与沿线小汽车使用、常规公交运营、慢行系统间的协调问题，尤其是在国内小汽车交通无序蔓延、小汽车使用者话语权较大的情况下，现代有轨电车与小汽车在道路空间使用方面的矛盾较为突出。为应对和破解上述矛盾，开展现代有轨电车详细规划时，不仅关注系统本身，还要结合城市转型发展、交通设施供给质量、整体交通品质等多方面发展要求，按照“一弱化、一优化、一强化”的沿线道路空间资源利用原则，协调现代有轨电车与沿线不同交通系统间的关系[3],[4]。

一弱化即弱化沿线小汽车路权，在不扩大小汽车路权或压缩小汽车使用空间的前提下，着力通过现代有轨电车转变交通发展方式，提高路面整体通行能力和运行效率。

一优化即优化常规公交的线路和站点布设，一方面扩大整体公交网络覆盖和服务，另一方面避免现代有轨电车与常规公交的无序竞争，提高公交网络接驳换乘效率。

一强化即大力强化慢行系统与有轨电车的衔接，作为市民公交出行链中至关重要的一环，慢行系统是现代有轨电车必须着力强化衔接的系统，以现代有轨电车站点为核心，步行 5～10 min为半径，通过梳理优化慢行系统，实现现代有轨电车与沿线小区开口、商场、企事业办公大楼等用地区域的高品质步行衔接。

3）微观层面：打造精细化、人性化的整体交通系统

在宏观和中观层面的原则策略基础上，以安全、高效、便捷、绿色为人性化和精细化规划目标，对现代有轨电车沿线道路空间内外所有相关的交通系统进行一体化交通设计，实现有轨电车线路、车站、车场，道路交叉口、路段、慢行设施、其他公交设施、标志标线及信号系统的高效合理布置[5]，具体如图 5-1 所示。

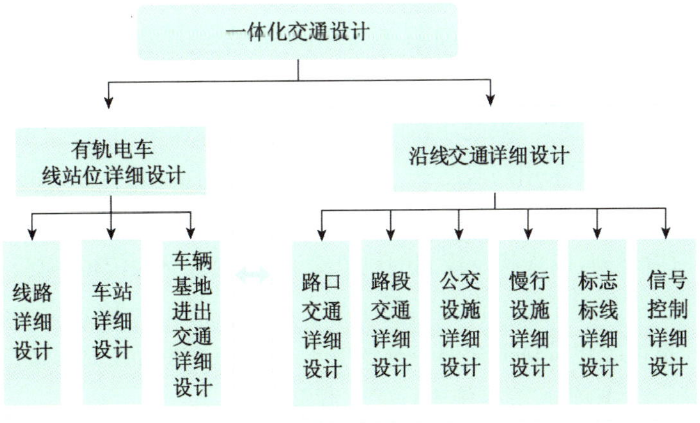

图 5-1 现代有轨电车一体化交通设计技术路线图

5.2.2 规划设计要点

1. 线站位规划

（1）线位选取原则：以远期人口岗位为规划选线依据，以现状公交流量为规划选线

基础，考虑沿线道路工程条件、换乘衔接需求、沿线城市发展要求以及交通方式发展趋势等条件，确定现代有轨电车线位方案[6]。

（2）站点设置原则：以城市现状及规划人口、岗位分布为基本条件，结合全线运行目标确定站点数量；以城市道路交通网络和地形条件为依据划分各车站影响范围；结合影响范围内各人口发生吸引点的步行接驳路径确定站点位置。

（3）敷设方式对比：有轨电车敷设方式分为路中式、单侧式和两侧式。单侧式和两侧式一般应用于路侧道路开口少或路侧有景观及商业需求的局部路段，线路转弯及变向时对道路切割和影响较大，应用较少。国内有轨电车沿线路侧开口多，线路转向多，一般推荐采用路中式布局，局部可在路侧或两侧敷设。

（4）路权形式选择：现代有轨电车分为全封闭路权、半封闭路权和共享路权。全封闭路权部分或全部路段采用立交形式，造价高、应用少；半封闭路权路段在保障电车服务水平的同时兼顾造价和社会车辆通行，应用最多；共享路权即全线混行，有轨电车服务水平降低，运营管理难度增加。为保障服务水平、体现公交优先、减少初期管控难度，国内一般推荐采用半封闭路权形式[3],[6]。

2. 道路交通组织和改造规划

（1）道路交通组织规划：梳理沿线现状和规划用地情况、现状和规划道路交通网络情况，判断沿线及周边道路的功能等级，按照不同功能等级道路对城市功能实现、公交服务水平、慢行系统配置等的不同要求进行沿线公共交通、小汽车交通、慢行交通等设施规划设计[6]。

（2）道路交通改造规划：以不扩大或压缩小汽车路权为前提，可选择“占一还一”或“占一不还”两种道路改造方案。“占一还一”即有轨电车占用一条车道后再增加一条机动车道，从而保证原有机动车道空间不变，适用于道路空间充足、交通拥堵较为严重的路段；“占一不还”即有轨电车直接占用车道，原有机动车道空间被压缩，适用于道路空间有限的路段。从公交优先、限制小汽车使用的角度，推荐采用“占一不还”的方案；当交通矛盾压力较大时，可采用路段“占一不还”、路口拓宽保证通行能力的设计方法。

3. 一体化交通衔接规划

（1）公交衔接规划：以现状及规划的轨道交通、常规公交为依据，以公交出行需求为导向，构建不同层级公交系统的衔接换乘体系。首先，应强化与轨道交通的无缝衔接换乘，结合用地开发情况建设轨道交通与有轨电车一体化换乘衔接枢纽站点。其次，常规公交可采用截短、改线、延长等措施进行优化调整[7]。

（2）慢行衔接规划：结合公共交通网络和出行需求分析，明确慢行衔接的范围，以合理、安全、便捷、连续为原则对衔接范围内的行人过街设施、人行横道、立体过街设施、自行车停放点等进行规划设计。

4. 节点交通详细设计

现代有轨电车交通详细设计成果集中体现在节点交通详细设计中。节点交通详细设计以车流及人流量需求为基础，综合有轨电车线站位规划方案、现状道路设计方案、道路交通组织及改造方案、一体化交通衔接规划方案等内容，通过多方案比选，对比出行便捷性、道路通行能力、工程可实施性等因素来确定最终各系统在规划空间内的设施规模和布局。

节点交通详细设计图纸应将各种交通要素平面设计方案集中在同一张图纸上，以便于市民讨论和政府部门决策，同时在关键路段还需对现状及设计方案进行对比说明，具体如图5-2 所示。

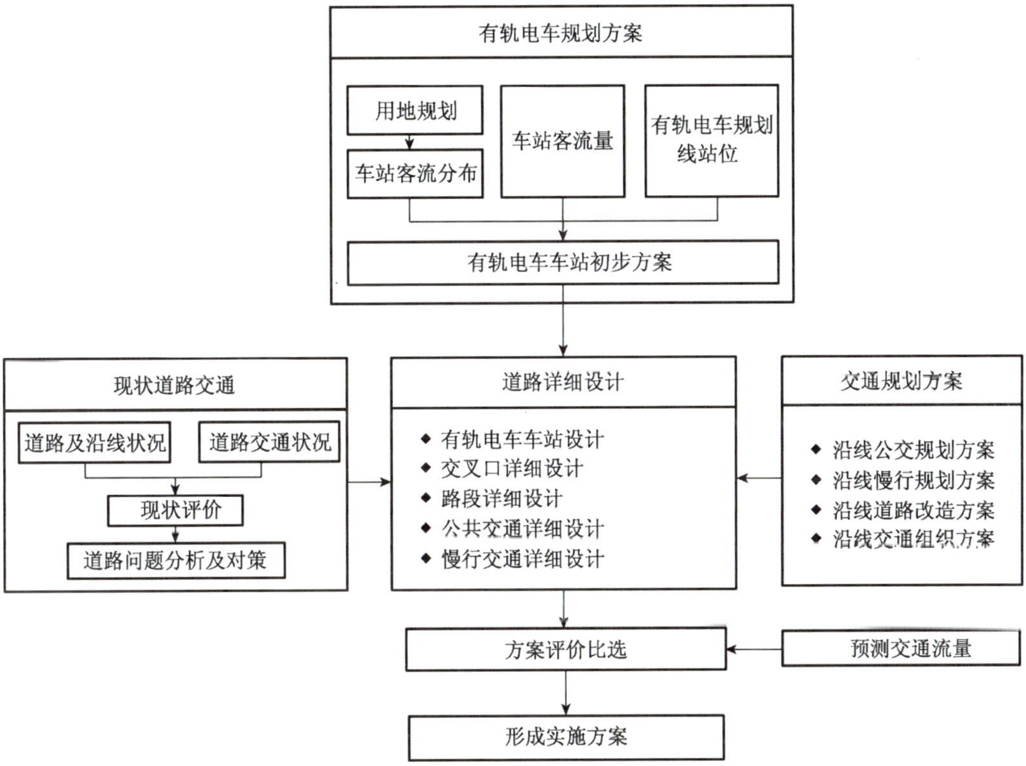

图 5-2　节点交通详细设计

5. 客流及成本收益测算

(1) 客流预测技术路线：通过构建现状经济社会、人口岗位、交通网络等与交通需求及特征之间的关系，假定规划前景，获得预测年的交通需求与特征值。当有轨电车网络化运营时，需在传统单线预测的基础上，增加不同交路间客流交换量的预测，以指导后续运营组织交路的设计。客流预测结果的主要指标有初、近和远期全日客流量、客运周转量、平均运距、客运强度、高峰小时系数、全线及交路高峰断面量、站点上下客及换乘接驳量等。

(2) 成本收益测算：为进行现代有轨电车不同投融资方案分析，需对项目本身建设成本、运营成本及收益进行测算分析。建设成本可分为工程建设费用、工程建设其他费用、预备费用和专项(购车)费用四类,具体可依据工程量和单价进行合理估算。运营成本可分为人工成本、运营维护成本、其他运营成本、折旧及追加设备投资等几类,具体可依据线路长度、员工定员、运营组织方案等进行估算。运营收益主要为票务收益,可依据客流量和拟定票价进行测算分析。

5.3 快速公交详细规划

受制于路侧频繁汇入、汇出及右转社会车辆的干扰,传统路侧式常规公交专用道的利用效率和运行速度折减显著,而具备路中式专用道的快速公交系统,公交车、社会车辆各行其道,相互干扰小,使得道路断面的综合通行能力高。为全力提升地面公共交通服务水平,通过开展快速公交详细规划,协同调整不同方式的交通组织,强化公交主走廊,促进公交与沿线两侧用地的协调发展,科学指导快速公交系统的建设[8-9]。

5.3.1 规划思路

1. 规划的主要任务

快速公交详细规划以提升地面公交服务水平为着力点,在城市功能聚集的高强度客流走廊上构建复合公交走廊,强化多模式的公交体系建设,通过路权优先以及大容量站台设施,逐步提升地面公交运能和服务水平。作为快速公交走廊建设运营的重要前期规划,快速公交详细规划的目标为:落实交通功能要求及工程可行性,上承既有相关规划的各种功能要求,落实线位走向、站台、接驳设施、交通组织等方面的相关交通功能设计要点;下启快速公交平面、横断面、节点及衔接换乘等布设方案,落实其工程可行性,为下阶段工程方案设计提供技术依据和支撑。

2. 规划思路

1) 提速扩容,促进走廊沿线及区域的融合发展

快速公交系统提速扩容主要通过以下两个方面实现:一是设置路中公交专用道和路中公交站台,减少社会车辆的频繁干扰;二是通过扩大路中站台规模、设置越行线、完善站点客流集散配套设施提升站台设施乘降能力。同时,快速公交系统通过融合沿线用地,带动走廊沿线的开发建设,促进城市集约化布局发展。

2) 网络整合,扩大走廊规划建设的综合效益

作为公交网络的重要组成部分,快速公交系统应对各种交通方式进行全方位整合。首先,优先整合自身走廊及相交道路内的公交及轨道线路,确保快速公交网络、常规公交网络、轨道交通网络之间的便捷换乘与接驳。同时进一步整合慢行交通网络,改善及提升慢行环境,构建完整的公交出行网络,最大化快速公交走廊的规划效益,全力提升快速公交的出行优势[8]。

3）以人为本，合理服务走廊沿线片区

从出行者的需求出发，合理确定公交站点间距，布设过街设施，以服务沿线片区。部分路中公交站点可通过在过街天桥或地道增加自动扶梯等设施，保障弱势群体的人性化服务要求。路中公交站点配套集散设施还应与周边轨道站、常规公交路侧站点、自行车停靠点、商业综合体进行合理衔接，与沿线用地紧密结合[9]。

4）集约高效，协同走廊内交通基础设施的空间及建设

快速公交走廊沿途多为高强度开发区域，现状交通走廊的建设条件有限，快速公交建设项目与相关轨道、道路等重大交通建设项目在空间和建设时序方面势必会存在冲突协调的问题。因此，在快速公交详细规划的编制过程中，应当依据远近结合、空间预留、统筹协调的原则，对快速公交走廊内轨道、有轨电车、道路等项目进行空间协同和建设协同，避免出现空间利用不集约、建设投资重复浪费等问题[8, 10]。

5）多样综合，搭建交通、社会经济效益测试评估平台

以多种现状调查和调研数据资料为基础，搭建完善的综合数据分析平台，在把握未来快速公交走廊及沿线交通发展态势的基础上，从交通系统、投资合理性、建设周期及经济社会效益等方面，全面客观地对快速公交走廊的规划方案进行评估，突出方案测试的多样化和综合化，确保建设后的快速公交走廊能够取得良好的社会经济效益。

5.3.2 规划设计要点

1. 运营组织模式：以网络化和组织化为纲

1）有机结合既有常规公交网络

在既有常规公交网络背景下开展快速公交走廊设计，通过对现状常规公交网络详细调研，不断优化调整区域常规公交线网结构，增加快速公交走廊的覆盖范围和受益线路，保障走廊最大化地提升沿线常规公交的运行速度、运能及服务水平。

在传统"单一线路、排他式运营"快速公交运营模式基础上，可以采用"快速通道＋灵活线路＋高效车站"的组织模式，将原有大部分路侧运营公交线路整体移至路中，全面提升走廊内的公交运营服务水平和社会经济效益。其中，"快速通道"就是将原路侧公交专用道移至路中；"灵活线路"指满足现状常规公交线路组织要求，所有经行走廊的现状公交线路均享受该快速通道提供的高效便捷服务；"高效车站"指快速公交走廊站台采用路中侧式站台，满足现状公交车辆右侧开门的要求。路中公交站点通过斑马线、天桥进行客流集散，站台集散能力大，效率高。同时，通过过街设施与轨道站点、常规公交站点、自行车停靠点、沿线商业公共设施综合体进行无缝衔接[11-12]。

2）协同调整不同方式交通组织

以常规公交组织设计为核心，统筹协调社会车辆交通组织、慢行交通组织，重点对快速公交走廊沿线路口和站点的各类交通组织进行优化调整，充分保障各交通方式的交通组织的高效合理性，并以此指导路中专用道和路中站点设计及各种交通方式的整

合设计。

2. 路权及站点规划：以精细化和简易快捷化为领

1）精细化设计，公交优先兼顾社会车辆

设施挖潜，妥善处理与社会车辆关系。在实施路中公交专用道过程中不仅提升公交运能和速度，也提高社会车辆通行效率，是快速公交走廊规划面临的重要挑战。通过拆除部分中央分隔带、调整车道宽度、局部简易拓宽、设置公交潮汐车道等改善措施，充分挖潜既有道路设施资源，增设路中专用道、站台及公交专用进出口道的同时，全线不减少路段及交叉口社会车辆车道数，平衡各类路权资源分配[8, 10]。

因地制宜，差别化研究路中站点规模及接驳组织。结合整个客运走廊开发强度、客流分布特点，将沿线分为不同路段，针对不同路段的公交站点客流乘降量，提出不同的路中站台规模设计方案（含泊位数量和大小及是否设越行线），通过扩大路中站台规模、设置越行线、完善站点客流集散配套设施提升站台设施乘降能力。既有经验表明，扩大关键站台规模是走廊扩容最有效的手段。理论上，关键站台是走廊内集散客流量最大的站台，扩大其规模可使走廊通行能力成倍增长。

完善交叉口公交进口道及信号优先模式。沿线交叉口转向设计结合公交和社会车辆转向客流的不同，合理配置公交优先进出口排队车道数。在交叉口公交优先信号相位设计方面，对沿线土地开发强度较弱、相交道路间距较大且交通量较小的路口，公交优先信号相位采用主动优先模式；对于类似核心区范围内土地开发强度大、相交道路间距较小且交通量较大的路口，公交优先信号相位采用被动优先模式。

2）紧密结合现状情况，提高方案可实施性

在总体方案的指导下，快速公交走廊规划应紧密结合现状，充分利用走廊内既有道路交通设施，提出快速公交全线的平面、横断面及节点等详细规划方案（包括综合比选方案和近远期方案），全面落实快速公交工程建设实施的工程可行性，确保方案的实施过程简易快捷，节省工程投资规模、减少建设时间成本。

3. 交通设施整合：以一体化和人性化为本

1）一体化融合不同交通方式及沿线用地

与常规公交网络整合：应在走廊运营模式组织上兼容走廊内常规公交。常规公交线路可离开走廊行驶，增加覆盖范围和受益线路。结合走廊的公交服务特点，进一步优化走廊沿线公交线网结构，全面提升自身公交运能、覆盖范围及总体服务水平[10]。

与轨道网的整合：快速公交走廊应与沿线轨道站点进行无缝衔接，将地面公交与轨道网深度融合，构建快速高效的一体化公交，服务高强度集聚的客流需求。

与道路网和慢行网络的整合：应结合周边道路交通流的特点，优化道路交通组织，均衡路网交通流量，同时强调慢行网络与快速公交系统进行人性化衔接。

2）人性化保障快速公交出行舒适便利性

无缝衔接轨道：快速公交线路、站位的规划过程中，应确保与沿途轨道、有轨电车等轨道公交设施的无缝衔接换乘；

路中、路侧公交站有机结合：路中公交站点配置自行车租赁点，并与道路沿线其他常规路侧公交站、商业综合体进行整合衔接；

紧密结合交通需求源：路中公交站点位置应结合沿线地块人流出入口位置和流量大小而设，保障周边大多数乘客步行到车站的距离最短；

落实无障碍设计：所有采用天桥或地道的路中公交站点均增加自动扶梯或垂直电梯等助动设施，为弱势群体提供人性化服务。

4. 空间及建设协同：以集约化及有序化为标

空间协同：根据走廊内不同交通建设项目的交通功能和空间布局特点在规划和设计层面进行空间协同设计，保障走廊空间的高效集约利用。

建设协同：对走廊内各建设项目的建设时间安排进行协同统筹，保障各交通建设项目合理有序的建设实施。

5. 测试评估平台搭建：以多样化和综合化为准

1）多样化的交通系统测试评估

在对现状走廊公交线路和客流量的详细调查调研基础上，结合走廊未来各交通方式客流需求、每个站点的乘客集散量需求预测。构建快速公交走廊全路段交通仿真模型，对实施方案进行多样化的交通测试评估，包括路中公交专用道系统车速提升的评估，路中站点运能的评估，车站客流集散采用不同接驳设施的效率安全评估，社会交通通行能力的评估及交叉口综合通行能力的评估。

2）综合化的合理性和效益型评估

全面客观地对快速公交走廊改善方案进行综合评估。对比地铁、轻轨及有轨电车等大中运量公交系统的工程造价、建设周期，分析快速公交走廊的投资经济合理性及建设使用的高效性；对比节约的社会成本及建设成本，量化快速公交走廊的社会效益回报。

5.4 道路详细规划

高效合理发挥道路功能、协调道路与沿线土地利用是现阶段城市道路建设与改善的基本要求。道路交通详细规划是落实上层规划意图，指导下阶段工程设计的重要环节，是合理配置道路交通资源，科学推动道路建设的关键工作。

5.4.1 规划思路

1. 规划的主要任务

综合考虑区域土地利用、路网结构等对道路交通、公共交通和慢行交通的要求，细化道路的性质及功能，并以此为基础，开展全线道路、公交、慢行等设施布局及详细设计方案，为下阶段的工程设计提供依据和技术指导。

2. 规划思路

1）以功能为导向，协同城市功能需求，统筹区域内各类设施功能定位和总体布局

不同等级道路的交通功能、城市功能、主要服务对象及优先程度不同，对道路的平、纵、横和节点形式等要求也不同。城市快速路主要承担城市长距离、跨组团以及通过性交通需求，主要服务对象为机动车，因此快速路应控制出入口间距，采用互通立交等形式，保障车辆的连续快速通行。而支路由于其与居民区、商业区等联系更为紧密，需要为沿线居民提供生活及公共空间，满足人们对道路景观和舒适度提出的更高要求，应重点完善其慢行系统（慢行通道、自行车停放点等），并通过抬高路口、彩色路名等稳静化措施，提升慢行系统的安全性。综上所述，道路详细规划需要结合上层次规划、沿线土地利用及区域路网等，明确道路的交通功能，并协同城市功能的需求，统筹区域内各类设施功能定位和总体布局，促进道路与城市的融合发展。

2）明确需求特征，协同沿线建设条件，综合各类设施的空间布置及组织

城市道路空间具有复合性：在道路地面往往布置轨道出入口、公交停靠站、人行道、非机动车道、机动车道、公交专用道和绿化带等交通设施；道路上方布置桥梁、标志和信号灯等交通设施；道路下方布置地下空间、轨道站点、轨道线路和地下道路等交通设施[13]。

各类不同的交通设施在空间布置、组织和建设时序等方面既相互联系又相互影响，围绕城市道路的整体功能目标，共同承担城市交通运输载体的功能。因此，道路交通详细规划应协同沿线的建设条件，综合各类设施的空间布置及组织，进行一体化设计。例如，对于流量较大的干线性主干道，可以采用主路加辅路的断面形式，如图 5-3 所示。若该道路未来将建设轨道交通，可根据轨道交通需求，通过加宽中央绿化带预留建设空间，如图 5-4 所示。

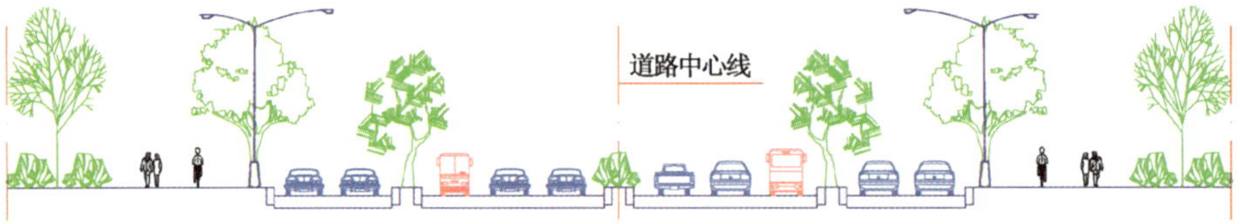

图 5-3　城市建成区干线性主干道横断面示意图

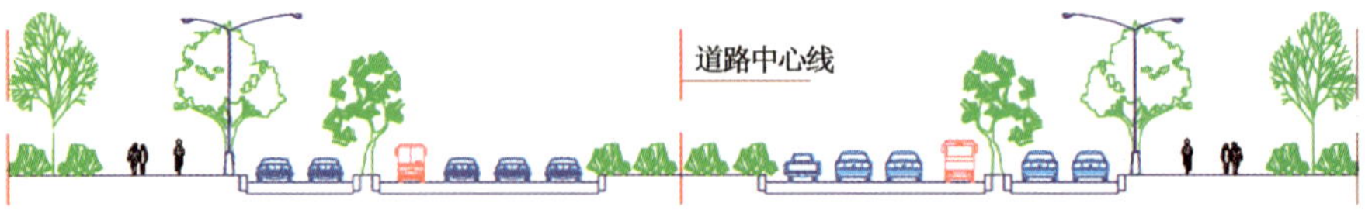

图 5-4　预留轨道建设空间横断面示意图

3) 精细化设计，协同管理要求，保障各类设施有序和高效运行

解决现阶段城市交通问题，保障各类设施运行。在城市粗放式发展阶段，建设空间较为富足，可以通过增加交通供给，即新建城市道路来解决城市道路交通问题。但是随着城市的发展，尤其是城市建成区道路建设/改造空间有限，无法满足小汽车交通需求的快速增长，需在调控需求的同时，通过精细化组织与设计，挖潜能力，提升效率，保障各类设施有序和高效运行。

有效落实规划意图，指导工程设计。目前部分道路面临着规划与设计脱节的问题，在工程设计和实施中，通常是仅仅围绕上层规划中的交通量、设计车速、道路基准断面等开展工作，不能够以功能为导向开展精细化的设计，致使大量的交通设施不仅难以发挥应有的作用，而且浪费资源和投资，甚至导致新的交通问题。因此，道路详细规划应在落实上层规划要求的基础上，以功能为导向，对道路、公交、慢行、管理等系统开展精细化组织与设计，串联上层规划与现阶段工程设计，保证规划方案能落地实施，并为规划管理工作提供决策参考。

5.4.2 规划设计要点

1. 道路横断面布置

不同功能的道路对不同车辆的服务优先权不同，从快速路到支路，非机动车、行人优先级越来越高，小汽车等机动车优先级越来越低。在横断面分配时，应该根据道路等级及服务对象优先权的不同，合理分配各种交通设施的路权资源，保障各种交通参与主体的安全，体现路权资源分配公平、公正和合理[13]。

(1) 交通性道路。交通性道路的主要功能是满足城市中长距离交通需求，车流量大，道路等级一般为主干道及快速路。城市外围区域的快速路或干线性主干道，主要保障通过性交通，通常采用两块板道路。而对于城市建成区快速路，应在保障通过性交通需求的同时兼顾部分集散交通需求，通常采取主、辅路形式分离快慢交通。城市建成区交通性主干道横断面如图 5-5 所示。

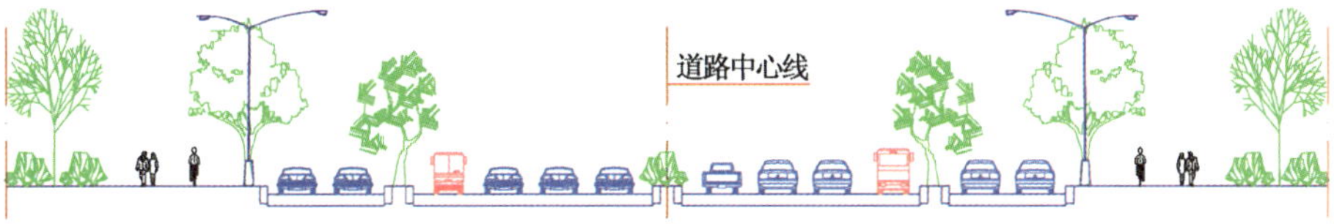

图 5-5 城市建成区交通性干道横断面示意图

(2) 生活性道路。生活性道路以服务沿线居民出行为主，应当充分考虑公交、慢行的出行需求，给居民提供相对较好的公交、慢行环境。其中生活性主干道可以根据沿线非机动车需求、机动车需求和沿线建筑出入口等因素采取多种形式的断面，如图 5-6 和图 5-7 所示。

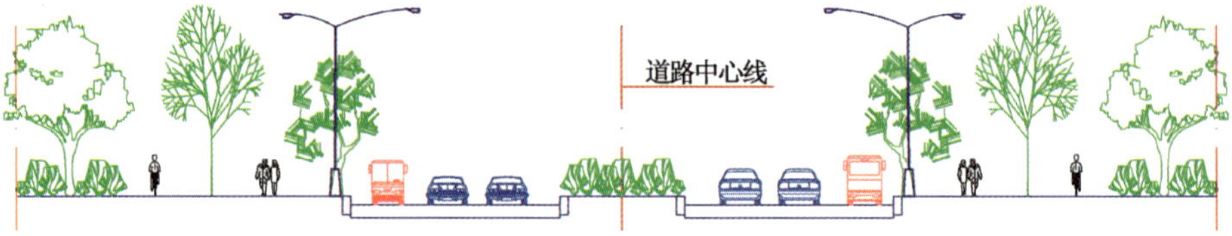

图 5-6　非机动车较少的生活性干道横断面示意图

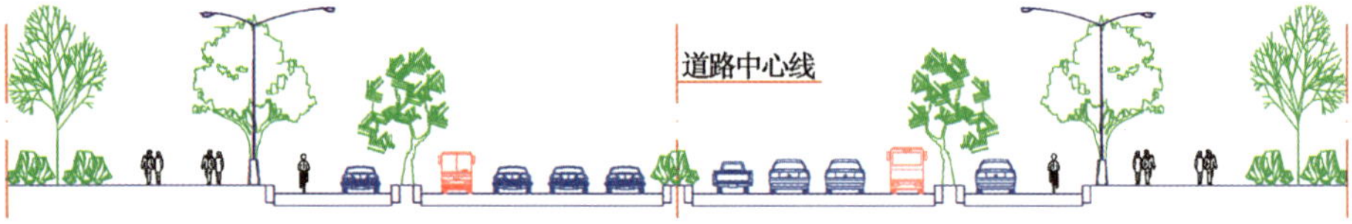

图 5-7　沿线进出机动车、非机动车均较大的生活性干道横断面示意图

2. 重要节点交通组织

合理组织节点交通，保障道路与区域路网的高效衔接，发挥路网的整体通行能力，避免出现瓶颈。

1）结合立交节点功能定位，强化主要功能，分离次要功能

干线道路相交立交节点主要承担干线路网内部转换功能，要求保障各个方向车流连续性与稳定性；干线道路与低等级道路相交立交节点主要是保证直行车流不受干扰的情况下，服务于进出干线道路系统的车流快速集散。

2）同步开展交通组织、信号等设计，并与上下游路段通行能力匹配

平面交叉口是道路节点的主要形式，车辆和行人在平面交叉口需要与相交道路的车辆、行人共用交叉口空间。路口的通行时间要小于路段的通行时间，因此对于流量较大的交叉口，通过打开辅道、拓宽道路、压缩车道宽度等措施增加进口道车道数，并配合信号设计等措施，用空间来弥补时间的不足。

3. 沿线交通组织

（1）完善主、辅路系统，分离通过性交通与进出交通。对于以通过性交通为主的快速路，其主要功能是为城市提供快速、大容量和跨组团中长距离的交通服务，但是作为城市道路网的一部分，也应为道路沿线用地的进出及路网的集散提供服务。因此需要设置主、辅路来承担不同的交通功能。其中，主路主要承担中长距离、大容量的通过性交通，辅路主要承担沿线片区进出及路网集散等中短距离交通，同时为公共交通服务。对于土地开发强度较高、缺少集散道路的区域，辅路的设置具有重要的作用。

（2）优化主、辅路出入口布局，增加交织区长度。在出入口区域，车辆频繁加减速和变道使交通流由基本路段上的平顺、稳定运行转变为交织段上的交叉运行，造成出入口处的通行能力因低于基本路段而成为道路系统的瓶颈路段。因此，应结合沿线土地利用优化

主辅路出入口布局，增加交织区长度。

4. 轨道、公交、慢行设施协同设计

协同道路所在通道的轨道、公交运营，强化接驳设施建设，充分发挥各种交通方式特长。轨道经过的通道，尤其是在建成区内，通常都是客流的主要走廊，公交线路较多，承担着长、中和短距离的客运交通。轨道运营之后，需要统筹通道上的轨道、公交系统，由轨道承担中长距离客运交通，常规公交承担中短距离客运交通，并为轨道交通喂给客流。以轨道站点为中心，组织常规公交接驳线网，形成向周边发散的网络布局。北环大道—彩田路立交路中公交车站与轨道站点换乘如图5-8 所示。

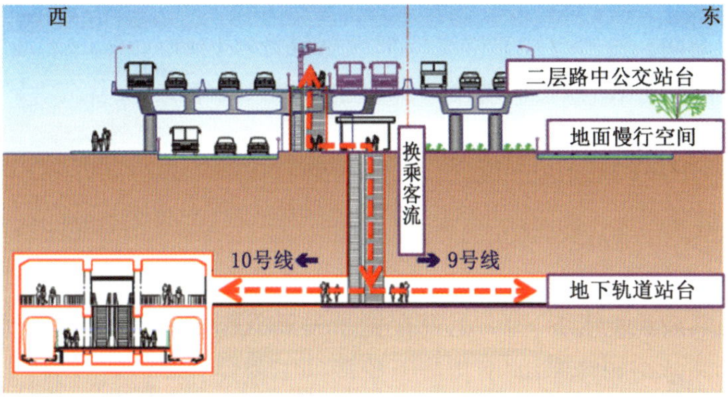

图 5-8 北环大道—彩田路立交路中公交车站与轨道站点换乘剖面图

整合轨道站点周边各类交通设施，改善接驳换乘条件，设置 般公交停靠站和轨道站附近的接驳停靠站。深惠路—吉祥路轨道站点接驳布局如图 5-9 所示。

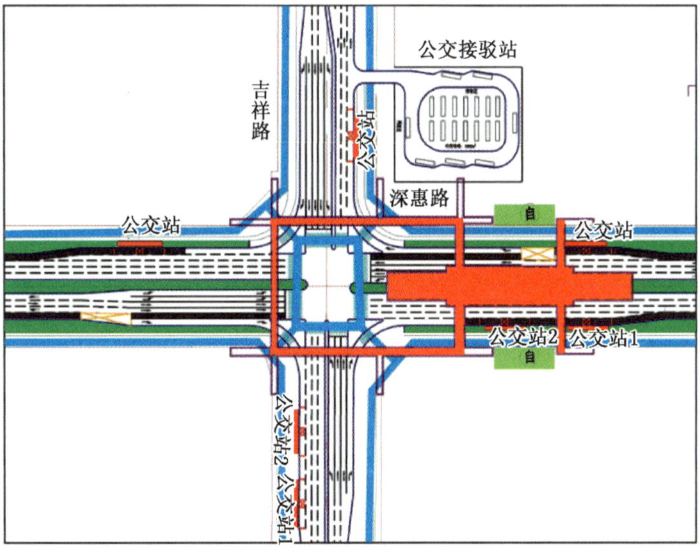

图 5-9 深惠路—吉祥路轨道站点接驳实施布局示意图

按照安全、连续、便捷和舒适的原则，编制慢行设施的精细化设计方案，充分体现对人的关怀，构建环境友好、使用高效、体验丰富以及品质优良的慢行交通网络，提升慢行品质，延伸轨道和公交服务。可根据路口交叉形式，结合公交站和轨道站的位置，设置平面或立体人行过街设施以及构筑园林化的人行空间。规划建设宁静化设施，降低车速，提升片区环境质量和出行安全。采用精细化设计，提升设施使用的便利性，提升出行品质。

5.5 枢纽详细规划

通过开展面向实施全过程的枢纽详细规划设计，以城市有限的土地资源为公众提供高水平的交通服务，由满足机动车需求为主向以人为本、公交优先、步行主导的原则转变。

5.5.1 规划思路

1. 规划的主要任务

通过详细规划承上启下，即向上衔接城市发展战略，实现设施整体功能，促进综合交通网络的协同使用和管理；向下指导下阶段的工程设计，为枢纽项目审批、方案审查提供依据，落实规划意图。因此，枢纽详细规划成为打通衔接规划与实施的关键环节。

2. 规划思路

明确枢纽在城市中心体系和综合交通枢纽体系中的功能定位，制定规划目标，预测枢纽相关设施的需求及规模，进一步明确枢纽总体布局结构以及设施布局方案、交通组织方案。规划方案要坚持一体化、集约化布局原则，真正落实以人为本、公交优先、步行主导的规划理念[14]。

1）由关注枢纽交通功能为主，到枢纽交通功能与城市功能并重

在枢纽的布局与选址上，结合城市主次中心的形态，布局城市综合交通枢纽，以交通枢纽的建设带动多层次中心的发展，作为城市各级中心的增长极，带动其综合发展，提升其区位优势。在枢纽地区，重视城市空间、城市功能的组织，以不同等级交通枢纽支撑相应等级发展轴带和城市中心等级体系，实现交通枢纽与城市发展战略的协同。

2）由粗放式枢纽规划向一体化集约式枢纽转变

国内普遍不够重视枢纽与周边地区的关系问题，在线、场布置规划时也更多是考虑建设的便利性。粗放的规划导致枢纽功能错位、空间尺度巨大以及换乘效率低下等问题，与城市发展极不协调。新时期枢纽规划必须向土地利用集约化、功能一体化方向转变，利用城市有限的土地资源为公众提供高水平的交通服务。

3）由满足机动车需求为主向以人为本转变

按照以人为本、公交优先和步行主导的原则，突出轨道、公交的核心地位，充分发挥

大运量交通方式的客流疏解作用，减少小汽车出行，提高枢纽交通组织的整体效率。

5.5.2 规划设计要点

1. 坚持差别化设计理念

结合枢纽的区位、城市中心等级、枢纽周边地区集散交通条件，制定差别化的枢纽规划设计策略，同时通过精细化的交通设计落实规划意图。不同类型、不同规模和等级的枢纽，其功能和交通组织要求有很大不同，枢纽与周边地区以及城市的关系也存在很大差异。例如，广深港客运专线福田站枢纽，位于城市最核心区域，道路交通条件和空间条件有限，需要严格控制个体机动化需求，强化轨道交通和慢行系统的接驳[15]。

2. 注重枢纽地区规划设计的协调性

一是功能定位的协调性，地下的交通功能和空间开发必须与城市功能相协调，相互支撑，实现枢纽规划本身与城市共生式发展；二是地上地下交通设施规划的协调性，围绕枢纽换乘关系构建完善的立体步行网络，强调连续性、可达性及识别性；三是地上地下开发功能的协调性，结合枢纽建设形成综合商业、休闲、娱乐和餐饮等多种功能的城市综合体；四是地下地上环境一致性，提高采光、通风、标识性、安全性和趣味性等环境要求。

在进行综合交通枢纽的规划时，重点考虑国铁车站、地铁车站、广场和停车场等交通设施节点之间的有效衔接，人流较多的公共设施、文化设施以及大规模的商业、办公设施之间的衔接，交通设施之间与办公、商业设施之间的衔接，半地下广场、出入口等地下空间节点的联络[16]。

综合考虑上述因素，根据不同设施节点的交通需求，使枢纽与地上地下空间融为一体，既满足枢纽交通功能，又方便枢纽与周边的联系，聚集枢纽和周边商业人气，促进枢纽与周边区域一体化的协同发展。

3. 精细化规划设计交通流线

重点考虑交通换乘，合理安排人流车流。综合开发各项功能，合理规划设计各类交通流组织。依托步行系统组织公共空间和用地功能布局，将枢纽带动效能最大化。

在内部接驳设施协同规划布局中，需要考虑和落实以下原则[17-18]：

(1) 公交优先。枢纽布局应促进公交优先，重点保障城市轨道、公交等大运量公共交通设施顺畅、便利，人流优先顺序应为轨道—公交—长途—的士—社会车辆。

(2) 立体化、管道化。各种接驳场站与道路进行一体化规划设计，车流按立体化、管道化进行交通组织，使长途、公交、社会车辆、的士自成系统，互不干扰。

(3) 人车分流。枢纽场站方案围绕行人流线进行组织，与人流特征相符，实现人车分流，并保证适宜的换乘距离。

(4) 弹性预留。各类设施布局预留足够弹性空间，并对规划方案根据具体情况分期实施。

4. 引入仿真技术支持规划设计决策

为准确评估枢纽规划设计方案的合理性,需要进行仿真评估,以支持方案设计与决策。可利用软件模拟行人在正常及超高峰情况下在枢纽内的活动,检算并改进枢纽站接驳设施布局;利用微观仿真系统模拟枢纽建成后中心区高峰时段交通运行状况,评估枢纽交通规划设计方案,优化相关人行设施布局。

5.6 片区交通详细规划

片区交通详细规划的主要目的是为片区交通系统建设或改善提供技术支撑。根据规划管理的不同需要,不同片区交通详细规划项目的规划内容和重点各有侧重,包括面向长远规划控制、指导交通系统有序建设的片区交通详细规划、片区道路交通详细规划、片区道路与轨道交通详细规划,也包括面向近期改善,制定近期交通改善实施计划的片区交通综合改善规划。这些规划均需提出片区内重要交通设施的详细规划方案,以指导下阶段的工程设计和实施。

5.6.1 规划思路

1. 规划的主要任务

片区交通详细规划的主要任务是落实上层交通规划,稳定片区交通网络,明确片区内重大交通设施布局及用地控制要求,开展支路系统规划,确定片区内道路断面和用地红线,明确主要道路交叉口形式、总体布局及用地控制,明确公交场站等其他交通设施用地布置,明确步行系统、停车等规划控制要求,根据需要提出片区交通建设或改善计划[19]。

片区交通详细规划协调片区用地开发与交通设施建设,指导片区内交通设施的具体工程设计与实施,为片区交通系统有序建设与管理提供技术支撑。

对于已编制综合规划的新开发片区,可根据规划管理的需要,就重要交通分系统编制专项详细规划,如片区道路交通详细规划、片区道路与轨道交通详细规划以及片区公交详细规划等,其规划任务则相应地以道路系统、轨道系统和公交系统的详细规划为主。

2. 规划思路

片区交通详细规划按照目标导向与问题导向相结合的思路,综合考虑上层规划要求和现状问题,提出片区交通发展策略和交通系统规划方案;定性分析与定量测试相结合,对规划方案进行评价和优化;按照开门规划的原则,制定切实可行的交通建设或改善计划;按照功能导向的精细化设计要求,制定重要交通设施详细规划方案,指导近期工程实施。具体规划工作可分为三个阶段,各阶段的主要工作内容有[20]:

第一阶段,开展现状调查与资料收集,建立现状模型,基于现状道路交通条件进行分析和问题识别;根据片区功能定位、发展方向和目标、用地规模和建设规模,建立规划模型预测未来交通需求,并分析面临的交通问题。

第二阶段，按照整体交通规划及分系统交通规划确定的原则，借鉴国内外先进城市的经验，确定片区交通发展方向与对策。编制片区交通（改善）规划方案，内容涵盖片区内主要交通网络、重大交通设施、道路系统、交叉口、停车设施、公交场站与货运场站、步行系统等。对片区内重要道路，编制包括交通组织和渠化设计的详细规划方案。

第三阶段，利用模型对规划方案进行测试评估，优化调整方案，制定片区交通建设或改善计划，征求各相关部门和社区民众的意见，并根据意见修改、完善。

5.6.2 规划要点

在转型发展阶段，片区交通详细规划在交通发展对策选择、规划方案制订、规划实施路径等方面均面临转型要求。

1. 交通发展策略——差别化目标与综合性对策

片区交通发展方向与对策，主要从片区自身特点和问题出发，结合上层次交通规划的要求制定。在转型发展阶段，城市中不同片区的发展背景、现状和发展目标的差异性凸显，需要制定差别化的交通发展目标，并采取土地利用与交通协调、需求调控与交通结构引导、多模式交通组织协调、精细化交通设计以及先进交通控制管理等综合性对策来治理交通问题。

2. 交通规划方案——兼顾空间管控及功能组织引导

传统片区交通规划的落脚点是用地红线控制，将交通规划方案纳入控制性详细规划；在交通系统多元化、交通走廊复合化、交通设施立体化的转型期，片区交通规划除了以用地红线为抓手的空间管控外，还需通过精细化的交通设计方案、设计指引来指导下阶段规划方案的实施。

3. 规划实施路径——注重综合协同，发挥社区共治潜力

片区交通详细规划是一项承接上层规划要求、面向设计与实施的规划，需注重同有关规划和建设的综合协调，落实上层次规划、反馈优化意见，协调片区内各类交通设施的功能和空间布置，统筹指导工程设计与实施。

同时，片区交通规划最贴近民众生活，可将片区交通详细规划作为重要的平台和抓手改善民众关心的交通问题。在此背景下，在片区交通规划方案和实施计划的编制和执行过程中，应充分发挥社区共治潜力，凝聚社区智慧，反映社区诉求，借助社区力量推进规划实施。

5.7 规划案例

5.7.1 深圳市轨道 3 号线交通详细规划

1. 规划背景

深圳市轨道二期工程借鉴香港轨道交通发展的经验，在城市轨道交通工程可行性

研究之前增加轨道交通详细规划工作。通过轨道 3 号线交通详细规划设计，加强轨道交通与沿线道路规划设计的衔接，通过轨道交通建设促进沿线交通系统一体化整合，在轨道沿线以车站为核心组织常规公交、人行系统、内部路网及公共空间，促进轨道交通与其他交通方式的高效率衔接，带动以轨道为核心的城市一体化交通模式的形成。

2. 规划内容及主要结论

规划既落实了城市重大轨道基础设施的规划布局，又利用轨道交通建设契机实施交通配套设施建设，使沿线交通系统一体化整合的规划理念落到实处。

(1) 综合考虑土地利用、交通发展、工程及景观等因素，优化轨道 3 号线线站位，从线站位布局来落实通过轨道交通引导城市发展和交通系统一体化整合规划的理念。通过分析影响轨道线站位的土地利用规划、人口覆盖规模、交通衔接、技术标准、工程与施工要求以及景观要求等因素，提出了明确的线路走向方案、站位设置方案和敷设方案，落实轨道交通引导城市发展和交通系统一体化整合的规划理念，也为后续工作提供了切实可行的规划依据。轨道 3 号线线站位规划图如图 5-10 所示。

图 5-10　轨道 3 号线线站位规划图

(2) 对沿线道路交通设施规划进行调整优化,为交通系统一体化整合打下坚实的基础。根据轨道交通接驳换乘的需要,提出道路网络、常规公交及小汽车接驳系统、步行集散系统的规划调整建议,同时为沿线片区交通综合改善、地铁建设时期施工疏解以及建成后路网恢复提供指导。

(3) 进行车站形式及出入口布局规划,围绕车站设置交通接驳设施,建立良好的轨道接驳换乘系统。根据车站客流分布、周边路网布局和用地开发情况提出车站布置形式及出入口布局方案,同时围绕车站进行公交、的士、小汽车、自行车和慢行等交通接驳设施的布局,制定各种交通接驳系统的交通组织方案,建立良好的轨道接驳换乘系统,提高公共交通的系统效率和服务水平,同时为后续的工程设计提供规划依据。车站接驳设施布局规划示意如图 5-11 所示。

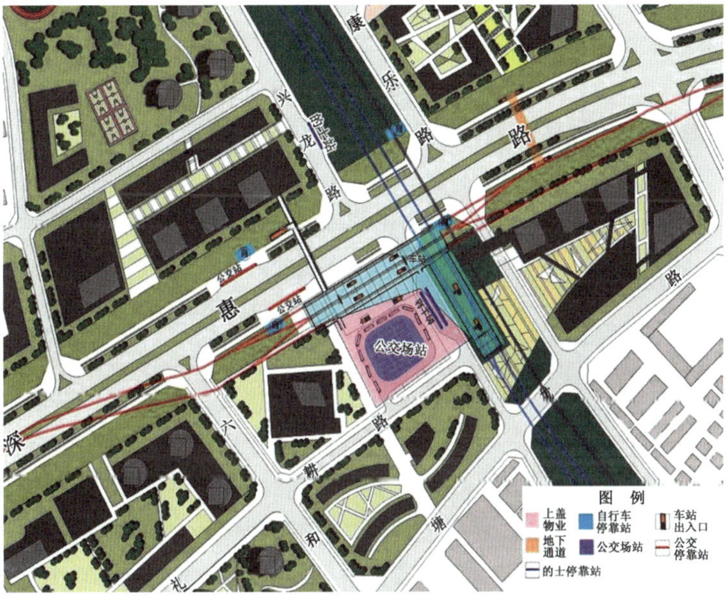

图 5-11 车站接驳设施布局规划示意图

(4) 对轨道车辆基地布局及用地进行控制规划,在满足轨道运营的条件下,落实资源共享和集约利用土地的科学发展观。根据上层规划提出的车辆基地选址,从资源共享和集约用地的角度出发,结合选址地块的相关规划、地形和地貌等条件,在协调车辆基地平面及出入段线布局与车场周边用地规划、道路网规划等基础上,明确轨道车辆基地布局及用地控制,并为后续工程设计提供规划依据。

3. 转型规划/设计要点

1) 促进轨道沿线土地利用规划优化,对城市规划产生了重要作用

利用轨道 3 号线建设的契机,通过 3 号线的线站位优化加强轨道交通与土地利用的协调,沿线形成以 3 号线为轴线、以车站为核心的珠链式土地开发模式,以 3 号线的

建设带动沿线新区的建设和旧城的改造，促进土地集约化发展，加快特区内外一体化进程，引导东部发展轴城市布局结构的优化调整，促进龙岗区城市社会、经济和环境的可持续发展。

2）提出了与轨道协同实施的沿线城市道路交通设施的规划建设要求

提出轨道 3 号线沿线城市道路、公交等交通设施建设以及沿线地区的交通综合治理工作与轨道 3 号线线站位方案及建设时序协同实施的要求，为沿线片区交通综合改善、地铁建设时期施工疏解以及建成后路网恢复提供规划依据。

3）编制了片区道路交通调整措施汇总及车站规划管理导则，为车站核心地区规划管理提供技术依据

提出对沿线道路交通设施进行规划调整，并围绕车站设置各类交通接驳设施，为轨道 3 号线沿线片区和车站周边规划提出了较详细和明确的规划指引及管理导则，有效指导 3 号线相关配套设施建设，落实宏观层面的规划意图。

5.7.2 深圳龙华新区现代有轨电车试验线详细规划

1. 规划背景

近年来，随着深圳市特区一体化的不断推进，龙华新区在发挥对中部地区综合服务职能的同时，全市及区域性综合交通枢纽功能不断加强。然而由于大运量轨道交通建设投资大、建设周期长，龙华中北部科技核等近期重点发展地区在短时间内仍难以提供有效的公交服务，部分片区高峰期已出现严重的交通拥堵状况，因此深圳市决定引进投资相对较低、建设周期短、运量适中的现代有轨电车，改善龙华新区交通出行环境。

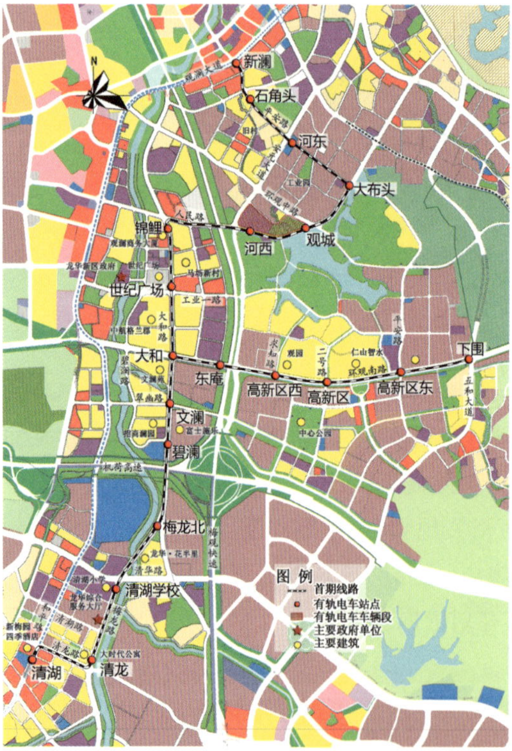

图 5-12 龙华新区现代有轨电车试验线线站位方案

2. 规划内容及主要结论

1）项目概况

龙华新区现代有轨电车试验线全长 11.8 km，设站 20 座，线路采用主支线设计，主线南起 4 号线清湖站，北至观澜老中心，全长约 8.6 km，设站 15 座；支线沿环观南路敷设，东至下围工业区，全长约 3.2 km，设站 5 座；全线设置一座车辆基地，占地约 8.0 hm^2，设置于横坑水库北侧。试验线具体线站位方案如图 5-12

所示。

2）线路功能定位

结合龙华新区“一轴双核七功能片区”的空间布局结构及未来交通需求，现代有轨电车系统未来将承担“轨道接驳＋内部骨干”的功能：一方面作为大运量轨道交通的延伸和补充，为轨道站点喂给客流；另一方面作为龙华新区公共交通网络的次骨干，加强各功能片区间快速联系，引导城市土地开发，支撑新区城市空间结构形成。

3）一体化交通衔接规划

为提高现代有轨电车竞争力，龙华新区试验线重点加强有轨电车与轨道交通系统及行人系统的无缝衔接，对片区常规公交线路进行重新规划，减少竞争力，求共赢。通过一体化交通衔接规划，有效加强不同交通方式之间的衔接，大大提升沿线整体公交服务水平，有助于实现沿线居民交通出行方式的转变。清湖站交通衔接规划如图 5-13 所示。

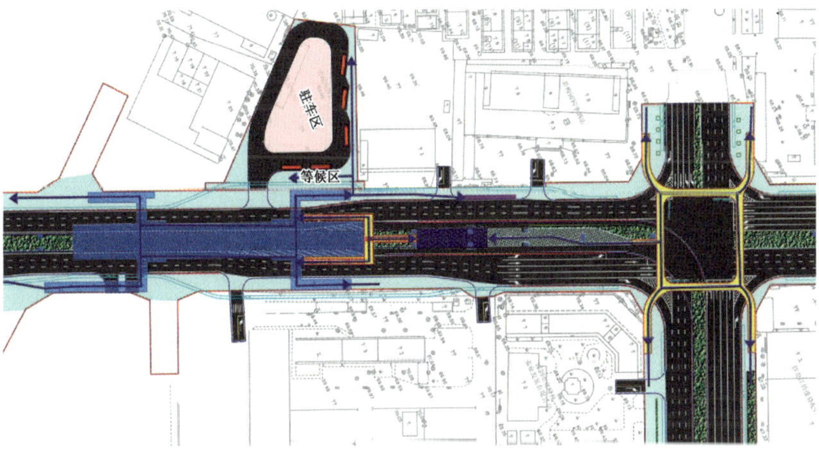

图 5-13 清湖站交通衔接规划

4）投融资方案

在综合对比不同投融资方案的基础上，龙华试验线结合自身特点，采用 BOT（Build-Operate-Transfer）投融资模式，由项目公司投资建设，并特许项目公司经营 20 年时间；特许经营期满后，项目公司根据协议将项目移交给政府相应部门管理机构。同时，龙华示范线积极探索“有轨电车＋物业”开发模式，结合车辆场上盖空间进行综合物业开发，利用开发收入补贴线路建设资金，集约化利用土地资源，同时为有轨电车建设运营提供资金保障。

3. 转型规划/设计要点

1）坚持客流导向的选线原则

龙华新区现代有轨电车试验线为深圳市第一条现代有轨电车线路，同时为国内第一条于城市建成区建设的现代有轨电车线路。试验线规划在线路走向方面，既满足近期居民出行需求，同时引导新城发展，实现中远期较好的客流覆盖。

2）精细化交通设计

沿线遵循精细化、一体化交通设计理念，将有轨电车设计与市政道路设计融为一体，既保障有轨电车一定程度的优先，同时尽可能提升道路通行效率。

3）创新的投融资方法

龙华示范线在国内城市现代有轨电车项目中，创新采用 BOT 投融资模式并进行公开招标，有效缓解了地方政府财政压力，并为全市今后基础设施投融资体制、运营机制改革创新探索了新路径。

5.7.3 深圳坪山新区现代有轨电车坪山线详细规划

1. 规划背景

坪山新区近年来出行需求不断增加，然而由于对外缺乏与福田罗湖中心快速联系轨道交通，对内公共交通系统服务水平低，促使私家车快速发展，交通拥堵现象日益严重，出行结构不断恶化，城市品质与坪山新区目标定位逐渐偏离。因此，坪山新区决定引入低碳、环保、舒适、美观的现代有轨电车，缓解交通出行压力，改善交通出行结构，推动坪山布局结构的调整，协调土地利用与交通发展，促进坪山新区快速发展。

2. 规划内容及主要结论

1）线路概况

坪山线起于深圳地铁 3 号线永湖站，沿深惠路、横坪公路、金碧路、中山大道、龙坪大道和松坪路敷设，止于高铁深圳坪山站，全长约 18.2 km，远期规划设站 21 座，平均站间距约 910 m；线路于龙坪大道西侧设置一处车辆基地，占地约 7.1 hm^2。考虑到近期沿线用地开发尚未成熟，近期设站 8 座。坪山线线站位方案如图 5-14 所示。

图 5-14　坪山线线站位方案图

2）线路功能定位

现代有轨电车坪山线为坪山新区骨干公交线路之一，近期实现与轨道 3 号线的快速衔接，加强坪山新区与市中心区及高铁深圳坪山站的快速联系；远期重点服务坪山中心、碧岭/沙湖和横岗片区之间的内部出行需求。

3）沿线站点详细规划

坪山线综合考虑站点位置、客运量、工程条件以及人行过街等因素，因地制宜地采用不同站点形式；同时结合站点布设，对沿线公交、慢行等设施进行一体化规划设计，共同提升沿线交通品质。永湖站车站交通设计如图 5-15 所示。

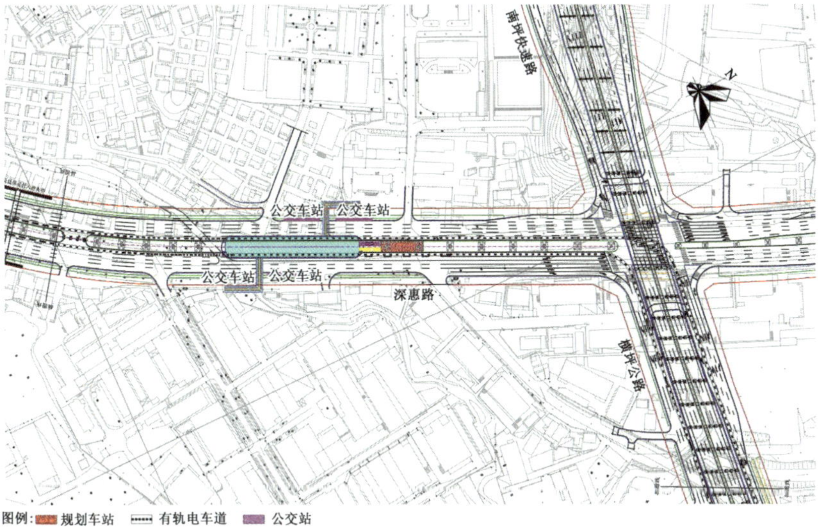

图 5-15 永湖站车站交通设计

4）投融资方案

综合对比不同投融资方案，结合坪山线实际情况，建议坪山线选取“有轨电车＋物业”开发模式，对线路车辆基地进行综合开发，开发收益用于弥补线路建设成本，如图 5-16 所示。

3. 转型规划/设计要点

1）注重近远期规划衔接

坪山线规划充分发挥现代有轨电车车站增减便捷的优势，近期线路功能以快速接驳轨道 3 号线为主，采用大站快车方式，设站 8 座；远期地铁 14 号线开通后，线路功能以服务片区内部出行为主，可对站点进行加密，设置 21 座车站，提高对片区的覆盖。

2）加强与轨道衔接

为实现与中心区快速联系的功能，坪山线规划重点加强与轨道车站及高铁站点的衔接，同时尽可能缩短有轨电车车站与轨道车站的换乘距离，提高有轨电车服务水平。

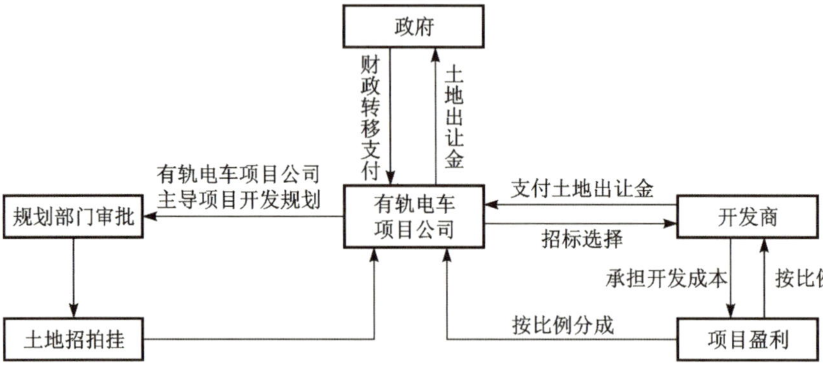

图 5-16　坪山线推荐投融资方案

5.7.4　东莞市中心城区现代有轨电车首期线路详细规划

1. 规划背景

东莞市中心城区面积约 238 km^2，现状人口约 121 万。东莞市常规公交总体服务水平较低，轨道交通建设缓慢且近期无法承担公交骨干的作用。供需矛盾的日趋激化，导致东莞市中心城区拥堵现象日益严重。为缓解交通拥堵，提升东莞公共交通服务品质，建设“创新创业之城、生态文明之城、平安和谐之城”的发展目标，东莞于中心城区规划建设现代有轨电车首期线路。

2. 规划内容及主要结论

1）线路概况

东莞中心城区首期线路南起西平枢纽，北至汽车东站，全长约 12 km，设站 20 座，联系南城 CBD、东莞中心区以及东城中心等东莞市重点发展区域，同时可于西平站、东城站实现与轨道 R2 线、莞惠线接驳换乘。线路于汽车东站附近设置一处车辆基地，占地约 11.3 hm^2。

2）线路功能定位

首期线路覆盖中心城区主要公交走廊，重点承担中心城区内部出行功能，同时与近期建设轨道线路相互喂给客流，与城市轨道、常规公交共同构成多层次、一体化的公共交通系统，切实提升东莞公交服务水平和竞争力，引导中心城区居民出行方式转变。

3）线站位详细规划

本着以客流效益为导向的基本选线原则，在对中心城区现状公交线路分布及客运量进行深入分析的基础上，综合考虑线路客流覆盖、轨道衔接、城市发展、建设条件和城市景观等因素，选取西平二路-元美路-体育路-东城路作为首期线路推荐通道。为加强首期线路与汽车东站客运枢纽的换乘衔接，通过多方案对比分析，选取汽车东站内部设站方案作为推荐终点方案，如图 5-17 所示。

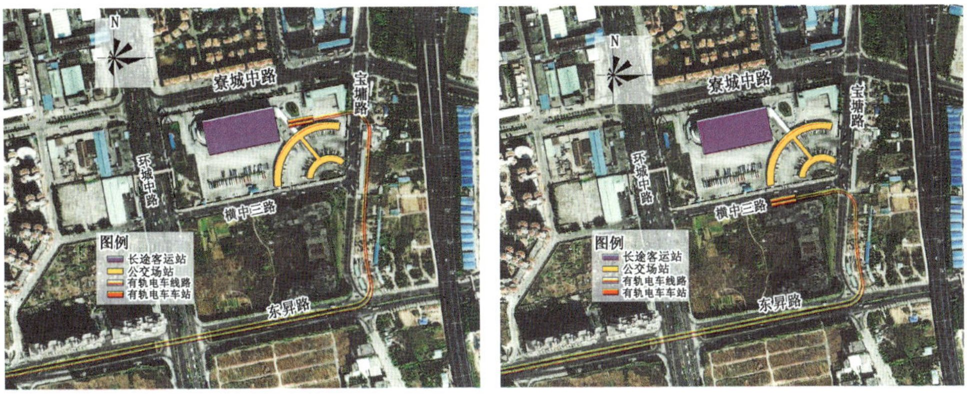

图 5-17　首期线路终点方案对比分析(右图为推荐方案)

4) 交通衔接详细规划

为加强与常规公交系统的合理衔接,共同提升东莞市公共交通服务水平,东莞市结合首期线路规划,构建了"3 换乘枢纽+1 换乘走廊+2 换乘节点"的首期线路公交衔接体系,同步对沿线公交线路、公交站点进行调整,优化中心城区公交体系。为了加强首期线路与慢行系统的衔接,首期线路同步新建 7 处立体过街设施,同步改善沿线人行道,提供连续的自行车道,并对局部节点采取人行横道抬高、路口收窄等稳静化交通措施,提升沿线慢行品质。

3. 转型规划/设计要点

1) 坚持基于出行链的公交优先理念

东莞市首期线路规划在深入分析乘客出行过程的基础上,采取基于出行链的公交优先方法:通过保障路权、信号优先等措施保障区间公交优先,尽可能降低有轨电车行程时间;通过提高站点覆盖,将站点尽量靠近沿线及相邻街区的主要人流出入口设置,有效降低乘客站外出行时间,提高有轨电车服务水平。

2) 坚持一体化衔接规划

加强现代有轨电车与轨道交通、有轨电车、常规公交、慢行交通及小汽车交通的衔接,提升东莞市公交服务水平。

3) 合理分配道路资源

为保障有轨电车通行效率,推行公交优先出行理念,东莞市首期线路沿线道路将有限的道路资源向公共交通及慢行交通倾斜,全线均采用直接占用、专有路权的敷设方式。

5.7.5　深圳彩田路—民治大道快速公交规划

1. 规划背景

彩田路—民治大道快速公交走廊是深圳第一条快速公交走廊,其所在的中部发展轴是深圳市最强的区域对外和城市内部发展带，单向高峰小时客运量已经达到 9.2 万人次。为了治理并缓解中部地区交通拥堵，近期迫切需要开展彩田路-民治大道快速公交走廊的规划工作，在既有全市快速公交网络布局的基础上，进一步明确该走廊的运营模式、线位走向、接驳设施整合，落实工程可行性，为下阶段方案设计、初步设计以及运行管理工作提供技术依据。

2. 规划内容与主要结论

彩田路-民治大道快速公交走廊全长 23.5 km，呈双"Y"形，由"一主两支"构成。其中主线南起福田口岸（接香港），沿彩田路向北经新彩隧道、梅林关，进入龙华新区，继续向北沿新区大道-民治大道至清湖地铁站，衔接龙华有轨电车试验线，全长约 19 km。支线 1：沿新区大道至深圳北站，长约 1.0 km（不含混行段）。支线 2：沿福强路至竹子林枢纽，长约 3.5 km（不含混行段）。

全线设置路中专用道 23.5 km，其中已建成新彩通道段长约 3 km，设置公交专用潮汐车道段 1.0 km。全线共设置路中公交站 40 对（已建 1 对），平均站点间距 600 m，其中 23 对设越行线，站台利用斑马线过街 11 处、利用现状天桥 11 座、拟建天桥 15 座、拟建地道 3 座。

3. 转型规划/设计要点

（1）运营管理模式：采用"快速通道＋灵活线路＋高效车站"的组织模式，"快速通道"就是将原路侧公交专用道移至路中；"灵活线路"指满足现状常规公交线路组织要求，所有经行走廊的现状公交线路均享受该快速通道提供的高效便捷服务；"高效车站"指快速公交走廊站台采用路中侧式站台，满足现状公交车辆右侧开门的要求。

（2）站点规划：新建路中公交站点位置尽量与现状路侧公交站点保持一致，站点总体数量保障对沿线片区服务的便捷性。新建路中公交站点平均间距约 600 m。每个站点设置 1～2 个单子站台（每个单子站台设 2～3 个停靠泊位），站台宽 3～4 m。

（3）设施整合：彩田路-民治大道走廊与 1，2，3，4，5，6，7，9 和 10 号线等九条轨道的 15 个站点实现了无缝衔接换乘。沿线 40 个路中公交站点均配置了自行车租赁点并与道路沿线其他常规路侧公交站（含的士站）进行了整合衔接。路中公交站点位置均结合沿线地块人流出入口位置和流量大小，保障周边大多数乘客步行到车站的距离最短。所有采用天桥或地道的路中公交站点均增加自动扶梯，保障人性化服务要求。

通过综合协调落实运营组织模式、站点敷设方式以及交通设施整合等功能要素，彩田路-民治大道快速公交详细规划可为下阶段快速公交走廊的工程设计和建设工作提供可靠扎实的技术支撑和保障。

5.7.6 深南大道交通综合改善详细规划

1. 规划背景

深南路定位为城市主干道，以客运交通为主，主要承担沿线相邻组团间和组团内的交通，为沿线组团和片区服务，同时也是特区内东西向的公交主通道。随着深圳中心城区发展重心的西移以及轨道 1 号线的开通运营，需要构筑以轨道 1 号线为主，常规公交为辅的客运结构，其中轨道 1 号线主要承担中长距离的客运出行，常规公交以布设接驳性线路为主，并为轨道交通喂给客流。

2. 规划内容与主要结论

1）道路横断面布置

根据深南路城市主干道功能定位和公交主通道的设置条件，深南路全线设置公交专用道，并通过完善人行、非机动车道设施来保障行人和非机动车通行空间。

南新路—福田路段：采用“四块板”的断面形式。车道划分：深南路主路双向 6 车道，辅道双向 4 车道，两边各设 1 条公交专用道。非机动车道和人行道：在人行道外侧利用市政绿化带增设 1.5 m 宽非机动车道。

福田路—新秀立交段：采用“一块板”的断面形式。车道划分：深南路主路双向 8 车道，两边各设 1 条公交专用道。非机动车道和人行道：两者共在同一标高层面，以标线或树池划分人行和非机动车行驶区域。

2）重要节点交通组织

深南—香梅路口：为加强梅林、景田与中心区之间的交通联系，同时改善公交运行的条件，恢复路口左转的功能。其中，深南路西进口主路 2 左+4 直行车道，辅路 2 直行车道；东进口 1 右+5 直行车道，其中 1 条为公交专用进口道；香梅路北进口设置 1 右+2 左转车道。结合交通需求、交通组织方案，本节点信号周期初步定为 120 s，三相位控制，如图 5-18 所示。

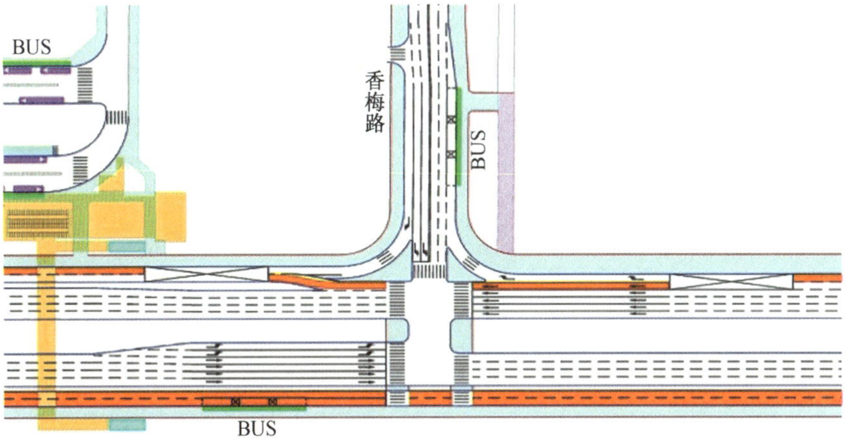

图 5-18 深南—香梅路口渠化改善方案

深南—华强路口：深南路东西两进口 4 直行+1 右转，华强路南北两进口 1 左+1 直+1 右。路口范围内设置 4 个渠化岛，右转车不受信号灯控制。结合交通需求、交通组织方案，本节点的信号配时考虑与深南—华富、深南—华发、深南—燕南、深南—上步4个路口的协调控制，信号周期初步定为150 s，三相位控制，如图5-19所示。

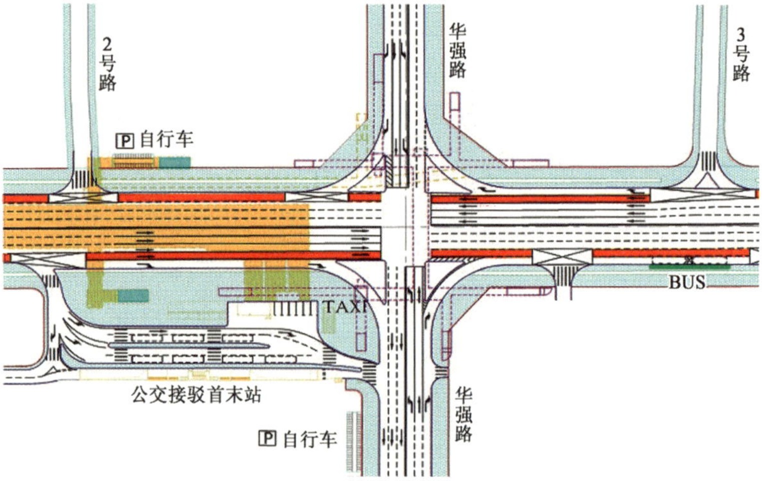

图5-19　深南-华强路口渠化改善方案

3）沿线交通组织

全线规划可左转或直行相交节点40个(平面信号路口28个，立体交叉12个)，平均间距约575 m；完善11条相交道路交叉口转向功能，其中华强、上步两个路口增加南北向公交左转功能；改造香蜜湖立交，增设由西向北左转定向匝道；对现状7个信号灯路口进行局部渠化改善。

4）轨道、公交、慢行设施协同设计

以构建一体化交通体系为目标，重点完善轨道站点周边公交、的士、自行车等接驳设施。在轨道沿线原规划6个公交接驳场站的基础上，增加车公庙站(图5-20)和香蜜湖站2个公交接驳场站；全线规划50对公交停靠站，平均间距约470 m，其中保持现状公交停靠站15对，新增公交站7对+单向4个，深港湾改造公交停靠站5对+1个，分

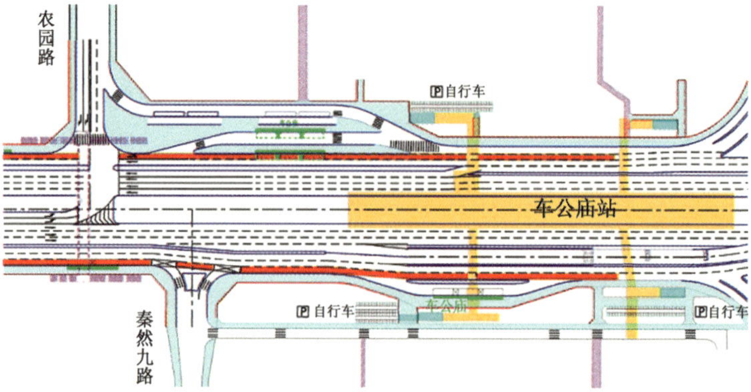

图5-20　车公庙公交接驳场站设计图

站台停靠公交站21个。全线规划人行过街设施58处(立体过街40处,平面信号路口及路段行人过街18处),平均间距约400 m。

5）交通运行控制与管理

统一配置交通标志标线,并对沿线信号灯路口进行信号实施协调控制,提高交通管理水平和交通运行效率。

3. 转型规划/设计要点

(1) 落实上层规划。明确深南路作为城市主干路的功能定位,使“公交、行人优先”的理念能够得以顺利贯彻实施。

(2) 协调各种交通设施之间的相互关系。规划对公交首末站、停靠站、自行车停车场、过街设施、道路设施等进行整合,并制定详细的规划方案,可为下阶段工程设计、沿线片区改善规划、公交首末站设置、地铁接驳设施的建设等提供规划指引,规划方案已在深南路改造工程实施过程中得到较好落实。

(3) 加强为沿线用地服务功能的同时也缓解了交通拥堵。按照城市主干道的功能要求,优化沿线相交道路节点的交通组织,使路网交通流量更趋均衡,主要路段及节点交通拥堵状况得到明显改善。

5.7.7 香蜜湖路改造详细规划

1. 规划背景

香蜜湖路是目前深圳中心城区联系南环和北环快速路的唯一一条快速通道,承担着路网转换的重要功能,主要承担三大功能:福田南部地区与福田北部地区、龙华和光明新区之间快速通过交通;滨河大道与北环大道之间快速转换交通;车公庙片区进出交通。

2. 规划内容与主要结论

1）道路横断面布置

针对车公庙路段沿线用地特征以及缺少辅道、快慢混行和片区服务功能较差的问题,路段的改造围绕完善主辅路系统,分离快慢交通,增加片区出入口开展设计,主要措施包括:主线设置双向6车道高架,地面设置双向8车道辅道,与泰然四路、泰然六路形成平面交叉,增加片区进出口,实现片区服务功能。

2）重要节点交通组织

(1) 车公庙立交:主要承担香蜜湖路与滨河大道之间的快速交通转换及香蜜湖路、滨河大道与福强路之间快慢交通转换功能。针对现状快慢混行严重的问题,此次改造思路主要是分离快慢交通,实现快-快、慢-慢衔接,具体措施包括:车公庙立交改造北-东匝道,提升通行能力;新增北-西、东-北匝道,连接香蜜湖路主路与滨河大道,原转向匝道连接香蜜湖路辅路与滨河大道,实现快慢分离,如图5-21所示。

(2) 香蜜湖立交:为快速路与干线性主干道重要转换节点,现状为部分互通立交,主

图 5-21 车公庙立交详细规划示意图

要承担路网间的快速转换功能，缺少西—北转向功能，且其下方的车公庙枢纽在施工期间将会拆除立交西侧辅道以及西—南、北—东匝道。因此，此次改造将利用地铁施工的契机，拆除重建香蜜湖立交，将香蜜湖立交改造为全互通立交，在完善立交功能的同时，也与地铁车公庙枢纽建设实现了良好的衔接，如图 5-22 所示。

图 5-22 香蜜湖立交详细规划示意图

3）沿线交通组织

全线共设 2 座全互通立交、1 座部分互通立交，主要承担路网衔接转换功能，4 座菱形立交，主要承担片区集散功能。

4）轨道、公交、慢行设施协同设计

沿线公交人行设施布置改善后，沿线共3对公交车站，11处人行过街设施（平均360 m一处），其中人行天桥2处、人行隧道4处、平面过街4处、地下过街1处。同时完善道路两侧的绿化及人行系统，并结合车公庙枢纽出入口布置，在其周边增加5处的士停靠点。

3. 转型规划/设计要点

（1）理清了香蜜湖路的道路功能——围绕道路功能开展的相关节点、路段精细化交通设计，在后期工程设计中得到了贯彻落实；

（2）协调并实现道路改造（香蜜湖立交）与轨道建设（车公庙枢纽）——同步设计、同步实施，减轻了道路施工对社会及轨道运营安全的影响；

（3）完善车公庙段辅道——改造泰然四路路口、打通香蜜湖路-泰然六路路口通道，增强了香蜜湖路两侧片区的联系，避免快速路对城市的分隔；

（4）有效地串联了规划、工程设计和施工，实现了规划的意图，车公庙枢纽预计在2016年投入使用。香蜜湖路（车公庙）段也正按规划方案施工。

5.7.8 深圳北站枢纽交通详细规划

1. 规划背景

广深港客运专线深圳北站是华南地区乃至全国重要的区域性铁路客运枢纽，也是深圳铁路"两主三辅"客运格局最为核心的车站。深圳北站综合交通枢纽位于深圳市龙华扩展区的中部，深圳市地理和人口的重心。未来深圳北站地区将形成以区域性综合交通枢纽为依托的生态化的综合服务中心。

2. 规划内容与主要结论

1）功能定位

深圳北站定位为区域性铁路枢纽、深圳市重要的综合交通枢纽，深圳北站枢纽将集国铁车站、轨道4号线、轨道5号线、轨道6号线、长途汽车场站、公交大巴场站、出租小汽车及社会车辆停车场站等各类设施于一体，形成一个大型的，集国铁、口岸（预留）、轨道交通、长途汽车、各种城市常规公交于一体的综合客运交通枢纽。

2）规划总体布局方案

枢纽国铁站分为站台层及候车大厅，站台层设股道20条，旅客站台11座，是国内首个采用"上进上出"的国铁车站。枢纽分东西两个广场，东广场主要设置轨道4号线、轨道5号线、轨道6号线车站、公交场站、出租车场站和自行车停车场等；西广场主要设置出租车场站、长途汽车站、旅游大巴车场、社会停车场和海关办公大楼等。东西广场均有较大的上盖物业开发。同期建设新区大道、留仙大道、玉龙路、上塘路和西规划路等枢纽接驳道路，如图5-23所示。

深圳北站枢纽国铁站房采用"上进上出"的客流组织形式，国铁站台设置于地面层，

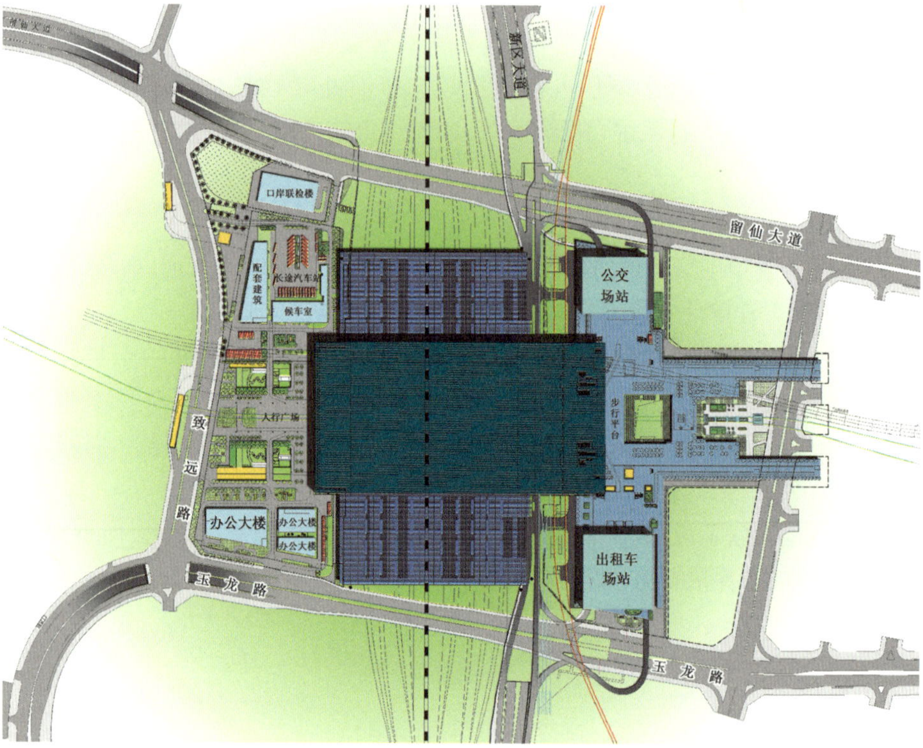

图 5-23　深圳北站枢纽总体布局图

站厅设在站台上方高架平台层。轨道 4 号线、轨道 6 号线高架于平台上方，轨道 5 号线下穿铁路站台层。

空间多层次立体化布局与平面“十”字形结构布局的结合是深圳北站综合交通枢纽总体布局的特点。深圳北站以步行系统为中心组织水平及竖向交通，利用多个层面组织各种流线，实现便捷的综合换乘。枢纽以人流集散平台为主交通层，向上布设城市轨道 4 号线、轨道 6 号线，向下布设国铁站台层与城市轨道 5 号线，再配以其他配套交通接驳设施。

枢纽以铁路站台以及与之垂直联系枢纽东西广场的步行平台为“十字轴线”，分别在四个象限布置交通接驳设施。其中，东广场的东北象限布置常规公交接驳设施，东南象限布置出租车接驳设施，西广场的西北象限布置长途客运站、旅游巴士站等，西南象限主要布置会车与出租车接驳设施。

枢纽周边道路交通条件良好，规划有各层次道路疏解枢纽交通，枢纽对外交通主要由东西向的玉龙路、留仙大道以及南北向的福龙路、新区大道和梅龙路承担，枢纽外围主要的高快速路有机荷高速、梅观高速、龙大高速和南坪快速等，可以迅速疏解枢纽过境交通和长距离对外交通，如图 5-24 所示。

图 5-24 深圳北站枢纽疏解道路布局方案

3. 转型规划/设计要点

1）国家铁路采取“上进上出”模式

为了配合枢纽以步行人流换乘集散交通层为中心的流线组织，国家铁路在深圳北站实现了“上进上出”的人流组织，成为其他类似铁路枢纽建设的有益借鉴。

2）空间多层次立体化布局理念

充分利用步行平台及夹层、地面、地下等多处综合换乘中心构建的立体多层人行系统，达到人流与车流的完全分离，极大提高了枢纽的集散效率及服务水平。

3）由满足机动车需求向以人为本、公交优先和步行主导转变理念的落地

深圳北枢纽首先保障城市轨道、公交等大运量公共交通设施进出站的顺畅性，与铁路车站换乘便利，上塘路公交专用道定位，这些充分体现了公交优先的理念；连接东西广场的步行平台、无障碍设施布局及流线分析，枢纽人行系统与城市片区人行系统的衔接，行人风雨遮蔽设施、旅游大巴等候室等均体现了以人为本的精细化规划设计理念；以便捷的方式实现管道化的人车流线，使衔接换乘距离不超过 100 m；充分利用步行平台及夹层、地面、地下等多处综合换乘中心构建的多层人行系统，达到人流与车流的完全分离。

5.7.9 福田站枢纽交通详细规划

1. 规划背景

广深港客运专线福田站位于福田中心区益田路下，为地下三层站，车站深度达

32 m，周边高楼林立，距离西侧高层建筑最小距离仅 14 m，建设难度极大，是我国第一座位于城市中心区的地下高速火车站，开创了我国铁路建设史上的先河，对于国内今后将国家铁路引入城市中心区地下起到重要的示范作用。

2. 规划内容与主要结论

1）功能定位

为强化深圳市中心区对珠三角地区与香港的联系、辐射，进一步提升深圳的中心地位，规划提出广深港客运专线引入福田中心区设福田站，规划提出围绕铁路车站打造集轨道、常规公交、出租车接驳等多种交通方式换乘为一体，功能复合、运作高效、换乘便捷、美观舒适的深圳市最重要的中心区型铁路客运枢纽。

2）规划总体布局方案

中心区型铁路客运枢纽由于位于城市中心区，客流疏散难度大，接驳换乘方式相对城市外围综合型铁路客运枢纽也要简化很多，轨道交通在枢纽的接驳中要承担很高的比例。

本次规划确立了以轨道交通接驳为主导的理念，规划调整轨道 2 号、3 号、11 号线以及 14 号线就近福田站设置车站，加上既有 1 号、4 号线规划 6 条轨道线路，10 个轨道交通车站接驳福田火车站，构成枢纽的核心接驳体系，为乘客提供更加舒适、便捷的出行选择，破解高速铁路车站引入城市中心区带来的客流疏散、环境影响等难题。预计枢纽远期日均服务客流将达到单向 100 万人次，承担广深港福田站 80% 的客流疏散，福田站枢纽轨道网总体布局如图5-25 所示。

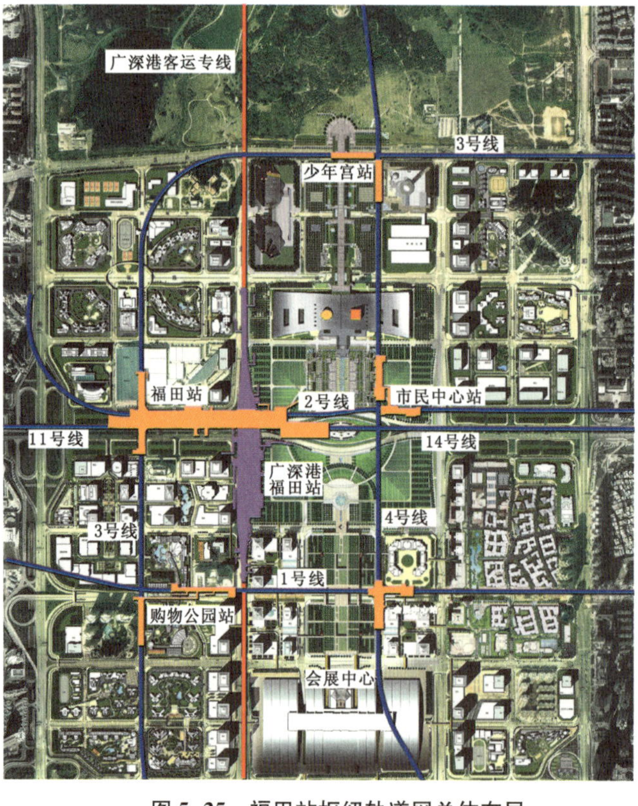

图 5-25　福田站枢纽轨道网总体布局

中心区型铁路枢纽接驳方式相对要简化，以轨道接驳集散客流为主，常规公交接驳为辅，私人接驳交通方式要限制。由于福田站枢纽中轨道 11 号线机场线及广深港客运专线商务客流的特点，对交通服务水平要求较高，需要适当考虑少量的出租车即停即走接驳设施。

规划遵循车流、人流分

离的布局理念,结合需求分布、地形条件,利用地面绿化布置,围绕福田站、轨道 11 号线分散布置常规公交、出租车场站,形成立体化的接驳换乘系统,希望能够高水准、高效率疏散客流。同时,枢纽设置多达 32 个轨道出入口,与周边城市建筑形成紧密的衔接,更好地服务中心区商务客流。

针对深南大道对福田中心区的割裂以及市民广场及中心公园的可达性不强、功能单一的问题,规划提出以枢纽为核心构筑中心区地下空间骨架,使依托枢纽地下空间组织中心区城市空间理念得以落地,提升了中心区的活力,支持周边更高强度的开发,如图 5-26 所示。

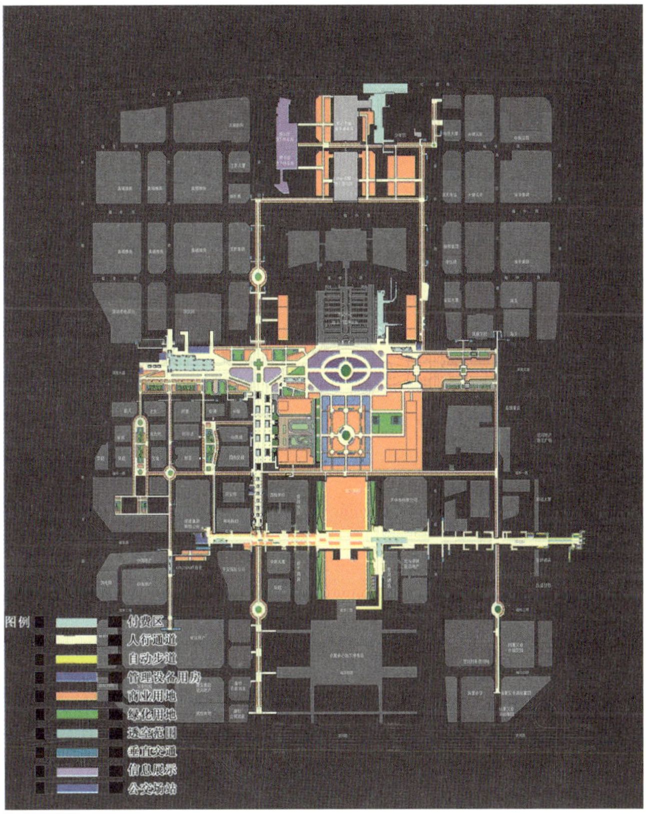

图 5-26 福田站枢纽地区地下空间规划方案

3. 转型规划/设计要点

1) 全地下高速铁路站综合交通枢纽疏散理念

福田站作为深圳市最重要的铁路车站之一,项目本身意义重大。福田中心区现状发展比较成熟,用地紧张,景观要求高,周边道路已经基本饱和,如何集散高速铁路车站的大客流也带来很大的挑战。规划提出的全地下高铁站布局,是我国第一座位于城市中心区的地下火车站,在国内铁路建设史上尚无先例,开创了我国铁路建设史上的先河,在国际上也较为罕见。

同时，规划提出中心区型铁路枢纽不宜采用传统的外围综合性铁路客运枢纽大而全、集聚规划的思路，要有新的规划理念及措施，构筑以轨道交通为主导、常规公交为辅、出租车接驳为补充的高效公共交通接驳系统，破解高速铁路车站引入城市中心区带来的客流疏散、环境影响等难题，为同类项目的规划建设提供经验。

2）地上地下一体化考虑，人性化、管道化换乘系统

规划结合地下高铁枢纽特点，合理设计不同方向、不同交通方式的流线，充分利用中心区地下空间，建立地上地下、管道化换乘系统。规划地下一层为枢纽综合换乘层，各类交通车站同层设置站厅，通过设置两条自动步道，提高换乘的舒适度，减少乘客的疲劳感。

同时，结合接驳场站设计采取绿化中庭、天井、天窗等手法，将阳光引入地下空间，或增加局部的层高，形成内外交融，有阳光、有绿化、有变化、宜人的地下空间及舒适的换乘环境。通过上述细节的规划设计，构筑人性化、指示明确的枢纽客流步行系统，真正落实步行公交优先。

5.7.10 张槎交通枢纽综合体交通详细规划

1. 规划背景

广佛环线张槎站交通枢纽综合体位于佛山中心城区西侧，项目位于禅城区张槎街道南侧，毗邻东平水道，与南庄镇和石湾街道隔水相望，距离佛山市中心区仅 3 km，是城市交通的重要枢纽，也是广佛环线与轨道 2 号、4 号线的换乘节点，规划着重实现交通换乘、高强度开发双赢目标。

2. 规划内容及结论

图 5-27 道路结构图

1）项目概况

项目规划范围 9.81 hm^2，实际建设净用地面积 5.78 hm^2。1 条城际轨道（高架）和 2 条城市地铁（地埋）于该项目地块内设站，并有现状已建设高架快速路禅西大道纵向贯穿地块内部，将地块分割成三块。

2）综合体外部交通组织：多级疏导，有效管控

佛山西站对外四个方向利用干道系统快速疏解实现便捷联系。此外，依靠周边次干路及支路分散压力，如图 5-27 所示。

3）综合体内部交通组织：立体分离，多层扩展，高效引导

立体分离，建立分层功能系统，依据不同功能特征“定制”交通组织。依据客流分析结果，轨道交通承载了片区主要人流，负一层为主要人流层，是综合体中解决交通组织最重要的一层。地面层为常规公交枢纽层，重点解决公交进出以及乘车指引问题。地下二层为社会停车层，重点解决社会车辆进出交通组织问题以及枢纽接驳车辆与物业开发车辆分离的问题，地上2～5层为商业层，重点解决换乘人流与商业人流的有机分离、高效引导的问题，如图5-28所示。

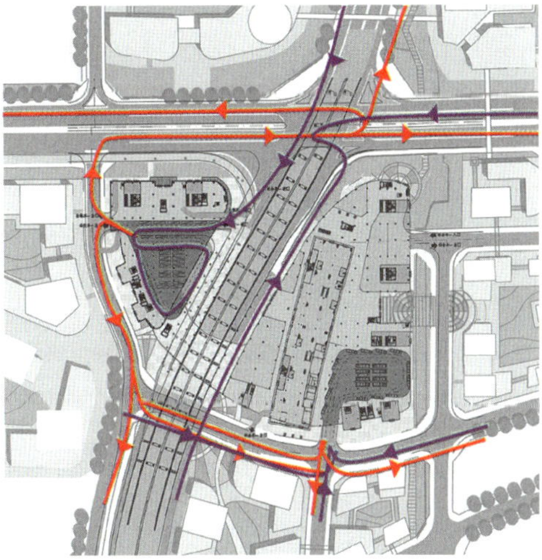

(a)公交流线组织示意图

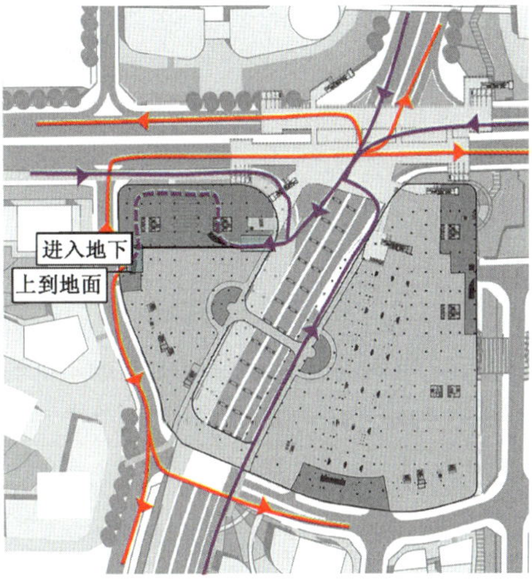

(b)出租车流线组织示意图

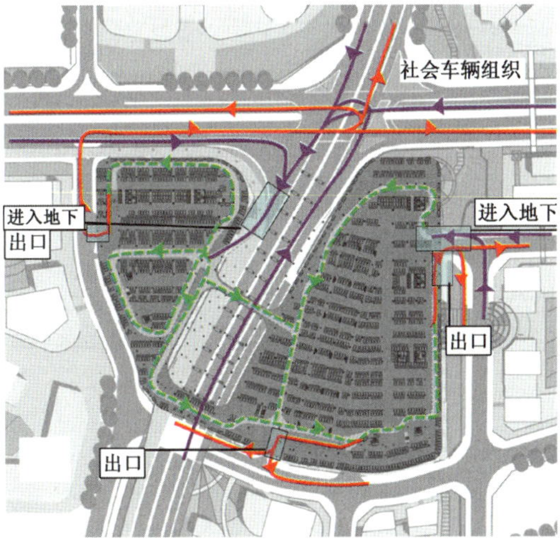

(c)社会车流线组织示意图

图5-28　枢纽各层交通流线

人行至上，多层扩展，构建功能分明的人行系统。通过大联通方式，地下地上扩展道路及人行网络，构建多层人行系统，消除高架分割，保障人行空间的完整性和连续性，大大提高空间可达性，减少交叉影响，做到“各取所需”，如图 5-29 所示。

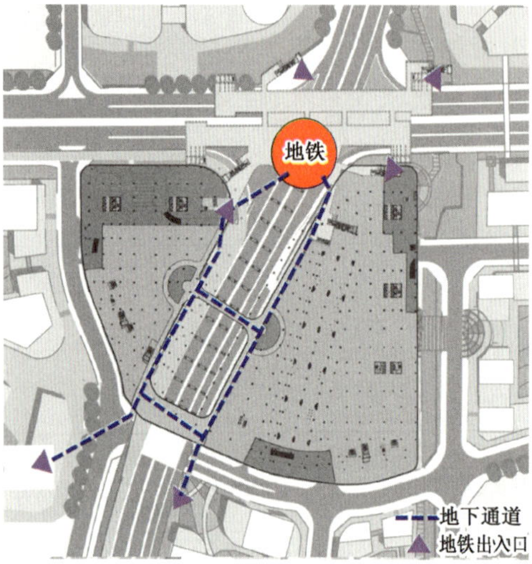

(a)地下一层人行组织

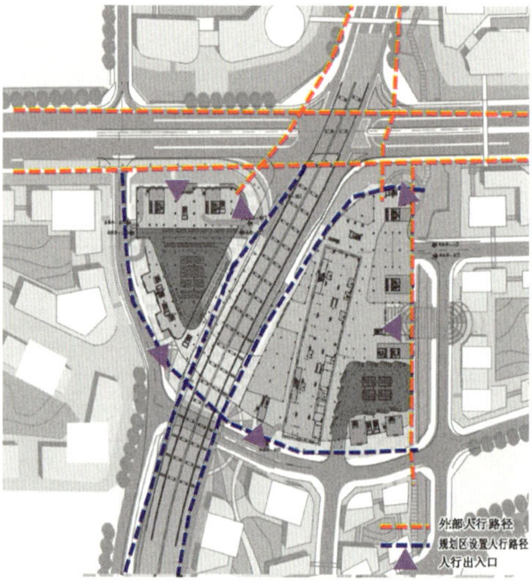

(b)地下二层人行组织

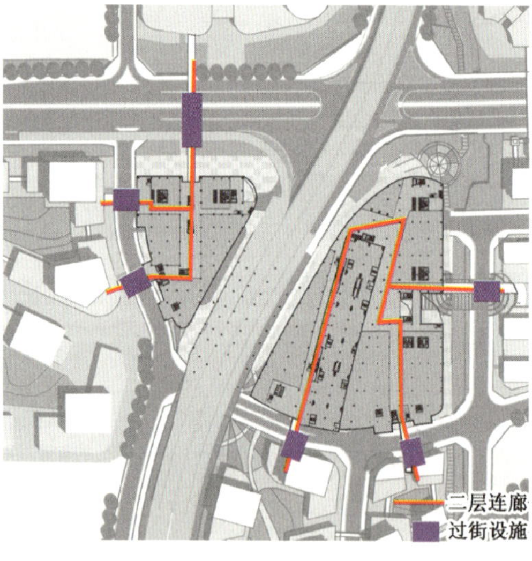

(c)地下三层人行组织

图 5-29　枢纽各层人行组织

4) 交通需求管理:适当降低停车配比

项目物业开发停车配建优先保障住宅需求，基于该地区公交发达，项目提出大幅压缩办公和公寓配建标准，适当保证商业和酒店需求的原则。本次停车指标已根据片区特征在佛山标准的基础上下调了 61.6%。

3. 转型规划/设计要点

1）构建“大枢纽”，“缝合”零碎空间，增强城市带动，分散交通压力

通过地下、地面通道及空中平台“缝合”东西零散地块，实现空间高度一体化。同时将进出交通压力分散，避免对路口冲击，提升枢纽对西侧用地服务，弱化禅西大道分割影响，以公共交通为基础，打造城市综合体，将综合体与多样化的城市交通融合，同时围绕交通枢纽，提升区域内人流、物流和资金流的活跃度。

2）换乘核的打造，衔接各功能区，引导各向交通集中转换

围绕换乘核构成简洁、明确的分区结构，提供清晰指向。换乘核设置在三个分区的中间，包括地铁分区、城际分区、公交分区功能强健及舒适的转换区域，集中解决交通换乘、商业、办公、酒店、住宅等不同层面和方向的联系。

3）立体换乘，集约用地，预留接口

与外围系统串联，打造立体交通，形成完整体系，结合项目地下一层进行商业开发，预留项目与地铁站、周边地块的地下通道接口，为未来构筑更大范围的地下步行网络预留条件，提供良好的慢行空间，与周边节点通过预留地下通道过街，保障过街安全。

5.7.11 前海合作区交通详细规划

1. 规划背景

前海深港现代服务业合作区（以下简称前海合作区）规划定位为具有国际竞争力的现代服务业区域中心和现代化国际化滨海城市中心。前海合作区占地 15 km^2，基准开发规模达到2 600万 m^2，岗位 65 万，人口 15 万。其超高强度的开发需求必然带来超大规模的交通需求，对前海合作区交通系统构建提出了更高的要求。前海合作区交通详细规划从系统协同、交通组织、设施布局三个方面，开展“精细化”的交通规划设计，指导片区综合交通系统的有序实施。

2. 规划内容与主要结论

1）制定整体交通发展策略，实现系统协同发展

针对前海合作区高强度开发的特征，借鉴国际纽约、东京、伦敦等 CBD 的先进经验，前海合作区交通规划提出构建以轨道交通和慢行交通为核心、各种交通方式协调发展的综合交通体系。优先考虑交通资源向公共交通、慢行交通的倾斜，同时又遵循系统协同的原则，确保各子系统的功能实现与相对独立，形成一体化的综合交通体系。在轨道方面，未来将形成 10 条轨道交通线路，线路里程约 36 km，设车站 24 座，如图 5-30 所示。在常规公交方面，所有主干路以上等级道路将开辟公交专用道，形成“五纵八横”公交专用道网络，公交站点 300 m 覆盖半径超过 90%。在慢行交通方面，将形成完善的自行车道及人行道网络，规划设置 49 个公共自行车租赁点，500 m 覆盖半径达到 100%。

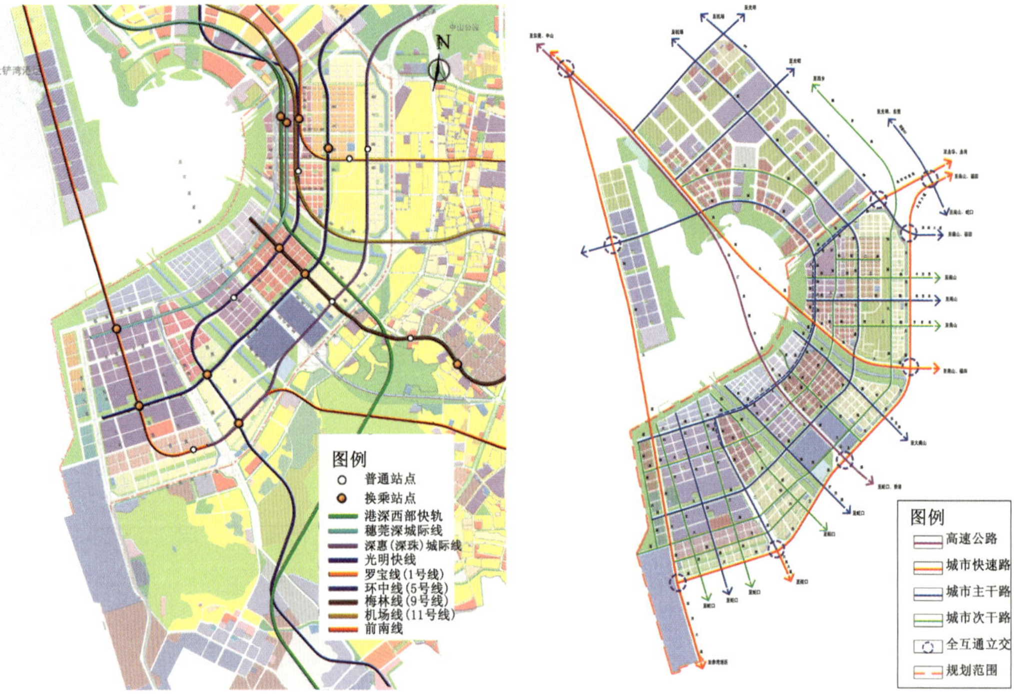

图 5-30　前海轨道与主要道路规划图

2）开展精细化交通组织设计，高效发挥系统功能

按照“客货分离、过境分离、快慢分离”的原则，前海合作区规划了“一高、三快、八主、十一次”及地下道路骨干路网体系，以及间距为 80～160 m 的密集支路网，如图 5-31 所示。对外及过境交通主要由高快速路承担，邻近对外及跨组团交通主要由主干道承担，内部交通由次干路及支路承担。为提高内部交通组织的效率，基于密集的支路网络，提出了分片区的单向交通组织方案。

3）提出各类设施交通设计指引，推动规划落地

前海合作区交通规划针对各类交通设施，包括轨道线站位及相关接驳设施、主要道路及相交节点、慢行通道等均制定了详细交通规划方案或设计指引，以实施有效的规划控制，推动交通基础设施的最终落地。

3. 转型规划/设计要点

1）由传统线路详规拓展到区域交通详规，协同实现“由线到面”的升华

针对前海合作区轨道与道路两大系统，探讨三大协同关系，即交通系统内部“线”与“线”之间的关系、交通层面与用地层面的关系、交通层面与市政层面的关系，避免了以往以单一线路与众多外部层面协调的力不从心，从研究区域的需求出发，理顺区域内部交通各线路的合理关系，继而形成统一的整体，与用地、市政进行更高层面的协调，明确交通详细规划设计方案，确保规划意图的实现。

图 5-31　前海主要道路总体交通组织方案图

2) 规划与设计实施紧密结合,以时效性推动规划的落地

随着前海综合规划的编制完成和 22 条“先行先试”政策的落地,前海进入全面建设阶段,众多交通设施均已进入前期设计乃至实施阶段。承接综合规划落地的春风,及早制定详细规划方案,建立常态化的协调沟通机制,对道路设计进行有效的指导,使交通规划方案得以顺利进入设计与实施阶段。

3) 交通与用地高度耦合,真正实现共生发展

交通详细规划与各单元开发规划基本同步展开,为实现轨道交通对用地的支撑引导作用,项目提出了对用地的反馈要求,即轨道站点周边用地的容积率建议。为确保轨道交通的实施,提出了用地控制要求。同时,结合用地的需求与建筑的概念布局方案,制定了站点衔接方案,所有站点与周边主要建筑均可实现无缝对接。

4) 基于密集的道路网,应用高效的单向交通组织模式

前海交通需求量巨大,对道路网形成较大的交通压力,在密集的路网条件下,若采用常规的道路交通组织模式,可能造成较多的路口延误,影响路网的整体运行效率。结

合国内外先进地区的发展经验，提出将单向交通组织模式应用于前海，将前海大部分的支路设置为单行线，大幅减少路口的交通延误，提升路网的整体运行效率。

5）切实保障慢行空间，着力实现慢行交通优先发展

前海慢行交通占据50%左右的交通出行量，而在机动化出行中占据近90%，因此，公共交通主要通过慢行交通进行接驳，慢行交通将被提升到前所未有的高度。为保障慢行空间，原则上保持连续的慢行交通有效通行空间，且在高峰小时将小汽车路权限制在20%～45%，并通过一系列的交通静化措施，提升慢行交通的安全性，促进慢行交通优先发展。

6）坚持交通需求管理与用地开发同步，实现交通系统良性发展

前海目前已进入全面开发建设阶段，主要道路已启动建设，而轨道交通建设进度较慢，主要路网将先于轨道线网建成。为实现综合交通的发展目标，形成以公共交通为主导的发展模式，提出交通需求管理与用地开发同步，通过差额停车供应、提高停车收费等方法限制小汽车的使用，近期大力发展常规公交，远期逐步形成以轨道交通为主体的交通系统结构，实现交通系统良性发展。

5.7.12 车公庙片区交通综合改善规划

1. 规划背景

车公庙片区位于深圳市福田区西部，建设之初为以“来料加工”为主的传统工业园区，近年来随着城市更新和产业结构调整，逐步由工业区向兼有金融、研发、生产和居住功能的综合型片区转型，片区交通需求持续迅速增长，交通拥堵问题严重。在片区骨架路网基本定型的情况下，规划主要通过挖潜既有设施、提高公交运输能力、改善慢行系统、规范交通秩序等精细化手段，缓解片区交通拥堵，提升交通品质。

2. 规划内容与主要结论

1）规划目标与对策

远期以城市更新建设为契机，结合产业发展，建立公交主导、行人优先，高效接驳的一体化交通体系；近期重点改善片区对外出行条件，并以车公庙枢纽为核心，全面提升片区交通环境品质。对策一是以片区交通承载能力控制总体建筑规模，引导片区更新发展。对策二是优先发展公共交通，形成以“公共交通＋慢行”为主的交通体系，并从公交、人行、路网、停车、管理等方面提出详细改善规划方案。

2）道路系统改善规划

一是挖潜道路用地，完善路网布局结构，增加对外通道及出入口。改造香蜜湖路，设置地面和高架两个系统，分离通过性快速交通与片区集散交通，改造沿线节点，优化节点交通功能；利用广深高速高架两侧防护用地，在片区西侧设置南北向地面道路，串联大道、泰然四路、滨河大道等南北向道路，完善路网布局；利用路侧绿化拓宽带滨河大道北侧辅路，由2车道拓宽为3车道，缓解拥堵；利用路侧绿化带拓宽泰然四路并压缩

车道宽度，由双向 4 车道改造为双向 6 车道，增设公交专用车道；打通深南大道/泰然九路路口，增设东往南左转；将该路口西转北的交通提前至农林路解决，两个路口进行信号联动控制。

二是完善内部路网，打通微循环。构建以泰然一路、四路、九路为骨架的四横八纵的内部路网结构。梳理建筑间通道，打通街坊路 36 条，承担市政道路交通功能，如图 5-32 和图 5-33 所示。

图 5-32　片区规划路网图

图 5-33　广深高速(车公庙段)规划效果图

3）公交系统改善规划

结合泰然四路改造，构筑泰然四路公交主通道，并增设公交站点 3 对；结合城市更新，增设公交首末站 3 处，每处用地面积约 2 000 m^2；结合轨道交通枢纽的建设及泰然四路的打通，调整常规公交线路，优化公交线网，缓解深南大道和滨河大道辅道系统的交通压力。

4）慢行系统改善规划

构建“三横三纵”慢行主通道，打造舒适、宜人的城市空间。主要围绕轨道、公交站点及重要交通吸引点修建，包括泰然九路地下通道、香蜜湖路两侧步行通道及深南大道、滨河大道、泰然四路人行主通道。

图 5-34　泰然九路地下通道规划效果图

以轨道公交站点为核心建设高品质、多层次的慢行系统。围绕轨道站点出入口及主要人流方向构建发散的慢行交通网络，注重慢行系统的通达性、便捷性和人性化设计，轨道站点出入口周边配置自行车停车场、休憩小广场等慢行交通接驳设施。完善行人交通指引系统，引入交通稳静化措施、提升步行品质

图 5-35　香蜜湖路人行道规划效果图

效果图如图 5-34 和图 5-35 所示。

5）停车系统改善规划

加强停车设施之间的资源整合利用及交通组织管理，最大限度的发挥停车设施的使用率，新建和改建项目需按标准配建停车泊位；在停车缺口较大的地块，采取措施补建地下停车场或地面立体停车场；强化园区的交通管理，加强违章停车的监管力度；调整影响市政交通的停车库出入口道闸位置约 20 处，并优化周边交通组织。

6）交通组织与管理改善规划

将园区内封闭管理道路纳入到市政道路；完善片区内部交通组织，规范微循环交通秩序；完善片区内道路系统的交通隔离设施，内部节点增设信号灯和电子眼等监管设施，强化交通秩序管理；引入交评制度，规范城市更新地块出入口及交通组织。

3. 转型规划/设计要点

1）考虑片区存量规划特征，以交通引导片区城市更新

根据交通承载力测算，建议片区建筑规模控制在 430 万～490 万 m^2，并为具体更新地块提供交通规划指引，引导片区升级更新，促进片区整体和谐发展。

2）与相关规划和建设协同，明确责任主体，落实规划实施的抓手

与轨道工程同步，完善香蜜湖路改造，结合轨道站点，完善公交、慢行等接驳设施。结合城市更新项目，完善微循环系统，推进公交通道、场站设施及人行系统建设，落实交通影响评价制度。

3）探索社区共治，改善交通环境

与片区相关单位协商，开放单位护栏，提供从片区到轨道出入口的便捷步行通道。与片区单位协商，调整部分单位车辆进出交通组织，后退停车道闸，避免车辆进出影响道路畅通。

5.7.13　观澜片区交通综合改善规划

1. 规划背景

观澜片区位于深圳市北部，临近东莞塘厦、凤岗，随着龙华新区的成立，观澜片区的定位得到提升，对其综合交通体系提出新的要求；同时观澜片区现状交通设施较为缺乏、管理滞后，核心区交通拥堵日趋严重。在此背景下开展观澜片区交通综合改善规划工作，为片区规划管理及交通改善提供技术支撑。

2. 规划内容与主要结论

1) 提出观澜片区交通发展目标、近期交通改善原则

2030年，初步形成以轨道及有轨电车为骨干、常规公交为主体、多种交通方式协调发展的一体化综合交通体系，交通环境、交通面貌将得到较大改观，支撑特区一体化进程。规划还提出了交通发展的具体指标。

近期改善原则：

(1) 建管并重、协同实施。按照全过程理念，既进行高标准的建设，又进行精细化的管理。交通建设与用地开发、市政建设协同，确保方案落地。

(2) 近远结合、标本兼治。提出既满足近期需求，又能较好地向远期规划过渡的方案，对片区交通进行彻底改善。

2) 制定观澜片区道路网络、公交专用道网络规划方案

梳理深圳市中部组团规划、龙华新区综合发展规划、龙华新区综合交通发展规划等上层次规划和观澜片区相关法定图则，结合在建工程设计方案，对观澜片区路网进行梳理和优化，形成观澜片区规划路网“一张图”(图5-36)。

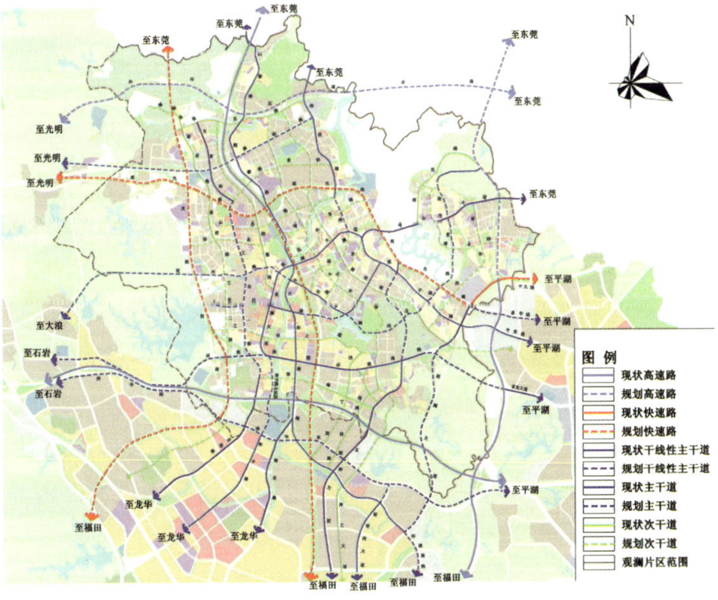

图5-36 观澜片区规划路网结构图

根据公交发展目标和公交客流需求，结合用地规划和道路条件，提出公交专用车道网络规划方案(图5-37)。

3) 近期交通改善策略与措施

策略一：落实特区一体化，加快推进一体化道路网建设。

(1) 加快推进高快速路网建设，开展观光路快速化改造前期，分离过境交通；

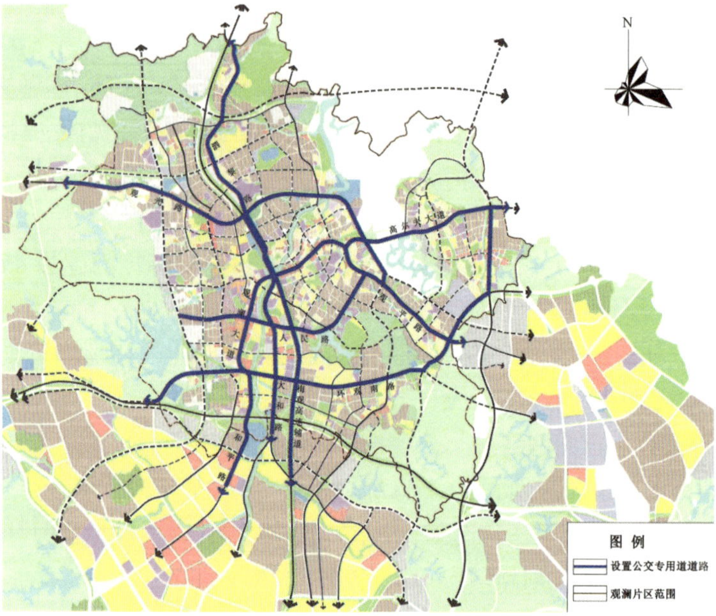

图 5-37 观澜片区公交专用车道网络规划图

(2) 加快建设一批主次干道；分片区完善内部支路网络，打通断头路；

(3) 改善观澜汽车站等重要交通节点交通组织，消除局部瓶颈。

策略二：践行公交慢行优先，建立多层次公交与慢行体系。

(1) 加快轨道 4 号线及有轨电车示范线建设，增加接驳轨道的公交支线，整合观澜中心站与观澜汽车站枢纽，形成一体化公交网络；

(2) 规划建设“五横三纵”55 km 公交专用道网络，保障公交路权优先；

(3) 结合城市更新，大力推进 12 个公交站场建设，完善停靠站 140 处，改造港湾站 9 对；

(4) 结合道路改造，完善、优化慢行空间，打造宜人慢行环境。新建、完善人行道 49.8 km(双向)，增设行人二次过街设施共 8 处，近期建设立体过街设施 6 座，结合观澜河休闲文化带的建设，重点打造中轴线休闲慢行通廊。

策略三：加强精细化管理，提升交通效率与品质，如图 5-38 所示。

(1) 分阶段推进核心区禁止货车通行，实现客货分离；

(2) 完善交通管理设施，提高交通运行效率，改善交通运行秩序；

(3) 加强路边停车规范化管理与违章查处，实现停车有序。

4) 近期实施计划

按照协同实施、民生优先、轻重缓急的原则，制定近期建设计划，涵盖道路、公交、慢行、管理、规划研究等 5 个方面，共计 87 项具体改善措施。

3. 转型规划/设计要点

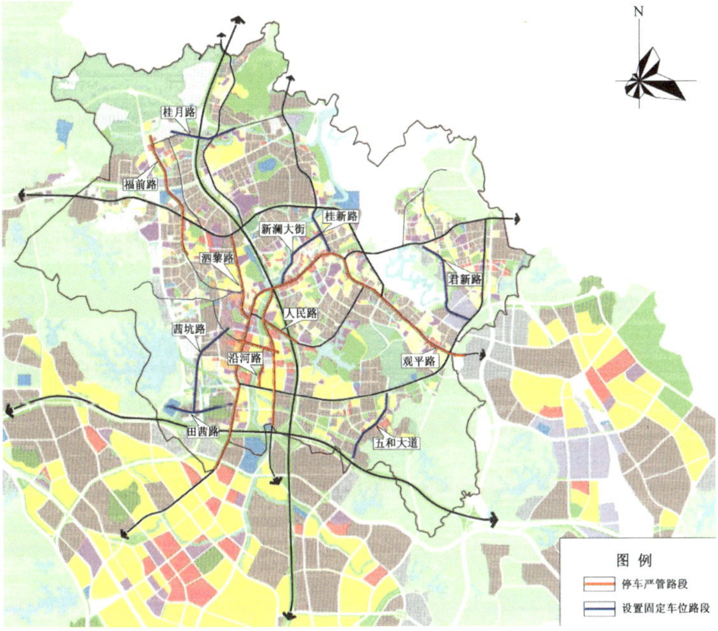

图 5-38 观澜片区路边停车管理方案示意图

1）从宏观到微观，从交通网络规划到交通改善计划，进行全方位地改善

宏观层面，基于现状调研情况，梳理以往各层次规划，形成稳定的交通网络布局方案，奠定交通改善的基础；微观层面，针对具体路段、重点片区、重要节点，提出详细改善方案，指导工程实施。

2）契合工业区转型特点，分阶段实施禁止货车通行方案

现状工业区仍然较多，货车需求量较大，随着观澜核心区的建设和发展，对交通品质的要求不断提高，因此提出分阶段禁货方案，循序渐进地引导货车转移。禁货措施由部分路段推广至区域，由高峰时间推广到白天，并制定货车疏解路线方案，满足货车的基本出行需求。

参考文献

[1] 深圳市城市交通规划设计研究中心. 轨道交通 13 号线交通详细规划[R]. 深圳：深圳市城市交通规划设计研究中心，2015.

[2] 深圳市城市交通规划设计研究中心. 轨道交通 14 号线交通详细规划[R]. 深圳：深圳市城市交通规划设计研究中心，2015.

[3] 深圳市城市交通规划设计研究中心. 深圳市龙华新区现代有轨电车试验线工程线站位及车辆段选址与道路交通详规研究报告[R]. 深圳：深圳市城市交通规划设计研究中心，2014.

[4] 深圳市城市交通规划设计研究中心. 深圳市龙华新区现代有轨电车试验线客流预测专题研究报

告[R]. 深圳:深圳市城市交通规划设计研究中心,2014.
[5] 深圳市城市交通规划设计研究中心. 深圳市龙华新区现代有轨电车试验线工程沿线道路交通规划专题研究报告[R]. 深圳:深圳市城市交通规划设计研究中心,2015.
[6] 深圳市城市交通规划设计研究中心. 深圳市坪山新区现代有轨电车前期规划研究报告[R]. 深圳:深圳市城市交通规划设计研究中心,2014.
[7] 深圳市城市交通规划设计研究中心. 东莞市现代有轨电车首期线路详细规划研究报告[R]. 深圳:深圳市城市交通规划设计研究中心,2015.
[8] 陆锡明. 快速公交系统[M]. 上海:同济大学出版社,2005.
[9] 中华人民共和国住房与城乡建设部. CJJ 136—2010 快速公共汽车交通系统设计规范[S]. 北京:中国建筑工业出版社,2010.
[10] 深圳市城市交通规划设计研究中心有限公司. 深圳市中运量系统布局规划[R]. 深圳:深圳市城市交通规划设计研究中心,2011.
[11] 深圳市城市交通规划设计研究中心有限公司. 彩田路—民治大道(福田口岸—清湖)快速公交走廊交通详细规划[R]. 深圳:深圳市城市交通规划设计研究中心,2014.
[12] 深圳市城市交通规划设计研究中心有限公司. 南昌市快速公交系统规划研究[R]. 深圳:深圳市城市交通规划设计研究中心,2014.
[13] 徐循初,汤宇卿. 城市道路与交通规划[M]. 北京:中国建筑工业出版社,2005.
[14] 宗传苓,谭国威,张晓春. 基于城市发展战略的深圳高铁枢纽规划研究——以深圳北站和福田站为例[J]. 规划师,2011,27(10):23-29.
[15] 龙俊仁,宗传苓,覃鬲. 广深港客运专线福田站选址规划研究[J]. 城市轨道交通研究,2011(7):23-27.
[16] 深圳市城市交通规划设计研究中心. 广深港客运专线龙华—皇岗段交通详细规划[R]. 深圳:深圳市城市交通规划设计研究中心,2007.
[17] 深圳市城市交通规划设计研究中心. 福田站综合交通枢纽综合规划[R]. 深圳:深圳市城市交通规划设计研究中心,2008.
[18] 深圳市城市交通规划设计研究中心,深圳北站综合交通枢纽综合规划[R]. 深圳:深圳市城市交通规划设计研究中心,2005.
[19] 林群,李锋. 深圳市城市交通规划设计技术体系及工作指引[M]. 上海:同济大学出版社,2006.
[20] 林群,张晓春. 面向协同实施的城市交通规划——深圳探索与实践[M]. 上海:同济大学出版社,2011.

6 构建协同实施工作机制

在区域化、城市化和机动化快速发展背景下，城市交通系统日趋复杂，在规划、建设、管理等各实施层面的协调难度大幅增加。近年来，深圳在改进协同实施工作机制方面进行了探索和实践，一是要破解管理体制中存在的条块分割与多元建设主体所带来的协调难题，改进交通管理体制；二是在交通系统外部和内部建立动态循环的规划评估机制，及时高效地调整和优化既有规划计划；三是创新年度实施计划编制方法，有效控制规划实施过程。

6.1 创新面向协同实施的规划管理体系

综合交通是一个复杂的系统工程，尤其对于快速城市化地区，为避免区域交通发展各自为政、交通与城市发展脱节、交通内部各方式之间衔接不畅以及交通设施建设与运行管理互不协调等问题，亟须整合城市管理中分散的交通管理职能，以适应和促进城市与交通一体化发展，全过程加强对交通规划建设的管理，从而促进各个阶段交通发展工作的协同实施。

6.1.1 规划编制管理中的协同[1]

城市交通协同实施应实现两个方面的目标，一方面要求在“规划—计划—建设—管理”各个阶段之间的协同，实现规划指导计划，计划统筹建设，建设协调管理的目标；另一方面要求交通发展各层次之间的协同，实现从宏观规划战略、中观功能布局到微观交通组织与设计各层次之间相互协调与支撑的目标。

面向协同实施的城市交通规划设计应重点做好四个阶段的工作：一是协同规划战略，协调区域交通发展，明确城市交通发展目标、策略以及重大交通基础设施的规划布局；二是协调各类设施功能与布局，实现交通与土地利用以及各类交通设施之间的协同；三是从整体角度推进交通系统内部各子系统的高效、有序运行；四是要统筹提出各类设施的近期建设与年度实施计划，并建立年度实施计划评估工作机制，及时对各类设施的实施计划进行优化调整，实现协同推进。

基于以上四阶段的协同实施要求，深圳市逐渐形成了以整体交通规划、交通详细规划、交通综合改善规划和年度实施计划评估等为关键控制环节，组织开展交通规划设计工作，加强对交通规划建设各个阶段的全过程管理。其中，整体交通规划属于宏观层次的战略规划，是城市交通发展的总体纲领，并且与区域发展规划纲要、城市总体规划相协调，这是实现交通与城市发展战略协同的关键控制环节；交通详细规划属于微观层次的实施性规划，是进行规划实施过程管理的一项重要控制工具；交通综合治理是面向近期各部门协同解决复杂交通问题的一项重要手段，是促进交通建设与管理改善协同的关键控制环节；年度实施计划评估是促成协同实施的关键工作机制，是计划阶段加强规划管理的一项重要内容。面向协同实施的交通规划设计技术体系框架如图 6-1 所示。

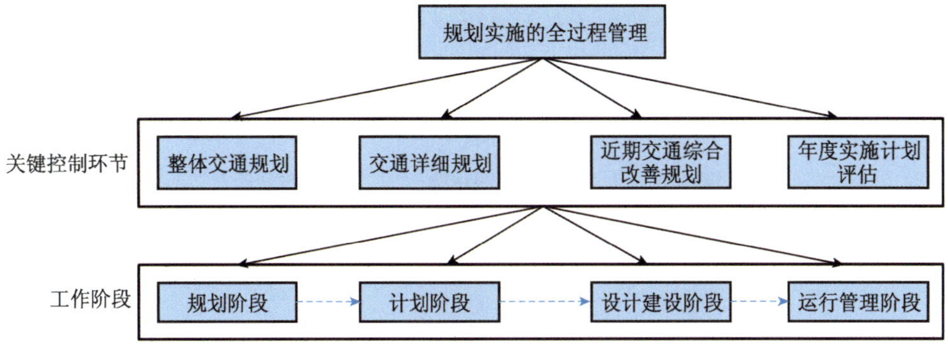

图 6-1　面向协同实施的交通规划设计技术体系框架[1]

6.1.2　规划实施管理中的协同[2]

一是交通部门与城市规划部门形成联动机制，解决交通设施的空间问题。建立联席会议制度，通过联席会议共同沟通、审议各层次交通规划。与城市规划部门联合编制综合交通体系规划，并纳入城市总体规划。二是交通部门与发改部门形成联动机制，解决交通发展的时间与资金保障问题。例如，深圳市交通运输委与深圳市发改委共同编制了深圳市综合交通"十一五"、"十二五"等五年发展规划，并制定与城市经济产业发展相适应的近期实施和投资计划。三是形成交通规划分级编制和执行制度，同时，依托市、区联席会议平台，进一步强化规划的针对性、可行性。

6.2　建立动态循环的规划实施评估机制

随着城市发展越来越注重质量和效益提升，规划调整变得越来越频繁，然而由于缺乏动态反馈机制，使得交通规划开始出现"内外失调"的不利局面，亟须建立适应新时期发展环境的规划实施工作范式。

6.2.1　传统规划实施的流程再造

交通规划实施工作在管理流程上有外部流程和内部流程两类，外部流程是指交通与城市规划、经济产业规划等城市其他系统的交互程序，内部流程是指交通系统内部各子系统之间的交互程序。

1. 外部流程再造

在综合交通规划编制阶段，在落实上层次区域和城市总体发展战略的同时，评估当前区域和城市发展中面临的问题，并通过专家咨询或参与总体规划编制的形式，主动反馈给区域和城市总体规划。交通专项规划编制阶段，在安排各项交通设施规划布局时明确提出相关设施的用地和资金需求，反馈给城市规划建设和产业发展管理部门，保障全市基础设施规划的一致性。在年度建设计划编制阶段，除了将编制过程中对设施建设时序、建设用地、建设资金的相关要求提供给用地和产业部门外，还需与近期建设规划、国民经济和社会发展规划纲要的实施部门互助反馈。交通规划实施的外部流程再造示意如图 6-2 所示。

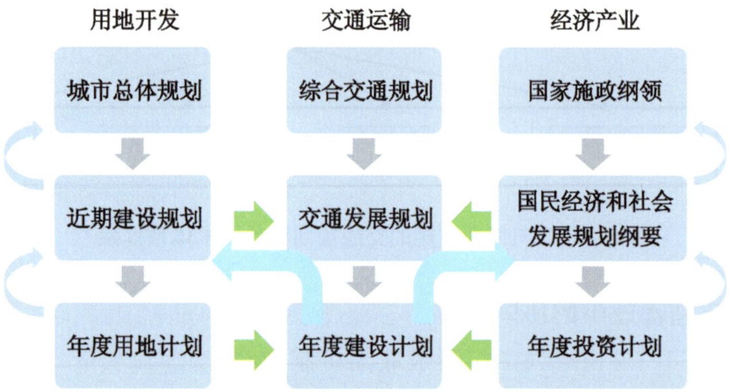

图 6-2　交通规划实施的外部流程再造示意

2. 内部流程再造

内部流程改造的核心在于保证规划实施的延续性。在规划实施启动后，建立跟踪调校机制，根据实施情况对规划的实施性、适应性、指导性和协调性进行评估，综合提出规划调校建议，及时反馈给规划编制单位进行规划调整，再重新调校实施计划，形成规划“编制—实施—评估—调校”的动态闭环，如图 6-3 所示。

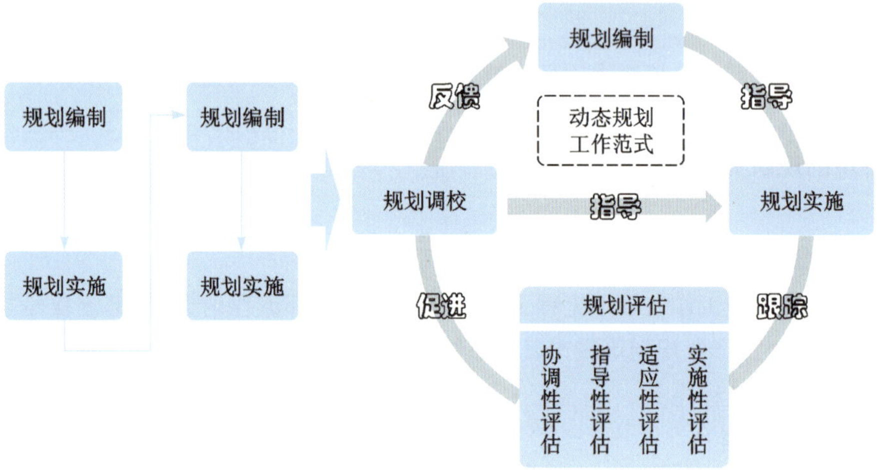

图 6-3　交通规划实施的内部流程再造示意

6.2.2 内部动态评估的技术方法和要点

1. 构建交通规划实施评估体系

借鉴城市规划评估理论和相关经验，结合当前的交通发展工作重点，将交通实施评估体系划分为实施性评估、适应性评估和协调性评估三部分[3-4]，如图 6-4 所示。通过实施性评估，对现状交通系统运行进行评价，检验交通规划的科学性、合理性以及实施效果。通过规划适应性评估，对交通规划继续指导城市交通发展能力进行评价，重点研究所依据的城市发展规划、区域发展条件、宏观经济背景变化对交通需求预测、交通规划方案变化的影响。通过规划协调性评估，动态校核交通规划与上位规划、其他相关规划的关系，以及各交通子系统之间规划建设的协调性。在以上评估工作的基础上，判别交通规划实施中存在问题以及近期交通发展工作重点，为调整近期建设计划提供技术依据。

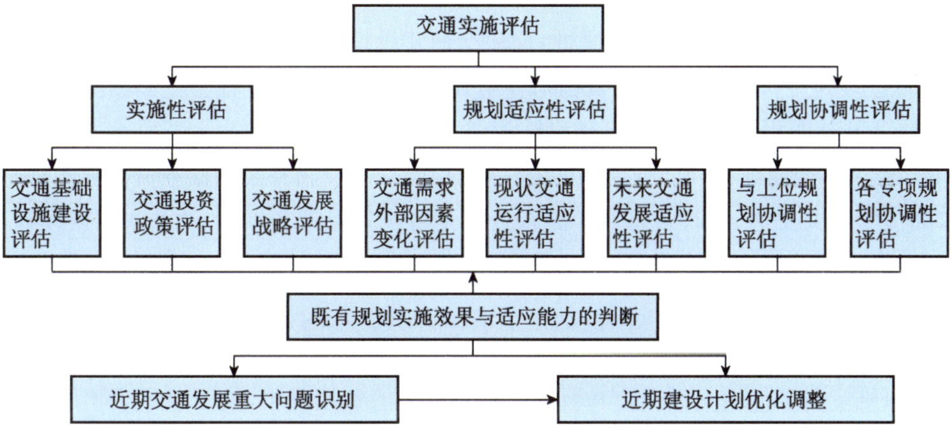

图 6-4　交通实施评估体系框架[3]

2. 拓展评估内容，深化评估深度

(1) 拓展评估内容。不仅评价交通系统内部，还关注交通的外部效应。以交通规划体系和交通建设计划为主要评估对象，在对公路、铁路、水运等对外交通以及道路、公交、慢行、停车等城市交通规划建设进行评估的基础上，全面分析交通系统内部的规划实施情况以及各系统之间的协调关系。综合分析交通系统对经济社会、城市空间拓展、土地开发的引领带动作用，以及对资源利用、环境保护、改善民生等外部效应的积极影响。

(2) 深化评估深度。交通实施评估除了分析近期出现的一些交通显性问题，例如核心城区高峰期道路拥堵加剧、公交服务水平不高、路网规模不足等问题，还关注交通隐性问题，例如公交场站建设滞后可能严重制约常规公交的发展、交通需求管理措施不足可能导致机动车持续过快增长等尚未显现的问题。

6.2.3 外部动态评估的技术方法和要点

外部效益评估应衡量规划实施对经济社会、土地利用和生态环境等外部环境产生的影响和效益。外部效益评估内容应包括社会经济效益评估、公平包容效益评估、土地利用效益评估和生态环境效益评估。

1. 社会经济效益评估

社会经济交益评估衡量既有规划实施对推动城市社会经济发展的作用，具体包括城市交通运输行业增加值、占 GDP 比重、新增就业岗位等直接效益，建设项目或政策实施后节省的时间价值成本、运输经营成本，以及增进城市经济活力、促进产业发展等间接效益。

2. 公平包容效益评估

公平包容效益评估衡量交通建设投资、资源配置以及各类社会群体使用设施、享受服务、支付费用、公众参与等方面的公平性、包容性程度。公平包容效益评估包括：

(1) 评估交通建设投资的公平性，检验交通建设投资安排是否符合各类交通方式使用者的公共利益，如公共交通投资占总体资比例是否足够，多方社会主体和资金是否能够按照公开透明程序参与交通基础设施和经营活动；

(2) 评估交通设施和服务使用的公平性，检验交通设施和公共服务资源配置是否合理，如检验公共交通、步行自行车等路权资源是否优先保障老年人、幼儿和残疾人等，他们是否能够无障碍方便地出行，市民采取小汽车、公共交通等各种交通方式享受的服务水平是否在合理范围；

(3) 评估交通票价、税费、补贴政策的公平性，检验社会各群体是否按照“使用者自付”的原则支付了使用交通设施和服务相应需承担的费用成本，是否兼顾了不同收入水平人群的支付能力，是否对低收入人群、弱势群体给予了合理补贴；

(4) 评估规划实施过程的公平性，检验交通规划或政策实施过程中是否建立了合理公众参与机制，是否充分征求了专家、市民等各方面意见。

3. 土地利用效益评估

土地利用效益评估衡量规划实施对拓展城市空间、优化土地利用以及提升土地价值等方面作用。具体包括：

(1) 交通设施建设项目与政策对提升城市交通区位、优化城市空间格局作用；

(2) 对推动新城新区开发、老城更新改造等土地利用调整的支撑作用；

(3) 对推行公交引导发展模式、促进关键交通走廊人口岗位集聚的作用。

4. 生态环境效益评估

生态环境效益评估衡量规划实施带来的资源消耗、污染排放和噪音振动等对生态环境的影响。生态环境效益评估内容包括：

(1) 交通建设、运行等环节的资源消耗量、温室气体和污染物排放量，及其所占比例，交通噪音、振动的强度等；

(2) 交通基础设施建成使用、新型技术或工具应用后节约能源、减少用地以及减少排放的数量。

6.3 制定面向过程控制的年度实施计划

年度实施计划是促成协同实施的关键工作机制，是计划阶段加强规划管理的一项重要内容。及时掌握年度实施计划实施进展情况，结合动态规划评估工作，科学调整和安排下一年度规划研究和建设计划，同时更新优化各个项目之间的协同实施要求，从而实现对计划阶段的规划管理。[5]

6.3.1 面向协同实施的过程控制思路

当前国内多数城市正处于交通基础设施大规模建设阶段，在建、新建和开展前期工作的项目数量多、投资大，特别是大型基建建设期间对既有交通系统将产生较大影响，要求应进一步改进建设计划管理工作方法，有效统筹安排各类交通建设项目的实施。面向协同实施的过程控制思路在于：一是统筹现阶段全市交通规划建设工作，指导近期各年度的建设计划编制；二是从系统上综合评判项目优先度，科学合理有序推进项目建设；三是协同推进项目建设，确保重点和核心项目建设进度，并保证相关交通设施协同实施，促进交通系统的协调建设、运营和管理。

在保障机制方面，交通近期建设计划应与政府相关计划相衔接，包括市发改部门的全市重大建设项目计划和投资计划、国土规划部门的土地利用计划相衔接等。交通近期建设计划应与各下级行政机构建设计划相衔接，根据事权划分在项目建设空间安排和时序推进方面形成合理的分工和协调机制。

6.3.2 年度实施计划编制方法和要点

在交通年度实施评估工作的基础上，建立近期建设计划编制机制，明确交通发展的重点和任务分工。采用项目优先度分析方法对交通建设和研究项目进行排序，不仅考虑交通系统内部各项目的优先度，而且分析不同系统相关项目的时间和空间衔接要求，对项目的优先度进行跨系统优化调整，从整体上协调各项目的建设时序。优先度排序的考虑因素主要包括：项目在城市发展和交通系统中的重要度、在规划中的功能与定位、近期交通需求情况和交通问题的紧迫程度、项目的建设条件、项目前期工作情况、相关项目之间在功能、建设时间和空间衔接等方面的协同关系、项目与土地利用的相互关系、投资和成本效益等。

根据全市总体发展建设要求和重点建设项目，划分若干重大交通计划或工程的项目包，各项目包以一个或多个重点项目为核心，涵盖其他需要协同实施建设的相关项目，并针对各项目包制定较为系统的规划建设指引和协同实施计划。

汇总上述各项目计划包，建立综合交通近期建设项目库，形成全市的综合交通协同实施计划，用以指导近期各类交通规划建设的实施。每年依据建设项目库编制年度实施计划，确定每年的投资建设计划，并对实施项目的工作进展进行跟踪调校。对每年的交通发展建设状况进行系统的年度评估，根据跟踪调校和年度评估结果更新建设项目库，使建设项目库成为统筹规划、计划和建设，动态跟踪和统筹交通发展建设的“一张表”。[6]

6.4 规划案例

6.4.1 深圳市综合交通“十二五”建设项目库和协同实施计划

1. 规划背景

“十二五”期间，深圳市交通规划、建设和管理工作将面临十分复杂的情况，如何协调各交通系统关系，提高规划建设水平，是近期深圳综合交通发展面临的重要问题。因此，要求深圳进一步改进技术及管理工作，完善交通规划编制体系，制定全市的综合交通项目库和协同实施计划，应对下阶段交通发展要求。

2. 规划内容与主要结论

面对新时期交通问题的复杂性和紧迫性，根据深圳市交通规划建设管理体制，制定全市的综合交通项目库和协同实施计划。依据“双港提升”等五大行动规划，基于各项目的功能要求、时间和空间的衔接需要，以重大项目为核心，理清需要协同规划建设的各相关项目，明确各项目的协同实施和跟踪调校要求，形成较为系统的规划建设指引和协同实施计划，作为“十二五”期间深圳市综合交通项目库，指导未来五年各类交通规划建设。

1）机场枢纽地区协同实施计划

机场扩建工程在空间及节点上应与在建的沿江高速等集疏运道路进行协同，密切跟踪深中通道动态，预留发展空间；推进各条对外疏解通道的建设进度，保证在机场扩容完成前建成机场南路等周边对外衔接通道；机场内部通道应与各条集疏运道路协同安排合理高效的客货组织衔接；机场扩建中对各项内部设施设置应与各相关轨道站场、公交站场、客货场站等设施建立通畅便捷的交通接驳联系；积极推进深港西部快速轨道的规划研究工作。

2）港口枢纽地区协同实施计划

优先保障港口枢纽对外交通需求，加快完善港口枢纽及枢纽地区对外交通设施系统，加快推进疏港通道建设，提升港口枢纽及枢纽地区对外交通能力。对枢纽地区范围内的地块的用地开发推行交通影响评估制度。重视港口岸线资源及相关后方陆域地区的开发引导与控制；保留临港高附加值的产业用地，逐步迁移低附加值及高货运量产业用地；港口物流园区用地规划应预留未来远期改建弹性。

3）铁路枢纽地区协同实施计划

协调各轨道线路的空间关系。明确枢纽功能定位、线站位布局，确定站区各轨道线空间关系，协调与周边道路、市政管线等市政设施的关系。

统筹考虑枢纽布局。协调配套设施布局规划，优化枢纽周边以及地下空间开发。合理制定交通接驳方案，包括周边路网调整规划、交通接驳设施布局及枢纽对外交通组织方案，实现枢纽客流的快速集散。

4）公路枢纽地区协同实施计划

完善客运枢纽对外集散，优化接驳公交线路。完善枢纽对外集散道路，尤其与外围主干道路衔接通道，通过完善路网、优化交通组织适当分离公路客运对外交通与枢纽地区城市交通，尽可能减少两者干扰。优化与枢纽接驳的城市公交线路布设，提供大容量集约化的集散运输服务。轨道交通及 BRT 快速公交的站点设置也应充分考虑对公路客运枢纽的尽可能便捷的服务。

完善货运枢纽交通衔接，促进客、货分离。完善枢纽对外交通尤其与外围主干道路衔接通道，通过完善路网、优化交通组织，适当分离客、货交通。

利用重大基建契机，提升枢纽条件。对大型房地产开发、交通基建及其他重大基建项目推行严格的交通影响分析、环境和社会评估制度。枢纽地区相关重大基建项目尤其是交通基建，应在规划设计时考虑对公路客运枢纽进出交通预留相应的衔接条件，做好相应的交通疏解研究，减少施工期间对公路客运枢纽对外交通及集散交通组织的影响。

5）城市交通协同实施计划

强化各类交通方式的一体化整合，统筹规划、建设、运营、管理和服务，使得各种交通方式协调发展。

以轨道交通为核心对各类交通设施进行一体化整合。加强轨道与常规公交、慢行交通、道路交通和停车等各类交通方式的一体化整合。在公交方面，构筑与轨道交通紧密衔接，功能结构合理、层次清晰明确、覆盖全市范围的常规公交线网，提出规划公交站点和综合枢纽布局和规模要求，制定改善公交服务水平、贯彻落实公交优先的政策和措施建议。在道路方面，构建与轨道交通一体化发展、规模布局合理、功能层次清晰的道路体系。在慢行交通方面，建设与轨道交通高效接驳的慢行交通系统，改善通行条件和步行环境，提升慢行交通的通达性和便捷性，引导市民采用“轨道＋慢行”的交通出行方式。

加强公交与道路间协同规划建设。在重大交通通道规划中，应首先明确公交需求，确定轨道等公交系统功能，优先确定公交设施规模，满足公交设施布局要求；在新城路网规划建设中，应该以引导公交客运走廊、培育公交客流作为道路网络规划以及道路设计的出发点，优先确立公交在新城交通结构中的优势地位；在旧城路网完善中，以利于公交服务为出发点，提高路网连通度，优化交通组织。

3. 转型规划/设计要点

分层次协调。从宏观层面，考虑综合交通系统与城市以及区域交通体系的协调布局;在中观层面,考虑各类交通系统之间的协同发展;在微观层面,考虑各类项目在空间布局和建设时序上的合理衔接。

持续跟踪调整。在规划阶段,考虑与区域发展规划、城市总体发展规划、土地利用规划、相关交通规划、产业发展规划以及生态和环境保护规划等规划之间的协同,编制合理、有序和高度协调的项目实施计划;在建设阶段,系统考虑交通设施本身、网络系统、相关重大基建以及项目的建设主体、时空排序、管理和运营模式等相关因素,考虑各部门之间协同、各有关项目之间的协同和各个设施间的协同使用等。

6.4.2 深圳市综合交通“十二五”中期评估

1. 规划背景

深圳市综合交通“十二五”规划实施过半后,通过开展中期评估工作,全面掌握“十二五”规划目标指标和建设计划的完成进展,分析总结规划实施过程中存在的问题。同时,“十八大”后国家发展进入“新常态”,深圳经济社会和城市发展环境发生重大变化,仅以建设计划调整为关注点的传统中期评估已无法适应新政策、新形势和新任务,需要对“十二五”规划进行一次系统地综合性评估和调整。

2. 规划内容与主要结论

引入国内外城市和交通规划评估理论,从动态规划的作用机制和实施路径入手,分别从实施性、适应性、指导性和协调性四方面对规划进行了评估,对《深圳市综合交通“十二五”规划》(以下简称“《规划》”)提出的规划指标、策略、行动以及建设项目计划、时序、投资等方面进行了全面调整。

1) 实施性评估

从双港提升、公铁跨越、南联北拓、公交都市和品质交通等方面对交通规划、政策、建设、管理的实施情况和成效进行全面评估,并量化评估规划目标指标的完成程度以及建设投资计划的实施进展,总结分析了当前《规划》实施过程中存在的问题和不足。

2) 适应性评估

从宏观经济形势、城市发展策略和交通需求特征等方面评估当前经济社会、土地开发、人口岗位等外部环境与《规划》编制背景的差异。从交通运输结构、道路交通运行、居民出行特征等方面评估当前综合交通运行情况,以“以调结构为核心任务”“以促一体为建设重点”和“以抓品质为发展要求”为调整思路,对《规划》的发展指标、策略措施进行了评估和调整。

3) 指导性评估

遵循协同实施原则,对重大交通设施的空间布局和建设时序、交通管理政策的研究方向和实施路径、交通投资的倾向配置和优化提出具体指导意见,制定“十二五”后半期的行动措施和建设计划。

4）协调性评估

全面评估《规划》与国民经济发展纲要、交通白皮书等上位规划的协调关系，对干线道路、轨道交通、常规公交、停车政策、慢行系统、智能交通等交通子系统的空间布局和发展策略提出了规划调整思路和建议。交通规划评估内容体系如图 6-5 所示。

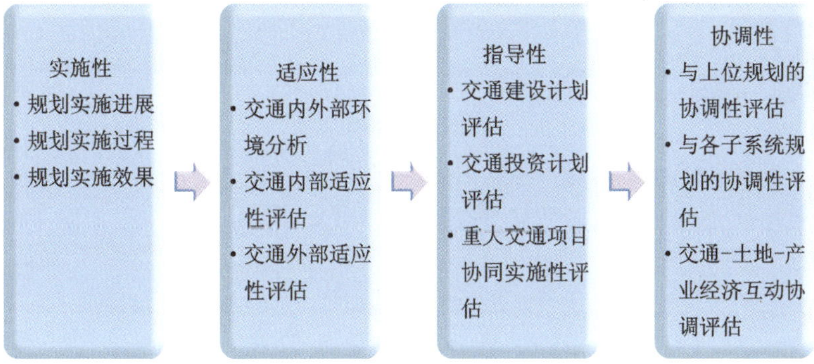

图 6-5　交通规划评估内容体系

3. 转型规划及设计要点

此次中期评估是传统“五年”发展规划评估的一次重要转型，在交通规划评估技术方法和实施机制上做出了有力的创新，可为其他城市和行业规划评估工作提供借鉴和参考。

1）自上而下，构建体系

转变以往自下而上的计划评估模式，在经典的 HOPKINS 规划分析框架基础上，创新性地提出“规划　政策　行动—效果”四层次综合交通规划评估方法体系。一是评估规划提出的发展目标、战略、行动、计划在当前城市和交通发展形势下的适应性；二是评估需求管理、行业管理等交通政策的实施机制和过程；三是评估规划制定的具体行动和建设计划的实施进展、过程和效果；四是对规划实施的总体效果进行评估。

2）应用“新技术”，把握“新常态”

首次将“土地—交通—环境”综合评估技术应用于交通规划评估，在“大数据”环境下充分挖掘海量数据，剖析当前交通发展的“新常态”，实现对行动计划的精准调校。通过与城市更新同步构建的中观交通模型、实时运行的交通指数系统和交通碳排放监测平台应用，为综合判断城市更新对人口、岗位分布的影响、都市圈形势下的交通出行特征变化、绿色低碳可持续发展对城市和交通发展的制约等规划前景，提供了动态、实时、准确的评估数据支撑。

3）客观全面、多维评估

规划评估作为动态规划机制中相对独立的环节，本次工作从时间维度、资金维度和效果维度等方面着手，对规划发展目标、指标、战略、任务、行动、计划、投资、机制以及实施过程等方面进行多维评估，充分体现规划评估的客观性、全面性。

4）由内及外、由表及里

在评估工作的深度和广度上，突破“就规划论规划”、“就交通论交通”、“就现象论现象”的传统分析思路，除了评估交通系统发展本身存在的显著性问题外，进一步对交通发展外部效应以及存在的隐形问题进行全面、深入评估。

参考文献

[1] 林群，李锋.深圳城市交通规划设计技术体系及工作指引[M].上海：同济大学出版社，2006.

[2] 林群，张晓春.面向协同实施的城市交通规划-深圳探索与实践[M].上海：同济大学出版社，2011.

[3] 陈小鸿，张华.大城市综合交通规划评估的目标框架与动态范式[J].上海城市管理，2010，19(6)：48-51.

[4] 宋彦，陈燕萍.城市规划评估指引[M].北京：中国建筑工业出版社，2012.

[5] 林群，徐惠农，宋家骅.面向协同实施深圳市城市交通规划[J].城市交通，2011，9(3)：14-23.

[6] 张晓春，徐惠农，林群，等.深圳市交通规划设计技术体系[J].城市交通，2010，8(5)：36-46.

7 大数据环境下城市交通综合评价技术

城市交通综合评估是城市交通规划、建设和政策制定的工作基础。城市综合交通环境日益复杂，传统以交通为单一核心的评估技术体系面临如何拓展评估边界、深化评估技术、提升评估频率和多元视角评估四大关键问题[1]。拓展评估边界，评估对象从城市到区域、都市圈，深化评估技术，建立融合宏观、中观和微观的评估决策支持体系；提升评估频率，从静态评估走向动态融合评估；推动多元视角评估，构建土地、交通与环境一体化评估体系[1]。因此，城市交通综合评估重点推动城市交通综合评估从城市到区域、从宏观到微观、从静态到动态和从土地到环境的四大转变。

7.1 交通综合评价系统总体架构设计

按照“数据→模型→评估→决策”总体思路，以涵盖动、静态多元融合的数据中心为基础，建立覆盖区域、城市和片区等多层次一体化交通模型体系，提出包括交通、土地、环境以及经济等多视角交通综合评估技术，开发面向政府、技术人员和公众等多用户决策支持与信息服务平台，构建城市交通综合评估与决策支持系统。[2]

多元融合的动静态数据库建设是系统基础：利用信息化条件下大数据技术，采集和接入动态交通运行和静态交通环境数据，建立多元、融合综合基础数据库，形成城市交通综合评估与决策支持系统数据基础平台。

多层次一体化交通模型是系统核心支撑技术。以多元化综合交通数据库为基础，从都市圈、市域到分区，从战略分析、需求预测到节点交通仿真，从宏观、中观到微观，构建多层次、一体化的交通模型体系，为不同层次的交通规划和设计工作提供技术分析支持。

多维度综合交通评估技术是系统方法手段。在多层次一体化交通模型基础上，根据交通综合评估要求，开发各类专项评估技术，实现对交通、土地、环境、经济、运营和安全等方面的综合评估，为规划决策管理提供重要的技术支持。

多用户决策与信息服务是系统终端应用。通过对交通、土地和环境综合评估结果的数据分析，为城市交通规划、管理决策提供科学分析技术依据。通过移动客户端、专题网站、公开屏幕、电台和电视等途径向广大交通使用者提供及时的交通运行及排放状况，引导选择合理的出行时段、出行路线和出行方式。

城市交通综合评估与决策支持系统建设包括四个部分，即多元融合的数据中心、多层次一体化交通模型系统、多视角交通综合评估技术以及多用户决策支持与信息服务平台。系统逻辑框架如图 7-1 所示。

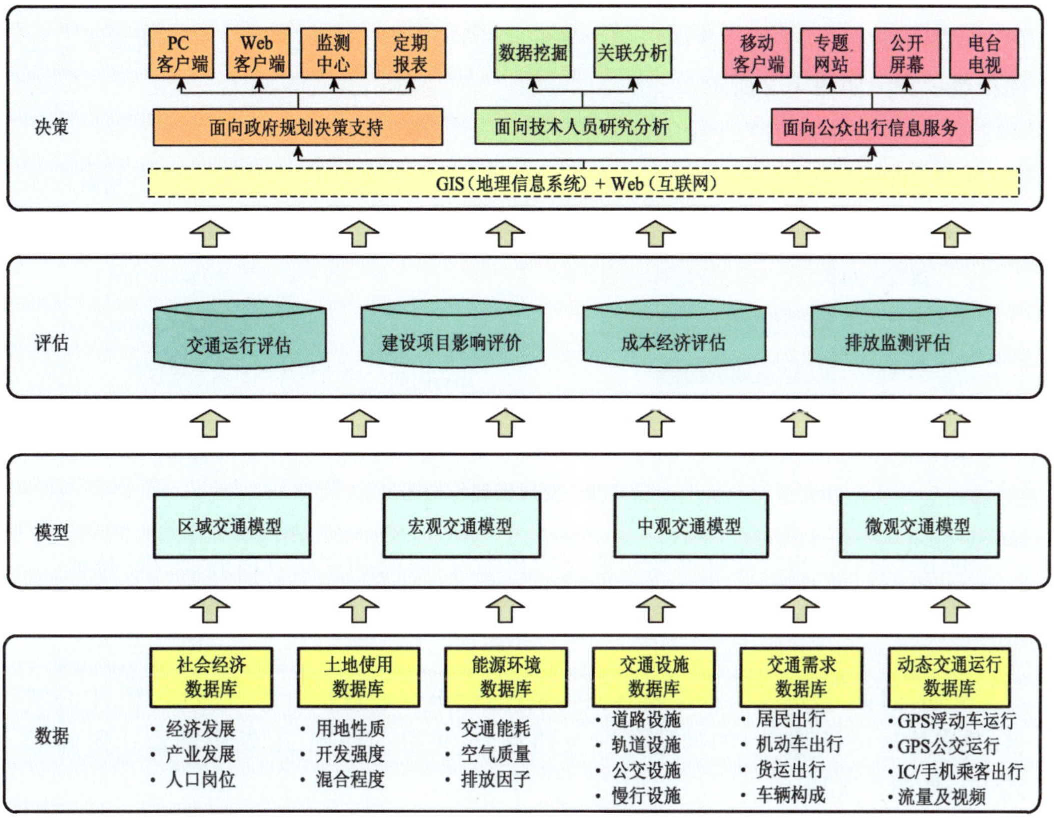

图 7-1　系统逻辑架构

7.2　交通运行评价

交通运行评价指标体系主要研究道路运行和公交运营两方面的评估内容，道路运行畅通性和可达性是交通运行评价的重点。融合浮动车等多元数据，实时获得道路车速并计算综合性交通指数，客观反映城市道路交通运行状况在空间、时间和强度等方面的特征，分析道路交通运行效率、协调性和可接受程度，并建立评价结果长效发布机制，为政府决策、公众出行和技术分析提供相关信息服务。

利用城市出租车的实时 GPS 数据（间隔约 20 s），可实现主要道路（次干路及以上道路）的样本覆盖率达到 80%以上。

道路交通运行指数（简称“交通指数”）是道路整体运行水平综合性量化评估的指标。如深圳交通指数平台定义一种基于出行时间比的交通运行指数，取值范围为 0～10，分为畅通（0～2）、基本畅通（2～4）、缓行（4～6）、轻度拥堵（6～8）和拥堵（8～10）五个等级，分别用绿色、浅绿、黄色、橙色和红色表示。其中，出行时间比是路段或路网实际行程时间与期望行程时间的比值，表征当前路况下相比期望车速情形下多花费的时间。交通指数越大，表明一次出行相比顺畅状态（如凌晨时刻）多花费的时间越长。交通指数示意图如图 7-2 所示。

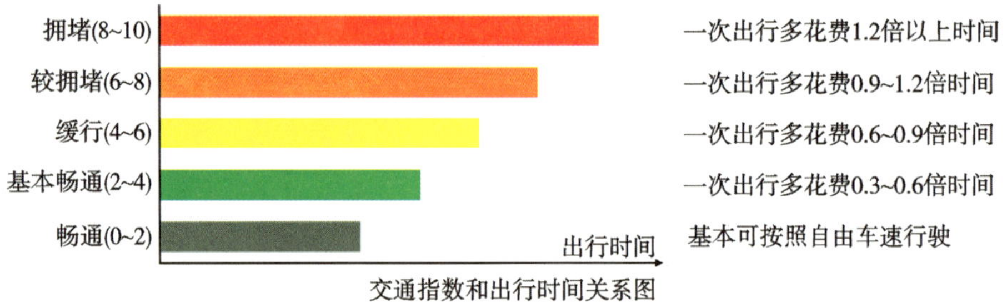

图 7-2　交通指数示意图

利用交通运行指数能够反映交通拥堵在强度、时间和空间方面的“三维”特征[3]。实际应用中选择简单直观图表形式来表现，方便市民和决策者认读和理解。

1. 拥堵强度：指数时变

交通运行指数的实时数值及其变化情况，能够描述评估范围内（如全市、中心城区、重点片区或路段等）的拥堵状况及趋势，可采取曲线图、时钟图和雷达图等形式[3-5]，如图 7-3 所示。

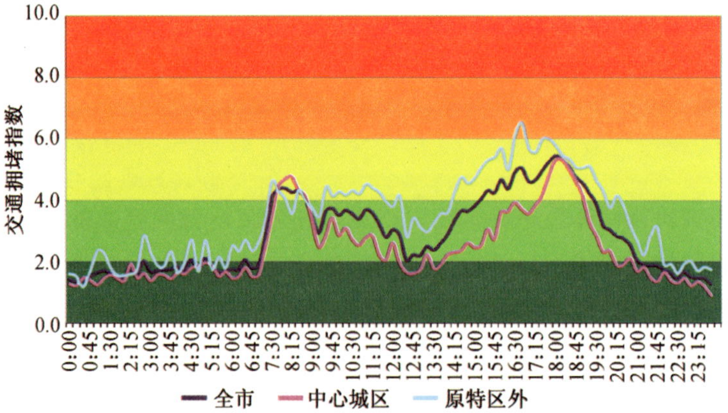

图 7-3　交通拥堵强度主要表现形式

2. 时间特征：拥堵持续时间

利用交通运行指数的实时变化情况，能够统计评估范围内各拥堵等级的持续时间；通过分析轻度拥堵和拥堵等级的时长和频率，识别常发拥堵路段，如图 7-4 所示。

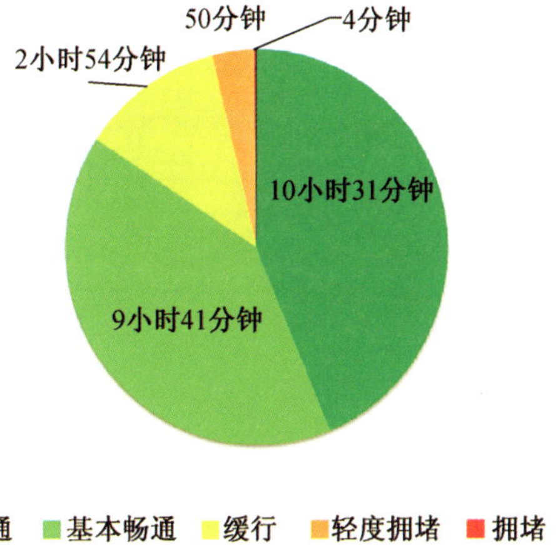

(a) 各交通等级持续时间

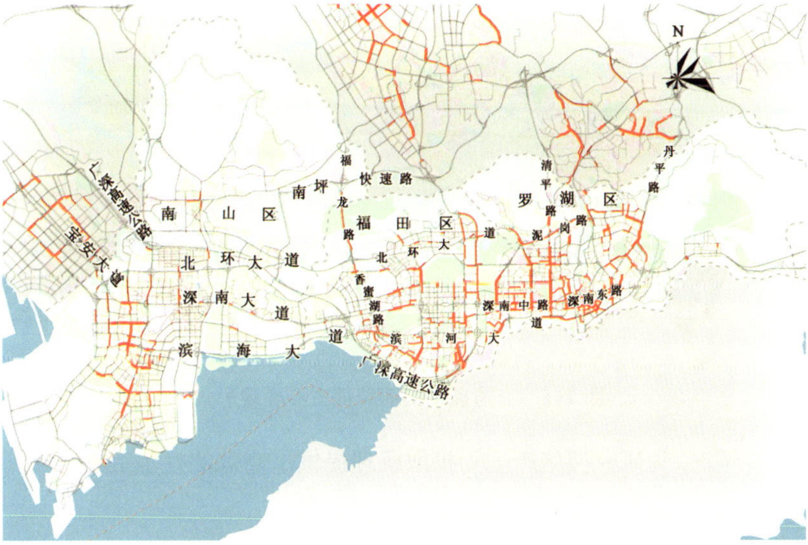

(b) 常发拥堵路段图

图 7-4　交通拥堵时间特征主要表现形式

3. 空间特征:指数地图

通过在路段或片区地图上采用不同的颜色表示不同拥堵等级,能够反映道路交通运行状况的空间分布情况。遴选出其中拥堵的路段或片区并在地图上显示,能够清晰展现交通拥堵在空间分布与扩散情况,如图 7-5 所示。

4. 综合特征:拥堵时空图

对于特定道路路段,可通过拥堵时空图(图 7-6)综合全面地反映路段交通拥堵的时

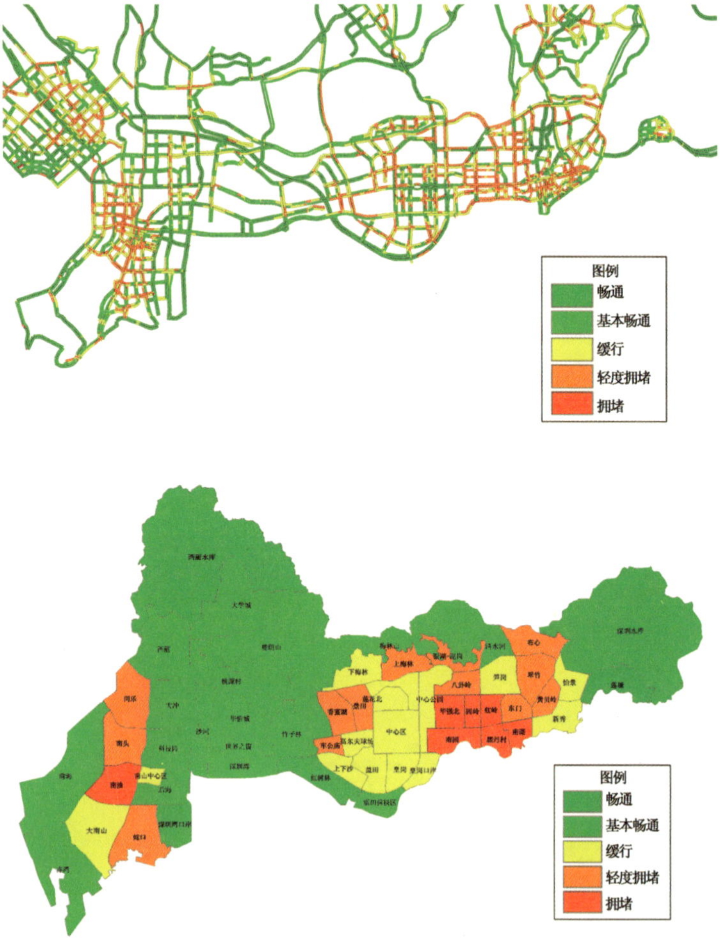

图 7-5　交通拥堵空间特征主要表现形式

空分布及演变情况，为研究拥堵产生和扩散机理提供了高效的技术手段。

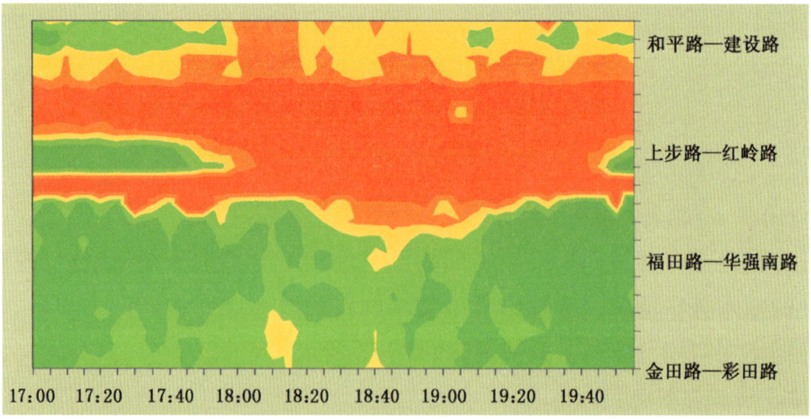

图 7-6　深圳市滨河路典型日晚高峰拥堵时空图

7.3 土地开发交通影响评价

中观交通模型是支持用地开发交通影响评价的关键技术,透明化的数据和分析方法以及统一分析平台,可以支持交通影响评价、交通承载力评估等土地开发交通评价。

7.3.1 中观交通模型技术框架

中观模型是基于城市规划片区的交通分析模型,为片区内用地开发建设项目提供精细化的交通影响评价指标,依托中观模型,搭建统一评估平台,规范交通影响评价、交通承载力评估等工作。

基于流量转向延误的静态交通分配,通过模拟细化路口交通组织控制,突出路网节点交通延误对道路交通流分配的影响;用车队组合代替个体车辆的车流仿真,考虑车队组成的动态仿真模拟。中观交通模型技术标准体系分为"数据—分区—路网—需求—模拟"五个部分[4],具体如图 7-7 所示。

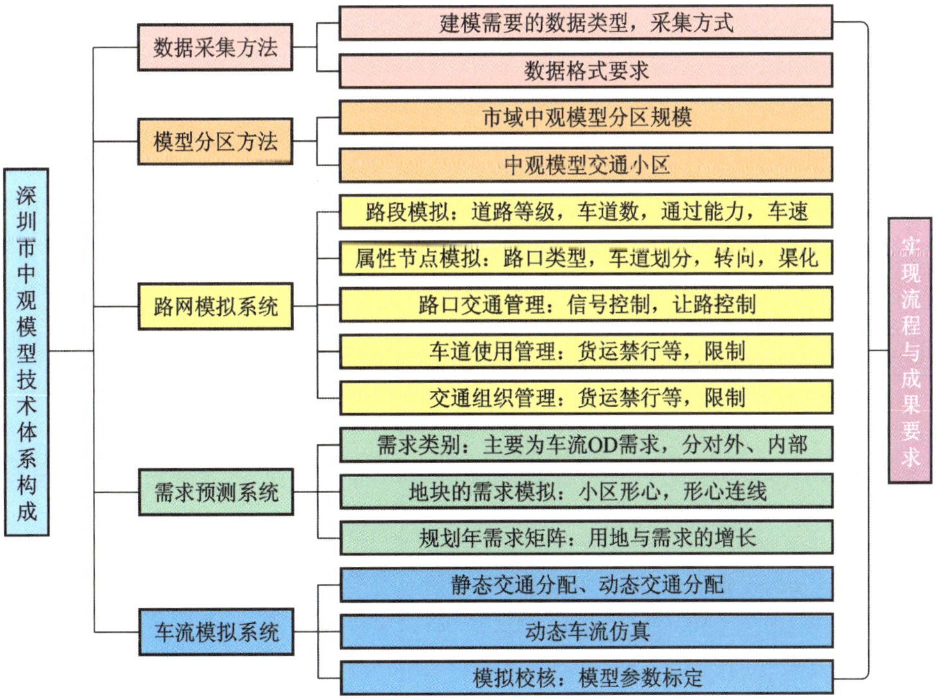

图 7-7　中观交通模型技术标准体系

7.3.2 中观交通模型分配技术

将出行需求按一定的原则分配到交通网络上，求解路网中各路径的交通流量，对路网性能进行评价。考虑时间变动因素，将时变的交通出行合理分配到交通网络中各路径上。

面向交通影响评价的中观交通模型，采用车队组成动态仿真模拟，车队内部动态模拟特征一致。提高了效率的同时也获得更多细致的分析评价指标。交通分配与交通仿真的联合：中观交通模型融合静态交通分配与动态车流仿真，并进行深度校核，提高效率同时输出适应精细化评估的各种指标。

7.3.3 基于中观模型的交通影响评价平台

以中观交通模型技术为基础，构建易于操作和使用的交通影响评价平台。

1. 输入内容

系统界面输入内容包括项目基本信息（基础内容）和方案内容。基本信息录入项目名称、位置、用地范围及影响评价范围；根据项目位置，系统识别所在的中观模型基本分区并调出，为后续用地范围、影响评价范围勾画提供小区准备。方案输入包括无项目背景方案和有项目新建方案的路网编辑、需求 OD 矩阵、模型参数（出行率、道路通行能力和车流仿真等参数），具体如图7-8 和图 7-9 所示。

2. 模型输出

分有方案、无方案输出模型结果并对比，方案输出结果包括路段、交叉口和仿真视频三部分；路段输出结果包括交通量、饱和度和车速；交叉口输出结果包括路口转向流量、饱和度和延误；此外，中观模型还可输出统一格式的各指标报表，如图 7-10 所示。

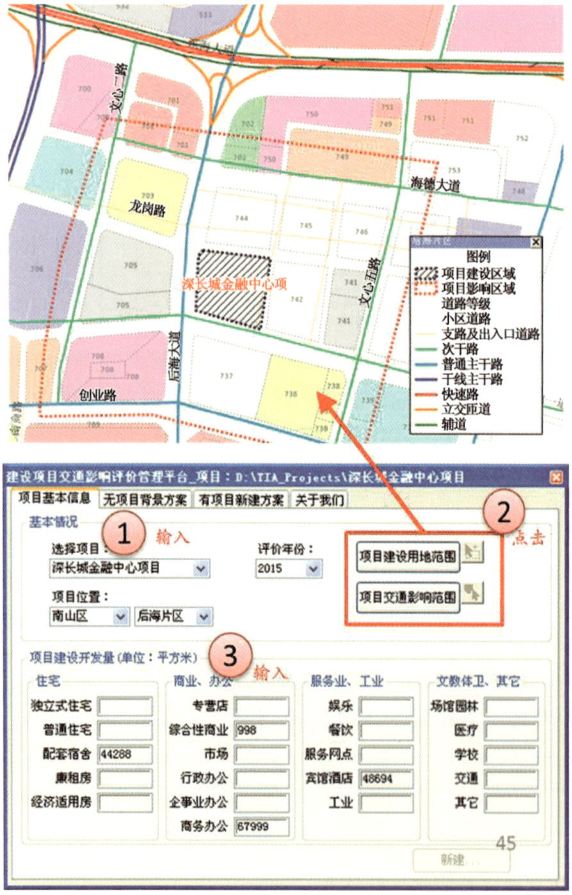

图 7-8 勾画项目建设用地范围与参数录入

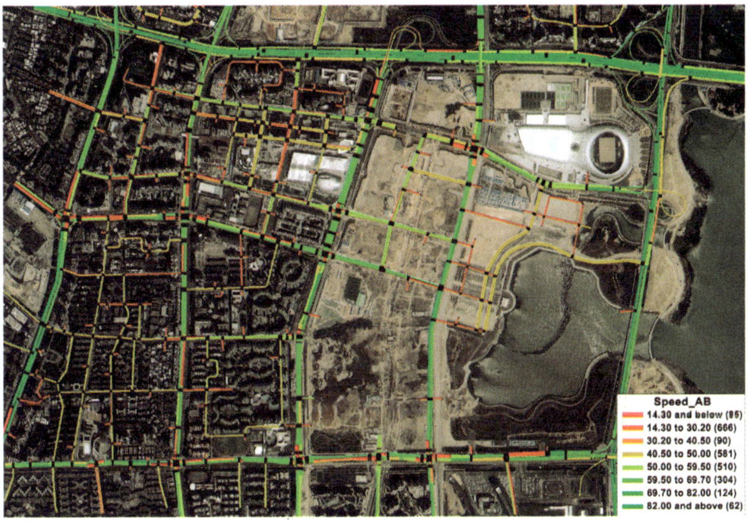

图 7-9 中观交通模型动态仿真

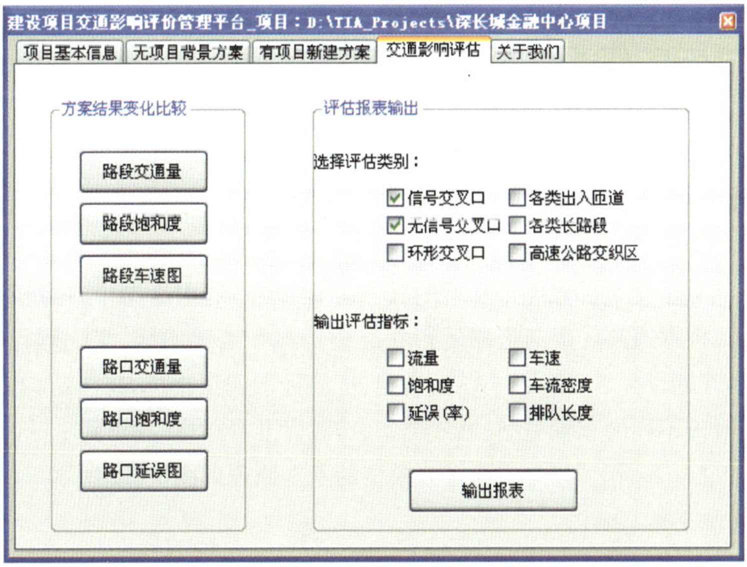

图 7-10 建设项目交通影响评价管理平台

7.4 交通排放监测评价

建立交通排放模型，能够评估交通规划决策的环境效益，有力推进交通管理政策的具体实施。国内外先进城市的经验表明，定量化分析重大交通政策的减排效果，是制定、评估、宣传和实施各类交通政策的普遍做法和有力抓手，有利于争取市民的理解，取得保护环境和缓解拥堵的双重效果。

7.4.1 排放监测边界

交通排放监测平台主要以机动车为研究对象，综合考虑不同类型车辆对城市交通排放中的影响，选择小汽车、出租车和常规公交等三种客运交通方式，以及普通货运车、专用货物运输车辆(集装箱、冷藏保鲜设备、罐式容器等)、道路危险货物运输车等货运交通方式进行核算。

交通碳排放监测平台对城市不同地区、不同时间段的交通碳排放情况进行跟踪监测，评估不同地区交通排放分布情况。系统建设主要包括以下三个方面内容：

(1) 交通调查与数据采集；

(2) 建立交通排放核算模型；

(3) 建立交通排放监测与发布应用系统。

7.4.2 交通排放建模

1. "自下而上"精细化建模

基于车队构成、运行工况等的排放因子库，通过分别计算每种交通方式的排放来核算城市所有交通活动排放总和。

不同车种、不同排量、不同燃油类型和不同排放标准车辆在交通排放特性上存在显著差异，参考国内现行机动车分类标准，结合排放核算的实际需要对机动车类型进行划分。

采用欧洲道路交通排放因子手册的基本方法，建立适用于城市自身情况的交通排放核算模型。根据道路等级与道路运行状况确定典型工况曲线，实现运行工况的本地化；根据包括车辆种类、车辆大小、燃油类型、排放标准四项指标，将车队构成本地化；典型工况曲线对应不同的车辆类型、燃油类型、排放标准等指标，共得到 1 600 个本地化交通排放因子。"自下而上"建立交通排放模型的基本原理如图 7-11 所示。

2. 排放因子库本地化

国外因子不宜照搬，需要通过欧洲 PHEM 模型(客车和重型车排放模型)计算符合城市道路运行情况的排放因子。PHEM 模型是可基于排放特性图模拟不同驾驶模式的排放因子模型，其核心是发动机瞬态地图。发动机瞬态地图的建立基于针对中型车的三个测试，包括发动机台架试验、底盘测功机和道路测试。

3. 车队构成本地化

通过在排放标准实施计划、车辆年检数据、车牌识别数据和监测点的分布信息等数据之间建立关联，得到不同空间范围内，不同类型、车龄、排量、燃油类型以及排放标准的车辆构成比例。

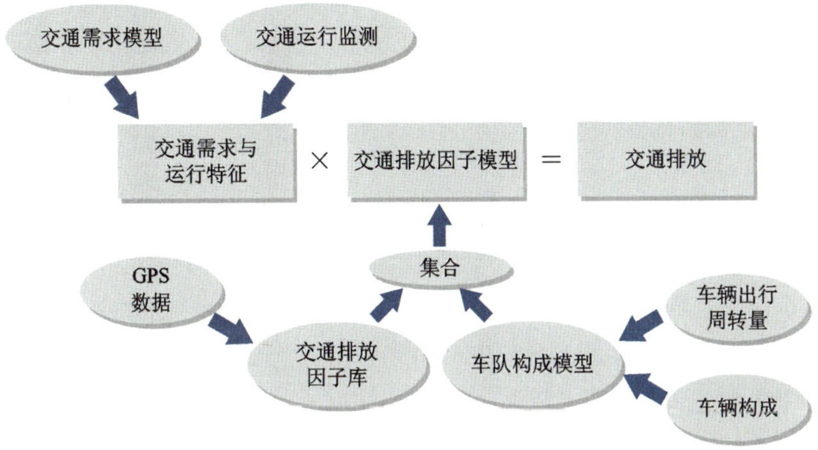

图 7-11 “自下而上”建立交通排放模型基本原理

7.4.3 交通排放监测发布平台

平台功能主要包括以下三个方面内容。

1）掌握需求特征，评估交通运行

建立了城市交通需求（含客运、货运和公交）模型，获取完整性好、精度高的道路周转量数据，误差控制在±10%以内，有效掌握交通需求特征。通过研究道路交通运行动态评估技术指标和计算方法，使数据空间覆盖率 80% 以上，车速采集误差控制在 ±5 km/h 以内，准确评估交通运行状况。

2）获取行驶工况，建立排放模型

研究和建立适用于城市实际情况的车辆行驶工况，取得各等级道路处于不同交通服务水平下的行驶工况曲线。

3）开发监测系统，发布评估结果，推动政策实施

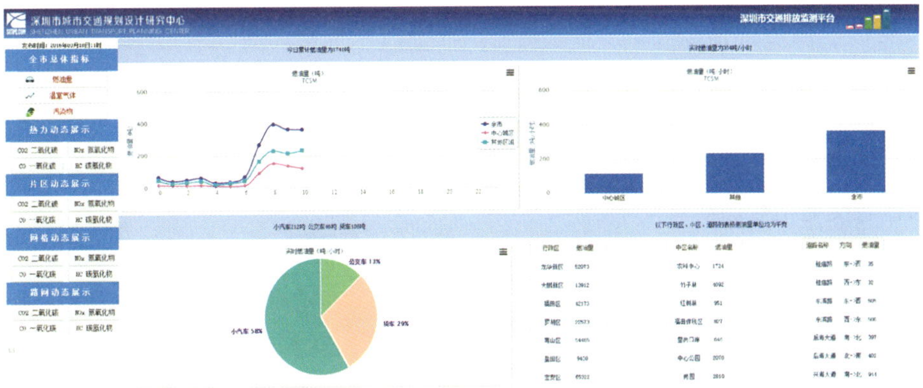

图 7-12 交通排放监测平台界面

利用计算机和互联网等信息技术，开发自动收集、存储和处理数据的交通排放监测系统，定期计算全市各路段、各区的排放评估结果。通过科学、定量化核算交通规划、需求管理政策的减排效果，并向社会公布宣传，如图 7-12 所示，有效争取市民更广泛的认同，加快推动政策的具体实施。

7.5 规划案例

深圳市作为改革先锋城市，为了适应与支撑城市与交通系统的快速发展，率先开展了交通信息化与交通系统综合评估的探索，先后拓展了交通运行、交通土地、交通环境、交通经济等多个与交通相关评估视角的研究，建成了土地利用交通影响评价、道路交通运行指数、交通排放监测等评估平台，形成了一系列具有研究价值与借鉴意义的成果。

7.5.1 道路交通运行指数平台

1. 规划背景

道路交通拥堵状况日趋严重，亟须采取措施着力改善，道路交通运行科学评价可用于诊断交通问题、研判发展趋势、挖掘相关规律，持续监测交通运行水平变化是治理交通拥堵的关键技术基础与评估交通政策效果的最佳手段。

深圳市道路交通运行评估指数是以“深圳市城市交通仿真系统”为基础，基于理论与现实需求，旨在建立可靠稳定的道路交通运行评估方法与指标，建成集基础数据的采集、传输、存储、计算和发布等功能的平台。

2. 规划内容与主要结论

(1) 全面系统地制定了“6 大类、3 层次”的深圳市交通运行评估指标体系。按照“体现深圳特点、利于决策支持、利于市民了解、利于采集计算、利于技术分析”的总体原则，从畅通性和可达性两个方面，结合“面—线—点”三个空间层次构建道路交通运行评估指标体系[5]。

(2) 国内首次提出了基于出行时间的综合性路网交通运行指数定义与算法。项目在国内首次提出了一种基于出行时间的交通指数。指数计算利用全市约 15 000 辆出租车的 GPS 数据，计算各路段和片区的行程车速和出行时间，以及出行时间比，建立出行时间比与交通指数的换算模型。

(3) 自主开发了适用于深圳复杂路网条件的浮动车车速算法和处理系统。针对复杂的路网条件，自主研发了适用于双层间断流路网的浮动车轨迹判别与行程车速计算方法。通过路径搜索、车速切分等技术，通过空间索引并行计算等新技术，大大提高数据运算的准确性与效率。

(4) 利用多语言混合编程自主开发了交通指数实时计算与发布应用系统。面向实时交通运行评估的实施应用，自主开发了交通指数计算与应用发布系统，利用了 C^{++}，

C#，SQL，Asp. net，Action Script 以及 Arcobject 和基于 Java 的移动接口二次开发等编程语言，实现了数据接收、计算处理、结果发布、故障报警以及自动修复等功能模块，并为后续拓展功能的开发应用预留了技术接口。

(5) 开发建设了深圳市道路交通运行指数专题网站和综合发布平台。面向社会公众提供出行信息服务，建立了深圳市道路交通运行指数专题网站(http://szmap. sutpc. com)，包括全市概况、重点片区、道路关口、指数解读等 4 个板块，具有实时信息发布、历史数据查询、交互搜索查询等功能并提供反馈信息入口。同时建立包括微博、显示屏、广播、电视、报纸等多种渠道的综合发布平台，实时或定期向公众发布交通指数和路况评估结果。

3. 转型规划/设计要点

(1) 理论研究创新——提出量化评估交通整体运行状况的交通指数。提出了基于出行时间的道路交通运行指数，并以此为基础研究建立了一种在路网层面综合评估道路总体运行状况的理论方法。深圳的应用实践证明，该项指标及评估方法具有直观易懂、可移植性强的突出优点，易于市民对出行时间做出预先判断，在国内外同类研究中处于先进水平。

(2) 技术研发创新——自主研发准确、高效的交通指数处理系统。经过技术攻关，研究了海量数据的实时处理和发布技术，在地图匹配、最短路径搜索、空间索引、并行计算等关键技术上自主创新，对传统方法进行优化和改进，显著提高了车速、交通指数等指标计算的准确性和计算效率。

(3) 发布形式创新 提供以人为本、注重用户体验的信息服务。结合现有多元用户需求与技术条件，科学设计交通指数、道路车速等信息的发布途径和内容形式。在网站功能上注重用户体验，从面、线、点等三个空间层次全面反映道路运行状况，利于市民全面了解道路运行状况及变化趋势，相比同类型网站功能更为细致丰富。此外，利用广播、电视、报纸等媒体渠道，并积极拓展手机短信、微博、显示屏等新的发布形式，进一步丰富交通指数的应用服务功能。

(4) 应用实践创新——以量化评估推动传统交通规划管理工作模式变革。定量化的交通运行状况评估为交通规划管理提供了绝佳的决策支持工具，能够持续定量地监测道路运行状况，及时准确地发现存在问题。实践应用方面，交通指数已在交通白皮书、停车发展政策、交通拥堵综合治理等重大交通规划决策中发挥了重要的数据支撑作用，将定量化的交通动态运行评估固化为决策流程中关键一环，实现交通规划方案生成的定量性、科学性，有力推动了规划管理工作模式向科学化、精细化转变。

7.5.2 交通排放监测平台

1. 规划背景

减少污染排放、改善空气质量是各级政府和社会各界高度关注的民生问题，已上升为重要的国家战略，交通（尤其是机动车）排放管理作为该项战略的重要组成，量化核算交通排放，是交通运输领域贯彻落实低碳发展理念、实现行业减排目标的关键技术基础。

建立交通排放监测平台，可定量化评估交通环境影响，拓展交通-环境的多维度评估视角，为交通和环境政策的制定与实施提供技术支持。国外经验表明，通过科学、定量化核算交通规划、政策的减排效果，作为相关政策、规划和计划的重要依据，并在公众参与环节向社会公布宣传，能够有效争取市民更广泛的认同与理解，加快推动政策的具体实施。

2. 规划内容与主要结论

1）交通调查与数据采集

基础数据采集：根据建模需要有针对性地收集交通数据，结合深圳市组团式多中心的城市空间形态和二线关交通、疏港交通等交通运行特征，通过固定线圈、视频检测、GPS 浮动车等多种途径获取动静态交通基础数据。

交通运行评估：科学建立交通运行评估指标体系与道路服务水平分级标准，开发建立基于浮动车 GPS 的交通数据处理与指标统计计算子系统，定期或实时计算反映道路交通运行水平的评估指标，如行程时间、交通延误、服务水平。

2）建立交通排放核算模型

建立深圳市综合交通模型：包括客运模型（含公交模型）和货运模型，掌握全市不同类型机动车需求的分布情况与分配结果，进而计算交通周转量。客运交通模型的主要指标包括不同客运交通方式（小汽车、公交车）交通量（PCU）、周转量（VKT）。货运交通模型的主要指标包括不同货运车型的交通量（PCU）、周转量（VKT）。[6]

建立本地化的交通排放因子库：参考国际上在排放因子库建立方面已经成熟的做法和成果，当道路工况、排放标准等各方面参数均与既有标准相似的条件下，引用欧美国家既有的排放因子；当各方面参数的差异较为明显时，针对深圳市特有情况，利用欧洲 PHEM 方法建立专门的排放因子。

建立本地化的车队构成模型：不同区域和路段上的车型构成和交通量信息是构建交通模型和进行排放核算的重要参数，利用深圳市交警局、市人居环境委等部门协调车牌识别、车辆年检、排放标准实施计划等数据为基础，构建车队构成模型。

建立交通排放核算模型：通过交通需求模型、交通排放因子和交通数据基础条件，研究适用于我市的交通排放模型建模方法，构建深圳市交通排放核算模型。

3）建立交通排放监测与发布应用系统

建设交通排放监测系统：基于科学可靠的理论研究，针对深圳市在交通排放监测方面实际需要，借鉴在建立道路交通运行评估系统方面的经验，以评估城市交通排放为重点，建立深圳市道路交通排放评估系统，以客观反映城市道路交通排放状况的变化规律。

发布交通排放监测结果：利用计算机技术研究开发评估和发布结果的处理系统，建立交通排放核算结果发布平台，为便民服务、政府决策和技术分析提供支持。

3. 转型规划及设计要点

(1) 交通排放监测平台已在停车发展政策、新彩隧道开通等重大交通规划决策中发挥了重要的数据支撑作用，将定量化的交通环境评估固化为决策流程中重要一环，拓展交通规划评估视角，有力推动了规划管理工作模式向科学、绿色、精细转变。

(2) 运用基于车队构成、运行工况等的排放因子库分别计算每种交通方式的排放核算城市所有交通活动排放总和的方法(称之为“自下而上”)是交通排放核算的首选建模技术。

(3) 融合客运模型、公交模型、货运模型等多模式一体化交通模型，结合交通动态监测数据，采用“量化建模＋动态标定”的方法，获取完整性好、精度高的道路周转量数据，是排放平台的基础。

(4) 以出租车 GPS 数据为基础数据，利用数据通信、地图匹配、路径搜索等计算机技术，计算交通车速、延误等评估指标，获取实时动态、全面准确的交通运行状况成为交通排放建模的关键技术前提。

(5) 在国外成熟的研究成果基础上，针对深圳城市交通特点，因地制宜进行修正，建立深圳市交通排放因子库是具有可操作性、成本较低、准确度较高的方法。

参考文献

[1] 丘建栋，陈蔚，宋家骅，等. 大数据环境下新一代城市交通综合评估技术研究[C]//协同发展与交通实践——2015 年中国城市交通规划年会暨第 28 次学术研讨会论文集，2015.

[2] 陈蔚，段仲渊，周子益，等. 基于出行时间的道路交通运行指数算法与应用研究[C]//中国城市交通规划 2012 年年会暨第 26 次学术研讨会论文集公交优先与缓堵对策，2012.

[3] 深圳市城市交通规划设计研究中心. 交通规划决策支持体系(一期)研究[R]. 深圳：深圳市城市交通规划设计研究中心，2013.

[4] 丘建栋，赵再先，宋家骅. 面向精细化交通设计的中观交通模型研究与实践[C]//新型城镇化与交通发展——2013 年中国城市交通规划年会暨第 27 次学术研讨会论文集，2014.

[5] 深圳市城市交通规划设计研究中心. 深圳市道路交通运行指数研究及发布方案[R]. 深圳：深圳市城市交通规划设计研究中心，2011.

[6] 深圳市城市交通规划设计研究中心. 深圳市交通排放监测平台建设与应用项目[R]. 深圳：深圳市城市交通规划设计研究中心，2013.